Wolfgang Gehrcke / Christel Buchinger
Jutta von Freyberg / Sabine Kebir

Afghanistan – So werden die »neuen Kriege« gemacht

Deutschland und der Krieg am Hindukusch

PapyRossa Verlag

© 2011 by PapyRossa Verlags GmbH & Co. KG, Köln
Luxemburger Str. 202, 50937 Köln
Tel.:   +49 (0) 221 – 44 85 45
Fax: +49 (0) 221 – 44 43 05
E-Mail: mail@papyrossa.de
Internet: www.papyrossa.de

Titelfoto: picture-alliance / dpa / Wolfgang Kumm
Umschlag: Willi Hölzel, Lux siebenzwoplus
Druck: Interpress

Die Deutsche Bibliothek verzeichnet diese Publikation in der
Deutschen Nationalbibliografie; detaillierte bibliografische
Daten sind im Internet über http://dnb.ddb.de abrufbar

ISBN 978-3-89438-458-6

Inhalt

Einleitung

WER A GESAGT HAT, DER MUSS NICHT B SAGEN.
ER KANN AUCH ERKENNEN, DASS A FALSCH WAR.
Bertolt Brecht, Der Jasager und der Neinsager

Per Losentscheid in den Krieg

Am 16. November 2001, 12.26 Uhr, beschloss der Bundestag die Beteiligung an der Operation Enduring Freedom (OEF)[1] und stellte dafür bis zu 3.900 Soldaten zur Verfügung. Ein Teil von ihnen sollte in Afghanistan eingesetzt werden. Am 22. Dezember 2001 mandatierte er die Beteiligung an der ISAF[2] mit bis zu 1.200 Soldaten. Formal hieß es: Deutschland beteiligt sich am »Einsatz einer Internationalen Sicherheitsunterstützungstruppe« in Afghanistan, die ein Mandat der Vereinten Nationen hat.

Fast zehn Jahre später kam die Bundesregierung in ihrem als *Fortschrittsbericht* bezeichneten Text, der am 12. Dezember 2010 dem Bundestag zugeleitet wurde, zu dem Urteil: »Die stetig wachsende Militärpräsenz hat bisher nicht zu einer signifikanten und nachhaltigen Verbesserung der Sicherheitslage geführt.«[3] Jahr für Jahr hat die Mehrheit des Bundestages immer wieder Mandate ausgestellt und die Anzahl der Soldaten erhöht, die in den Krieg nach Afghanistan ge-

---

1   OEF – Operation dauerhafter Frieden
2   ISAF – International Security Assistance Force. Auf die Unterschiede von OEF und ISAF wird später ausführlich eingegangen.
3   Die Bundesregierung: Fortschrittsbericht Afghanistan zur Unterrichtung des Deutschen Bundestages, Dezember 2010, S. 10

schickt wurden. Das Scheitern dieser Politik ist unübersehbar und berechtigt zur Feststellung: »Nichts ist gut in Afghanistan.«[4]

Kriege, oder wie es offiziell heißt: der Einsatz der Bundeswehr außerhalb des NATO-Gebietes, bedürfen der Zustimmung des Bundestages. Außer Deutschland und den Niederlanden kennt kein anderer europäischer Staat einen solchen Parlamentsvorbehalt. Für Krieg ist in Deutschland das Parlament zuständig, für die Verweigerung des Krieges auch. Leider ist bisher noch kein Antrag der Bundesregierung, Soldaten in die Auseinandersetzungen zu schicken, abgelehnt worden, obwohl die Mehrheit der Bevölkerung von Anfang an gegen diesen Krieg war. Die Zustimmung zum Krieg bröckelt nun im Parlament. Das ist ein Ergebnis der militärischen Erfolglosigkeit, aber auch ein Verdienst der Friedensbewegung und der Partei DIE LINKE als Teil derselben. Ihr sind die Bundestagsabgeordneten der LINKEN verpflichtet.

Ohne Mehrheit im Bundestag kann und darf die Bundeswehr nicht in Afghanistan bleiben.

»Neue« Kriege, oft »asymmetrische Kriege« genannt, beginnen nicht mit Kriegserklärungen. Sie werden überwiegend nicht mehr national geführt, sie haben ein internationales Erscheinungsbild und ihre Titel heißen »Sicherheit« oder »Verteidigung von Menschenrechten« oder auch »Befreiung der Frauen«. Der Feind wird bewusst nicht klar definiert und er definiert sich selbst auch nicht eindeutig. Vor allem finden diese Kriege nicht auf den Territorien der wirtschaftlich hochentwickelten westlichen Großmächte statt, was bedeutet, dass von deren Bevölkerungen nur wenige Menschen den Krieg hautnah erleben – als Soldaten und als deren Angehörige. Ansonsten spielt sich der Krieg im Fernsehen ab, das Bilder von »irgendwoher« zeigt, aus weiter Ferne, wo der Pfeffer wächst, oder eben vom Hindukusch. Die Kriegszerstörungen, die Verletzten und Toten, die Schrecken des Krieges konzentrieren sich, ganz »asymmetrisch«, auf

---

4   So die Vorsitzende des Rates der Evangelischen Kirche in Deutschland, Margot Käßmann, im Neujahrsgottesdienst in der Frauenkirche Dresden am 1. Januar 2010

jene unbekannten und fernen Länder. In Wirklichkeit sind asymmetrische Kriege gar nicht neu. Kolonialkriege und Befreiungskriege waren immer schon asymmetrisch; sie hießen früher »Partisanenkrieg, Guerillakrieg oder eben Terrorismus (...) Ob in den Kriegen der Briten in Malaysia, der Franzosen in Nordafrika oder der Amerikaner in Vietnam (...) Die Konflikte wurden immer mit asymmetrischen Mitteln und zum großen Teil gegen nicht-staatliche bewaffnete Gruppen ausgetragen.«[5]

Das Protokoll des Bundestages führt die Namen der Abgeordneten auf, die gegen den Krieg, gegen die Beteiligung an ISAF gestimmt haben. Im Jahr 2001 war es eine recht kleine Schar der Aufrechten – für die Regierung kein Problem. Demgegenüber war Wochen zuvor die Abstimmung über das OEF-Mandat kurios verlaufen. Die rot-grüne Bundesregierung verfügte nach der Ankündigung von acht Grünen-Abgeordneten, dem Mandat nicht zustimmen zu wollen, nicht mehr über eine eigene (»Kanzler«-) Mehrheit. Bundeskanzler Gerhard Schröder verband daraufhin die Abstimmung mit der Vertrauensfrage. Und nun begann ein groteskes Verwirrspiel: CDU/CSU und FDP, die das Mandat wollten und es begründeten, stimmten mit Nein, um die rot-grüne Regierung zu schwächen. Was nur wenige wissen: Das Grünen-Fähnlein der acht Aufrechten, die die Beteiligung an OEF ablehnten, wollte indes nicht Schuld am Sturz ihrer Regierung sein. Sie ließen das Los entscheiden. Wer gewonnen hatte, durfte bei seinem Nein bleiben. Wer eine Niete zog, musste dem Krieg zustimmen. Das ist die historische Wahrheit: Die deutsche Beteiligung an der Operation Enduring Freedom wurde durch das Los entschieden.

Betrug und Verrat standen am Anfang: der Betrug der Konservativen und Liberalen, die aus innenpolitischen Gründen mit Nein stimmten und in der Öffentlichkeit Ja sagten, der Verrat an der Friedensverpflichtung durch SPD und Grüne, die wieder in den Krieg marschierten, und der Verrat der acht Loszieher, die mit einem Glücksspiel ihre Ideale billig machten.

---

5   Eric Chauvistré: Wir Gutkrieger, Warum die Bundeswehr in Afghanistan scheitern wird, Frankfurt / New York 2009, S. 29

Das Nein der Abgeordneten der PDS und der LINKEN steht in der Tradition von Karl Liebknechts Nein zu den Kriegskrediten im Ersten Weltkrieg und folgt dem Aufruf von Wolfgang Borchert: »Sag Nein!« nach dem Zweiten Weltkrieg. Auch das Nein-Sagen und das Durchhalten des Neins, der Widerstand gegen Spott und Verführungen wollen gelernt sein. Diese Lektion hat DIE LINKE begriffen. DIE LINKE ist eine Antikriegslinke oder sie ist nicht links.

Der damalige Verteidigungsminister Peter Struck (SPD) hat die Formel geprägt, die Sicherheit Deutschlands werde auch am Hindukusch verteidigt. Das Unwort, die Unwahrheit des Krieges. Struck wusste: Artikel 26 des Grundgesetzes verbietet die Vorbereitung und Teilhabe an Angriffskriegen und stellt ein solches Handeln unter Strafe. Das Grundgesetz enthält auf nationaler, die UN-Charta auf internationaler Ebene die wenigen, aber relativ klar definierten Kriterien für einen gerechtfertigten Krieg als Verteidigungskrieg. Also fälschte Struck mit Hinweis auf drohende Terrorangriffe den Krieg in einen Verteidigungseinsatz um. Der Krieg durfte nicht Krieg genannt werden. Aber auch propagandistisch umgedeutete Militäraktivitäten müssen als legitim dargestellt werden – sozial, moralisch, politisch und militärisch.

1994 entschied das Bundesverfassungsgericht, dass der Bundestag bewaffnete Auslandseinsätze der Bundeswehr im Rahmen der NATO oder der UN außerhalb des NATO-Gebiets (Out-of-Area-Einsätze) beschließen muss. Er muss sie mandatieren oder, was bisher noch nie passiert ist, ablehnen. Beantragen kann solche Einsätze nur die Bundesregierung. Ihr Antrag kann vom Parlament nicht verändert werden. Ja oder Nein – Abgeordnete müssen sich erklären. Das Urteil des Verfassungsgerichts war Rückschritt und Fortschritt zugleich. Ein Rückschritt, weil bislang bewaffnete Auslandseinsätze generell ausgeschlossen waren. Nun hatte das Gericht das Militärbündnis NATO über Nacht in ein »System kollektiver Sicherheit« verwandelt, der UNO irgendwie ebenbürtig. Damit war aus dem Out-of-Area-Verbot eine zur Realität drängende Möglichkeit geworden. Ein Fortschritt war das Urteil aber dennoch, weil die Gewichte Regierung/Parlament zu Gunsten des Parlaments und damit zur Öffentlichkeit verschoben

wurden. Für die jeweilige Bundesregierung ist dieser Parlamentsvorbehalt lästig – viel mehr aber nicht. Für die Abgeordneten jedoch hat
sich dieses Recht als ein Feigenblatt erwiesen, das für die demokratische Schamgrenze zu knapp bemessen ist: Das Parlament beschließt,
hat aber kein echtes Recht auf Kontrolle. Kastrierte Demokratie. Dennoch: Der Kampf um die Legitimierung und Nicht-Legitimierung
muss öffentlich und im Bundestag ausgetragen werden. Kein Krieg
ohne Mehrheit im Parlament und auf Dauer kein Krieg, wenn die Bevölkerung dagegen aufsteht.

Die Beteiligung an den Kriegen gegen Jugoslawien und in Afghanistan sowie die Unterstützung des US-Kriegs gegen den Irak waren
Schritte Deutschlands auf dem Weg zur militärischen Macht. Fürs erste musste ein neuer Begriff gefunden werden, denn Kriege waren im
Nachkriegs-Europa ein Tabu. Also durfte der Krieg auf keinen Fall
Krieg heißen. Wie immer er genannt wurde, der Waffengang wurde
zur Ultima Ratio erklärt. Copyright by SPD und Grüne. Bis heute
geistert durch Reden und Gazetten: Krieg ist die Ultima Ratio. Für
Willy Brandt war Krieg noch die Ultima Irratio, höchste Unvernunft,
purer Wahnsinn. Das klingt heute, angesichts der Politik von SPD
und Grünen, märchenhaft. Kriege sind nichts Modernes, auch »neue«
Kriege nicht. Sie ändern ihre Form, ihre Waffen, ihre Begründungen,
aber unverändert fallen ihnen Menschen zum Opfer, werden Ressourcen vergeudet. Kriege töten bereits im Frieden, weil gewaltige Mittel
nicht zur Bekämpfung von Hunger und Unterentwicklung eingesetzt
werden, sondern zur Aufrechterhaltung einer Ordnung, die Hunger
und Unterentwicklung hervorbringt. Rüstung ist ein bombensicheres
Geschäftsmodell geblieben.

Der Weg Deutschlands zur Kriegspartei wäre unmöglich gewesen,
wenn nicht der Sozialdemokrat Schröder und der Grüne Joseph Fischer mit der deutschen Beteiligung am Jugoslawienkrieg die Büch-
se der Pandora geöffnet hätten. Volker Rühe, Verteidigungsminister
unter Kanzler Helmut Kohl, hat mehrfach erklärt, dass eine CDU-
geführte Regierung niemals den Befehl zu den Angriffen auf Belgrad
hätte geben können. Wo einmal deutsche Soldaten waren, sollten keine mehr hin. Von deutschem Boden darf nie wieder Krieg ausgehen,

das war festes Grundverständnis in beiden Deutschlands – bis zur Vereinigung zumindest. Man kann Volker Rühe glauben oder nicht, aber die Rückmeldung Deutschlands an die Kriegsfront ging nur über Rot-Grün. Der Trick war so einfach wie genial. Es musste ein Schurke her und der war in Gestalt von Slobodan Milošević schnell gefunden. Für den Irakkrieg war es dann Saddam Hussein, Osama Bin Laden für Afghanistan; aktuell ist es Mahmud Ahmadinedschad für den Iran. Medial wurden beim Jugoslawienkrieg Fluchtbewegungen angeheizt. Beim Afghanistankrieg wurde der Drahtzieher für Nine Eleven am Hindukusch ausgemacht. Im zweiten Irakkrieg wurden Massenvernichtungswaffen herbeigelogen. So dreist wurde die Welt in Kriege hineingezogen. Die Zutaten zu aktuellen Kriegsbegründungen sind unterschiedlich, die Rezepte ähneln einander. Die Medien sind dabei immer unverzichtbar. »Embedded«, eingebettet, werden Journalisten nicht nur, um ein geschöntes Bild von den eigenen Kriegshandlungen und ein hässliches, böses Bild vom Feind zu vermitteln. Die Macht der Bilder, gerade auch der gefälschten, wird gezielt eingesetzt, um Kriege zu legitimieren. Denn Krieg ist in Europa und speziell in Deutschland schwer zu vermitteln. Zu tief und zu nachhaltig sind die Erinnerungen an den faschistischen Krieg. Für den Jugoslawienkrieg war es wichtig, der Bevölkerung zu suggerieren, dass Deutschland endlich auf der richtigen Seite stehe. Schröder und Fischer argumentierten, Deutschland habe aus seiner historischen Schuld gelernt und Lehren aus dem Nazi-Faschismus gezogen. Daher das ungeheuerliche Bild vom Kosovo als »Rampe von Auschwitz«. Weil Deutschland diesmal auf der richtigen Seite stehe, seien alle Beschränkungen hinfällig, die es in Folge des faschistischen Weltkrieges gab. Deutschland sei durch sein Verhalten im Kosovo-Krieg ein vollwertiges Mitglied der internationalen Gemeinschaft geworden und die Kultur der militärischen Selbstbeschränkung passé. So beantwortete sich auch die Frage, warum man die NATO brauche, obwohl sich der Warschauer Vertrag doch aufgelöst hatte.

Wichtig ist, dass eine Medienlandschaft die Legenden des Krieges ständig erneuert. Gezielt eingesetzte Bilder können über Krieg und Karriere entscheiden. Bilder von Flüchtlingen trieben in den Jugoslawienkrieg. Bilder des mit seiner Gräfin im Pool plantschenden Verteidigungsministers Rudolf Scharping, während die Bundeswehr nach Mazedonien geschickt wurde, kosteten diesen das Amt. Hingegen festigten die Bilder des gegelten Freiherrn zu Guttenberg, schick und einsatzbereit vor Ort in Afghanistan, dessen Ruf als kompetenten »Macher«, als Mann auf dem Weg nach oben. Patrick Bahners analysierte im Feuilleton der *Frankfurter Allgemeinen Zeitung* nüchtern, wie zu Guttenberg »gemacht« wurde, und kam zu dem Urteil: »Nicht nur Unterhaltungskünstler und Journalisten haben daran mitgewirkt, dass den Freiherrn zu Guttenberg die Aura eines Heilsbringers umleuchtet. Unter Seinesgleichen traut man ihm zu, der deutsche Churchill werden zu können, der dem Volk bittere Wahrheiten beibringt.«[6] Erst einmal trat das »Fronttheater Afghanistan« auf, Karl-Theodor und Stephanie, flankiert von *BILD* und Kerner. Das scheint gescheitert. Kerners Quoten rauschten in den Keller, und die Absicht, für die deutsche »Mission« in Afghanistan eine ganz neue Öffentlichkeit zu erschließen, kann vorerst zu den Akten gelegt werden. Zusätzlich maulte die *Frankfurter Allgemeine Zeitung*, es »markiere einen Tiefpunkt, dass das Verteidigungsministerium an einem Propagandaunternehmen mitgewirkt hat, in dem, als die Begeisterung in der Heimat ausblieb, die Soldaten die Claqueure geben mussten.«[7] Kerners Fronttheater war nicht die erste Initiative, die den Soldatinnen und Soldaten in Afghanistan etwas bieten wollte. »Frontkultur e. V.« unter der Schirmherrschaft des früheren Wehrbeauftragten der Bundeswehr, Reinhold Robbe, sammelt derzeit Spenden für ein im Jahr 2009 entstandenes Projekt von Künstlern, die das Anliegen haben, »den Soldaten ein Gesicht zu geben«, ihnen »im Einsatz Anregung und intelligente Zerstreuung zu schenken« und die »Akzeptanz unserer Soldatinnen und Soldaten in der zivilen Gesellschaft« zu verbessern.[8]

---

6   FAZ, 21.12.2010

7   Ebd.

8   Brief von Reinhold Robbe an Dr. Barbara Höll, MdB, Die LINKE, Januar 2011

Wie Medien den Afghanistankrieg rechtfertigten und dabei einen scheinbar demokratischen Meinungs-Pluralismus an den Tag legten, der das Geschehen im Bundestag flankiert, wird im vorliegenden Buch mit einer Analyse der *BILD*, der *ZEIT* und der *tageszeitung* (taz) beispielhaft nachgezeichnet. Untersucht wird auch die Macht der Sprachbilder, der Propaganda, der Mythen und was sich hinter ihnen verbirgt.

Wir zeigen auf, wie es passieren kann, dass die große Mehrheit der Abgeordneten Opfer der eigenen Propaganda und Mythen wird, und wie sich Abgeordnete, wenn sie denn kritische Fragen an die Regierung stellen, mit billigen Ausflüchten abspeisen lassen. Dabei wird sichtbar, dass ein Resultat des Krieges, das nicht unterschätzt werden darf, die schwerwiegende Beschädigung der politischen Kultur Deutschlands ist. Was steckt hinter den Vertuschungen und Lügen der Regierungen? Welche – verborgenen – Interessen haben die Bundesregierung und die Mainstream-Parteien wirklich in den Krieg getrieben? Wer profitiert vom Krieg und wer muss die Zeche zahlen? Krieg und Rüstung gedeihen im Geheimen.

DIE LINKE will über den Krieg aufklären und die Bundeswehreinsätze aufkündigen. Das Nein zum Krieg braucht eine große Öffentlichkeit – und Frieden ein aktives Engagement. Zwar lehnt eine Mehrheit der Bevölkerung den Einsatz der Bundeswehr in Afghanistan ab, aber das ist bislang nur eine Meinungsmehrheit. Erst wenn mehr Menschen ihre Kriegsablehnung in Handlung umsetzen, erst wenn das Ja oder Nein zum Krieg eine die Wahl entscheidende Frage wird, verändern Politiker und Politikerinnen vielleicht ihre Haltung.

1. Bomben gegen die Burka

WAS KEINER GEGLAUBT HABEN WIRD,
WAS KEINER GEWUSST HABEN KANN,
WAS KEINER GEAHNT HABEN DURFTE,
DAS WIRD DANN WIEDER DAS GEWESEN SEIN,
WAS KEINER GEWOLLT HABEN WOLLTE.
Erich Fried, Dann wieder

Es begann vor Nine Eleven

Wer über den jetzigen Afghanistankrieg berichtet, beginnt mit dem 11. September 2001 als seiner Vorgeschichte. Der terroristische Angriff auf die Twin Towers und das Pentagon gilt als Grund dafür, dass die USA den Krieg gegen den Terror ausriefen und gemeinsam mit britischen Streitkräften am 7. Oktober begannen, Kabul zu bombardieren. Es folgte der Einmarsch mit Bodentruppen am 19. Oktober. Das erste Kriegsziel, die Entmachtung der Taliban, wurde zügig erreicht. Das von der UN-Sicherheitsratsresolution 1368 benannte Ziel, die Täter, Organisatoren und Förderer vor Gericht zu stellen, wurde bis heute verfehlt.

Wer den Beginn des Afghanistankrieges so erzählt, beteiligt sich an Mythenbildung.

Die Taliban, Mitte der neunziger Jahre im afghanischen Bürgerkrieg entstanden, gefördert und finanziert von der pakistanischen Regierung, schienen der US-amerikanischen Regierung ein Faktor der Stabilität zu werden, nachdem sie im innerafghanischen Bürgerkrieg gesiegt und die Macht im Lande übernommen hatten. Sie galten als prowestlich, antiiranisch und antischiitisch. Noch 1997 verhandelte der US-amerikanische Energiekonzern UNOCAL mit ihnen über den Bau einer Erdgaspipeline von Turkmenistan durch Afghanistan nach Pakistan. Der frühere US-Sicherheitsberater Zbigniew Brzezinski gab in einem Interview mit Le Nouvel Observateur im Januar 1998 die Unterstützung und Finanzierung durch die USA zu[9]. Nach Meldungen von BBC sollten für das Pipeline-Projekt Afghanen als Facharbeiter ausgebildet werden, afghanische Frauen wollte man in der Verwaltung einsetzen.[10] Aber der Bruch zwischen USA und Taliban zeichnete sich schon ab. 1997 begannen die Vereinigten Staaten, von den Nachbarländern aus paramilitärische Aktionen gegen die Taliban zu organisieren.[11] 1998 führten die USA als Reaktion auf die Terroranschläge auf ihre Botschaften in Daressalam und Nairobi Raketenangriffe gegen mutmaßliche Stützpunkte islamischer Fundamentalisten in Afghanistan durch.[12] Es wurden Bodentruppen eingesetzt und Raketen von ferngesteuerten Überwachungsflugzeugen abgefeuert. Seit 1999 erhöhten die USA den Druck auf das Land kontinuierlich und verhängten ein Wirtschaftsembargo. Der UN-Sicherheitsrat verurteilte Pakistan wegen der Unterstützung der afghanischen Taliban und setzte am 14. November 1999 Sanktionen gegen Afghanistan in Kraft. Die USA warnten die Taliban-Regierung, dass sie sie für jegliche weiteren Terroranschläge Bin Ladens[13] zur Rechenschaft ziehen würden. Formuliert wurde diese neue, aggressivere Haltung im Bericht des US-Präsidenten zur Lage der Nation. Am 19. Januar 1999 sagte Präsident Bill Clinton: Wir müssen »auch Bedrohungen für die Sicherheit unseres Landes abwenden – vor allem die zunehmende Gefahr, die von verbrecherischen Staaten und Terroristen ausgeht. Wir werden

---

9   Le Nouvel Observateur, 15.-21.1.1998

10   Taleban in Texas for talks on gas pipeline, BBC News, 4.12.1997

11   Bob Woodward: Secret CIA Units Playing a Central Combat Role, The Washington Post, 18.11.2001

12   Michael Lüders: Wir hungern nach dem Tod, Zürich / Hamburg 2009, S. 67

13   Wegen der Unmöglichkeit einer einheitlichen Transkribierung von Namen aus Sprachen, die nicht in lateinischer Schrift geschrieben werden, haben wir uns für eine durchgehend einheitliche Schreibweise (auch in Zitaten) entschieden.

unsere Sicherheit verteidigen, wo immer sie bedroht ist – so wie wir
es in diesem Sommer getan haben, als wir das terroristische Netzwerk
von Osama Bin Laden (…) attackiert haben.«[14]

Seit dem Frühjahr 2000, also mehr als ein Jahr vor den Anschlägen vom 11. September, griff die CIA regelmäßig das afghanische
Regime an. Mit Präsident George W. Bush begannen die Vorberei-
tungen einer großen Militärintervention.[15] Wie im Falle Iraks gingen
den militärischen Aktionen Wirtschaftssanktionen voraus. Falls diese
nichts nützten, sollte ein begrenzter Militärschlag das Regime in die
Knie zwingen. Die Resolutionen des US-dominierten Weltsicherheitsrats vor dem 11. September dokumentieren die stetige Steigerung
des Drucks und der Drohgebärden. Der terroristische Anschlag vom
11. September 2001 und der medial verstärkte Schock waren dann
schließlich die willkommene Begründung für den Großangriff. Der
rasche Sieg lässt auf eine sorgfältige Planung schließen, die lange vor
den Anschlägen auf das World Trade Center und das Pentagon eingesetzt haben muss.

Alles andere als »all-inclusive« – die Petersberg Konferenz

Nach Nine Eleven riefen die USA also weltweit zum Kampf gegen
den Terrorismus auf. Trotz aller Mahnungen, Terrorismus könne nicht
militärisch besiegt werden, begannen sie den Krieg gegen Afghanistan – auch propagandistisch. Aus Terroristen wurde internationaler
Terrorismus, aus Osama Bin Laden der gefährlichste Mann der Welt.
Dass Al Qaida sich in Afghanistan versteckte, reichte als Anklage
gegen die afghanische Regierung, sie unterstütze den Terror, selbst
die Anschläge in den USA. Schließlich segnete der UN-Sicherheitsrat
die Interpretation der Anschläge als »Angriff auf die Vereinigten Staa-

---

14   Michael T. Klare: Kosovo und Clintons neue Militärdoktrin, in Le Monde
     diplomatique, 14.5.1999

15   Die in Großbritannien erscheinende militärische Fachzeitschrift *Jane's Inter-
     national Security* vom 15.3.2001 berichtete von den Vorbereitungen einer
     gemeinsamen Front mit Indien, Iran und Russland. Siehe: http://www.
     muenster.org/dfg-vk/2002/0109.html

ten« ab.[16] Dass China und Russland diesen Beschluss mittrugen, lässt sich vermutlich mit ihren eigenen Interessen erklären, den Kampf gegen »Separatisten« und Aufstände nationaler Minderheiten als Antiterror-Kampf deklarieren zu können. Diese Rechnung ist aber nicht aufgegangen. Doch die Absegnung aller begrifflichen Umdeutungen durch den Weltsicherheitsrat ermöglichte es der deutschen Regierung, der Solidaritätserklärung des Bundeskanzlers Taten folgen zu lassen.

Dass die Reaktion auf einen Terroranschlag Krieg sein sollte, war aber nicht selbstverständlich. Warnende Stimmen wurden laut, als der Schock sich legte. Der OEF-Auftrag, dem der Bundestag mehrheitlich am 16.11.2001 zugestimmt hatte, war eindeutig und offen militärisch definiert: »Deutsche Streitkräfte wirken mit den USA und Partnerstaaten (…) bei der militärischen Bekämpfung des internationalen Terrorismus zusammen. Dazu beteiligt sich die Bundeswehr an der Operation Enduring Freedom. Diese Operation hat zum Ziel, Führungs- und Ausbildungseinrichtungen von Terroristen auszuschalten, Terroristen zu bekämpfen, gefangen zu nehmen und vor Gericht zu stellen sowie Dritte dauerhaft von der Unterstützung terroristischer Aktivitäten abzuhalten. Deutsche bewaffnete Streitkräfte tragen dazu mit ihren Fähigkeiten bei. Der Beitrag schließt auch Leistungen zum Zweck humanitärer Hilfe ein.«[17] Die Formulierung »Dritte dauerhaft von der Unterstützung terroristischer Aktivitäten abzuhalten« wurde dabei interpretiert als das Recht, Afghanistan anzugreifen, die Taliban-Regierung zu stürzen sowie die Armee und alle anderen bewaffneten

---

16   Resolution des UN-Sicherheitsrates 1368

17   Deutscher Bundestag, 14. Wahlperiode (WP), Drucksache (DS) 14/7296. Im Folgenden werden die Dokumente des Bundestages mit Abkürzungen zitiert. An jenem unheilvollen 1. November fordern die Fraktionen von SPD und Bündnis90/Die Grünen in ihrem gemeinsamen Antrag 14/7513 eine Vorreiterrolle bei der Bekämpfung des Welthungers einzunehmen, sowie die Demokratisierung und Beteiligung der Bevölkerungen an Entscheidungsprozessen zu unterstützen. Sie rufen zu einem Bündnis für globale Gerechtigkeit auf und zur Solidarität im Kampf gegen den Terrorismus. Ist die zeitliche Übereinstimmung dieses Antrags mit der Beschlussfassung über die OEF-Beteiligung bloßer Zufall oder Absicht, Blauäugigkeit oder Zynismus?

Kräfte zu entwaffnen. Zusammen mit einer von der UNO beauftragten Schutztruppe sollten die US-Militärs eine Übergangsregierung, Wahlen und den Aufbau neuer staatlicher Strukturen sichern. So einfach sahen das die Strategen.

Dieser militärische Auftrag ging dem ISAF-Mandat nicht nur zeitlich voraus, sondern wurde – obwohl bei den Abgeordneten von SPD und Bündnis 90 / Die Grünen nicht durchgängig beliebt – auch als Voraussetzung für das ISAF-Mandat betrachtet, das ja angeblich der »Sicherheitsunterstützung« dient – ein Euphemismus, der von Anfang an Anlass zu Zweifel geben musste. Das ISAF-Mandat, zunächst als »Friedensmission« oder »Sicherheitskomponente« gepriesen, war so schwammig formuliert, dass es in den Folgejahren alle Kriegseskalationen deckte. Es beruft sich u. a. auf die Petersberg (Bonner) Vereinbarung vom 5. Dezember 2001, fälschlicherweise auch Abkommen genannt. Diese Vereinbarung stellt keinen Friedensvertrag dar, »der Afghanistan unter UN-Mandat gestellt und eine afghanische Regierung eingesetzt hätte«, wie die Afghanistan-Expertin Citha D. Maaß vom außenpolitischen Think Tank der Bundesregierung, *Stiftung Wissenschaft und Politik* (SWP), ausführt.[18] Die Teilnehmer der Konferenz einigten sich lediglich – so Maaß – auf provisorische Regelungen, die das Ziel verfolgen sollten, eine Übergangsverwaltung zu bilden und deren Kompetenzen allmählich zu erweitern. Äußerst vorsichtig schätzte Maaß damals die Legitimität des Vorhabens ein: »Nationale Wahlen im Jahr 2004 setzen der indirekten UN-Verantwortung ein formales Ende.« Dass diese nationalen Wahlen dann nicht den Kriterien der Rechtsstaatlichkeit entsprachen, darüber gibt es hierzulande Konsens.

Der Vereinbarung waren zwei Anhänge beigefügt. In Anhang 1 wurde gefordert, eine internationale Sicherheitstruppe zu bilden. In Anhang 2 boten Großbritannien und Abdullah Abdullah (der spätere Außenminister Afghanistans) an, bei der Bildung der ISAF behilflich zu sein. Nach Maaß sollten für den Prozess der Stabilisierung Afghanistans folgende Prinzipien gelten:

---

18   Citha D. Maaß: Afghanistan im Umbruch, SWP Dezember 2002, S. 5

- afghanische Eigenverantwortung
- indirekte UN-Beratung
- geringe Präsenz von UN-Personal (light footprints)
- Schaffung nationaler Legitimität
- schrittweise Umwandlung der Übergangsverwaltung in eine afghanische Regierung
- »Exit Strategie« für die internationale Sicherheitstruppe. Nach Abhaltung von Nationalwahlen 2004 endet das UN-Engagement.

Wenn, wie Maaß ausführt, die Vereinbarung keinen Friedensvertrag unter UN-Mandat darstellt, ist zu hinterfragen, wer ihr jene Legitimation verlieh, auf die sich Regierung und Parlament seit Kriegsbeginn alljährlich berufen. Die Petersberg Konferenz jedenfalls konnte diese Funktion nicht übernehmen, da sie keineswegs für das afghanische Volk repräsentativ zusammengesetzt war. Dazu der afghanische Historiker und Schriftsteller Assem Akram, früher als Diplomat in Paris tätig: »Die Konferenz versammelte vier afghanische Gruppen mit unterschiedlichem militärischem oder politischem Gewicht unter einem Dach.« Die Hauptakteure waren dabei die Nordallianz und die informelle Gruppe um den früheren König. Daneben gab es zwei eher marginale Gruppen, die des sog. Zypern-Prozesses und die des sog. Peshawar-Prozesses. Der Pluralismus der afghanischen Repräsentanz war also eher symbolischer Natur und umfasste keinesfalls alle Richtungen. »Viele frühere Führer von Mujaheddin-Gruppen, wie der ehemalige Präsident Sebghatullah Mojaddedi, ebenso wie andere politische Gruppen oder Persönlichkeiten im Exil wurden von der Teilnahme ausgeschlossen.« Akram hätte wohl auch die Teilnahme der Taliban-Bewegung nicht verweigert. »Scheinbar wurden die Entscheidungen vom Sonderbeauftragten des UN-Generalsekretärs für Afghanistan, Lakhdar Brahimi, getroffen. Tatsächlich aber wurde keine Entscheidung ohne die gestrenge Diplomatie der USA hinter dem Vorhang getroffen.«[19]

---

19   Assem Akram: A Year later, Analysis and Perspective of US Engagement in Afghanistan: Time for a Change, e-Aina. Com, 2.12.2002, eigene Übersetzung

Nach dem »bösen« das »gute« Mandat

Am 21.12.2001 legte die Bundesregierung dem Bundestag einen Antrag über die Beteiligung deutscher Streitkräfte an der ISAF vor. Systematisch wurde gegenüber den Parlamentariern wie auch der Öffentlichkeit das Bild eines Einsatzes gezeichnet, der lediglich den zivilen
Aufbau schütze – im Unterschied zu OEF, dem die kriegerischen Aufgaben oblagen. Soldaten nach Afghanistan zu schicken, das war nicht
populär in Deutschland. Bundeskanzler Schröder gab sich in seiner
Begründung des Antrags alle Mühe, den Afghanistaneinsatz klein zu
reden: Das Mandat beziehe sich nur auf Kabul und Umgebung, d. h.
vor allem den Flughafen, es sei auf sechs Monate begrenzt und die
1.200 deutschen Soldaten würden vermutlich »nicht unbedingt alle«
gebraucht.

Die Regierung berief sich in ihrem Antrag auf die bloße Würdigung der Bonner Vereinbarung durch die UNO[20] sowie deren Wil-
lensbekundung, »die Umsetzung der Vereinbarung einschließlich der
weiteren Anhänge zu unterstützen«. Diese Würdigung und Willens-
bekundung wurde bis in die Gegenwart immer wieder als Legitimation für den Krieg mit aufgeführt. Desgleichen die Resolution 1386
(2001) des Sicherheitsrats der Vereinten Nationen, wonach dieser »das
Mandat für die Aufstellung einer Internationalen Sicherheitsunterstützungstruppe in Afghanistan erteilt; das Mandat ist auf sechs Monate
begrenzt.«[21] Der Einsatz der ISAF »hat das Ziel, die vorläufigen Staatsorgane Afghanistans bei der Aufrechterhaltung der Sicherheit in Kabul und seiner Umgebung so zu unterstützen, dass sowohl die vorläu-
fige afghanische Regierung als auch Personal der Vereinten Nationen
in einem sicheren Umfeld arbeiten können.« Für das deutsche Kon-
tingent wurden folgende Aufgaben genannt: Verlegung in das Einsatzgebiet, Eigensicherung, Unterstützung bei der Aufrechterhaltung der
Sicherheit in Kabul und Umgebung, im Bedarfsfall Eigenevakuierung
sowie Rückverlegung.

---

20   Resolution des UN-Sicherheitsrats 1383
21   14. WP, DS 14/7930

Ungeachtet der propagandistischen Verschleierung als zivilen Auftrag hatte die ISAF nach Kapitel VII der UN-Charta ein »robustes Mandat«. Entsprechend hieß es im Regierungsantrag, ISAF ist »autorisiert, alle erforderlichen Maßnahmen einschließlich der Anwendung militärischer Gewalt zu ergreifen, um den Auftrag gemäß Resolution 1386 (2001) durchzusetzen. Die Wahrnehmung des Rechts zur individuellen und kollektiven Selbstverteidigung bleibt davon unberührt. Den im Rahmen dieser Operation eingesetzten Kräften wird auch die Befugnis zur Wahrnehmung des Rechts auf bewaffnete Nothilfe zugunsten jedermann erteilt. Einsatzgebiet ist Kabul und Umgebung. Im weiteren Gebiet Afghanistans dürfen die deutschen Streitkräfte über die Wahrnehmung des individuellen und kollektiven Selbstverteidigungsrechts und des Nothilferechts hinaus nur zum Zwecke des Zugangs und der Logistik mit der erforderlichen Eigensicherung sowie für Abstimmungsgespräche eingesetzt werden.«

Für diesen Antrag, der sich noch weitgehend an die Petersberg Vereinbarung anlehnte – was sich aber bald ändern sollte –, gab es eine breite Mehrheit. CDU/CSU und FDP, noch in der Opposition, nutzten die Aussprache im Parlament zur Kritik an der Regierungspolitik und ließen dabei jeweils eigene, sehr unterschiedliche Interessen am militärischen wie auch nicht-militärischen Engagement in Afghanistan mehr oder weniger deutlich durchschimmern. In den Diskussionen im Bundestag über Afghanistan kamen und kommen neben Regierungsmitgliedern die Fraktionsvorsitzenden und die sogenannten Fachleute für Außen- und Verteidigungspolitik zu Wort, was jedoch kein zuverlässiges Qualitätssiegel ist. Wie immer auch die jeweiligen Begründungen für den ISAF-Einsatz aussahen, sie stellten keinen legitimen Grund für den Krieg dar, den die deutschen ISAF-Soldaten angeblich zunächst nicht, inzwischen aber sehr wohl führen[22], was nicht zuletzt der verhängnisvolle Militärschlag auf die Tanklaster in der Nähe von Kundus zeigte.

Friedrich Merz (CDU/CSU) prangerte das Versagen der EU in

---

22   14. WP Plenarprotokoll (PP) 14/210. Daraus stammen die folgenden Zitate.

der Afghanistan-Frage an sowie Versäumnisse der Regierung in Bezug auf die Bundeswehr, ihre »chronische Unterfinanzierung«; es fehlten »rund 7.000 Unteroffiziere und Feldwebel«. Er fragte nach den regionalen und globalen strategischen Aufgaben für Europa und die EU sowie nach einer Definition dessen, was »Deutschland im Rahmen einer europäischen Außen-, Sicherheits- und Verteidigungspolitik dazu leisten« könne. Außenminister Fischer stimmte Merz zu, dass »die Europäische Union bisher nicht darauf vorbereitet sei, Entscheidungen über Krieg und Frieden zu treffen.« Dies habe erst der 11. September klar gemacht. Wie Bundeskanzler Schröder deutete auch Fischer nur sein Unbehagen an der Befristung auf sechs Monate an. Für die »Friedensmission« sei vom UN-Sicherheitsrat eben eine sechsmonatige Einsatzfrist beschlossen worden – ein Kompromiss zwischen dem Wünschbaren und dem Möglichen. Wer von den Abgeordneten ähnliche Zweifel hegte und wer an die sechsmonatige Einsatzbegrenzung glaubte und nur deshalb zustimmte, lässt sich nicht mehr feststellen. Es zeigte sich aber bald, dass das nichts als Augenwischerei war. Wolfgang Gerhardt (FDP) würdigte die »hervorragende Arbeit« der Bundeswehr, die schon in der Zeit des Kalten Krieges »den Frieden gesichert« und sich »in Südosteuropa tastend und schrittweise in internationalen Einsätzen mit hohem Ansehen vorgearbeitet« habe. Gerhardt jedenfalls bezweifelte, dass ein sechsmonatiger Einsatz ausreiche und dass er auf den Raum Kabul beschränkt werden könne. Einzig Roland Claus (PDS) kritisierte scharf, dass OEF- und ISAF-Einsatz vermischt seien – was von Seiten der Regierung bestritten wurde, bis es schließlich unbestreitbar wurde, – und dass das ISAF-Mandat »ein sehr unklares und diffuses Mandat« sei. Er verwies außerdem darauf, dass »Ziel und Mittel« nicht im Einklang stünden, wenn man einerseits den Not leidenden Menschen helfen wolle, andererseits nun »eine Leibgarde für die neue Übergangsregierung« installiere.

...kein Recht, als Friedenspartei aufzutreten?

Peter Struck (SPD) hielt den in der Tat historischen Fakt auch rhetorisch fest, »dass abgesehen von der PDS alle Fraktionen dieses Hauses

die Auslandseinsätze der Bundeswehr (...) mittragen.« Die Nachfol-
gepartei der SED habe aber kein Recht, »in diesem Bundestag als
Friedenspartei aufzutreten.« Struck führte aus, das »robuste Mandat«
nach Kapitel VII der UN-Charta gebe den Soldaten das »Recht, nach
eigenem Ermessen militärisch gegen Friedensstörer vorzugehen«.
OEF- und ISAF-Mandat seien klar getrennt. »Die Aufgabenstellung
ist völlig unterschiedlich und die politischen Botschaften sind ver-
schieden: Die amerikanischen Truppen bekämpfen die verbliebenen
Terroristen, die UNO-Einheiten (womit die ISAF gemeint ist! d. V.)
sichern den Friedensprozess.«

Volker Rühe (CDU/CSU) erklärte, dass als »Starthilfe für diesen neuen politischen Prozess« in Afghanistan »die sechs Monate in
Ordnung« seien. Auch er äußerte sich zum Verhältnis von OEF und
ISAF: »Es gibt einen eigenständigen Ansatz für die Friedenstruppe;
im Konfliktfall entscheidet aber das amerikanische Hauptquartier«.
Auch Rühe bemängelte die Unterfinanzierung der Bundeswehr, und
dies umso mehr, als es vor Schröder »keinen Bundeskanzler gegeben
(habe), der die Soldaten der Bundeswehr in so viele internationale
Einsätze geschickt (...) hat.« Als Rezzo Schlauch (Bündnis 90 / Die
Grünen) als dritten positiven Aspekt des Mandats »die organisatori-
sche Trennung zwischen der UN-Mission und der Operation Enduring
Freedom« hervorhob, löste er laut Protokoll »Heiterkeit bei Abgeordneten der CDU/CSU und der FDP« aus.

Wussten die damals schon mehr?

Ulrich Irmer (FDP) forderte die Bundesregierung auf, sich dafür stark zu machen, »das Führungsmandat (...) auf die Europäische
Union oder auf die NATO zu übertragen«, – eine Forderung, die auch
binnen kurzem erfüllt wurde. Die Polemik Strucks gegen die PDS
griff Irmer auf: Er sei mit dieser Kritik einverstanden, aber auch ver-
wundert, dass sich die SPD »zur gleichen Zeit ausgerechnet in Berlin
mit ihr (der PDS, d. V.) ins Bett legt, obwohl die Vorgängerpartei, die
SED, durch Berlin die Mauer gezogen hat«.

Von Beginn an ging es nicht nur – und oft nicht einmal primär
– um den Hindukusch, sondern es sollten vielerlei offene Rechnungen
beglichen werden.

Wahrheit – scheibchenweise

Wolfgang Gehrcke (PDS) erläuterte, dass es eine friedliche Alternative für Afghanistan gebe, nämlich eine UN-Friedensmission nach Kapitel VI der UN-Charta, die umfassende humanitäre Hilfen im Interesse der Bevölkerung ermögliche. »Die humanitäre Hilfe ist nicht Gegenstand des (ISAF-, d. V.) Mandates (…) Das Mandat dient zur Unterstützung, zur Assistenz und zur Sicherung der neuen Verwaltung.« Gehrcke bohrte nach, »wie es mit weiteren militärischen Einsätzen« aussehe. An die Regierung gewandt: »Entweder Sie wissen nichts – das spräche nicht gerade für Partnerschaft; aber das kann ja so sein –, oder Sie sagen nichts, weil Sie den Eindruck, dass die Wahrheit nur scheibchenweise verabreicht wird, vermeiden wollen (…) wo sind die (Bundeswehr-Soldaten, d. V.) eigentlich stationiert? Wo sind die geblieben? Darüber redet keiner.« Verteidigungsminister Rudolf Scharping begründete die räumliche und qualitative Begrenzung des ISAF-Einsatzes auf »Unterstützungsleistung« mit der schmerzlichen Einsicht, »dass wir nicht die Fähigkeit haben – Deutschland, Europa und die internationale Staatengemeinschaft insgesamt haben nicht die Fähigkeit –, in Afghanistan für Sicherheit zu sorgen.« Die NATO hingegen habe diese Fähigkeit und es gebe »ein enormes Maß an politischem Vertrauen in die Fähigkeiten der NATO. »Das ist etwas, was wir in Europa und im Rahmen der ESVP[23] noch entwickeln müssen.« Scharping bedauerte, dass die Bundesrepublik Deutschland »noch nicht über die Führungsstrukturen, die Führungsmittel und die Unterstützungsmittel« verfüge, um einen multinationalen Einsatz wie die OEF über große Entfernung und Dauer zu führen. Der Redebeitrag von Paul Breuer (CDU/CSU) wird die Rüstungsindustrie, leider aber nicht die Steuerzahler, hellhörig gemacht haben, denn dem allgemeinen Lamento über die Unterfinanzierung der Bundeswehr fügte er konkret hinzu, dass die Bundeswehr Lufttransportmittel brauche, »die dafür notwendig sind, deutsche Panzer nach Afghanistan zu transportieren.«

Rita Grießhaber (Bündnis 90 / Die Grünen) milderte diese zwar unterschiedlichen, aber deutlichen militärisch-materiellen Interessens-

---

23   ESVP – Europäische Sicherheits- und Verteidigungspolitik

bekundungen ab. Die »Sicherheitskomponente«, gemeint ist das
ISAF-Mandat, habe die Aufgabe, den Aufbau ziviler staatlicher Strukturen abzusichern, wie zum Beispiel die kürzlich von Frauen eröffne-
te Bäckerei in Kabul, die von den Taliban geschlossen worden war.
An deren Schutz wird ihr Kollege Breuer mit seiner Idee vom Pan-
zertransport vermutlich weniger gedacht haben. Aber weiß man's?
Christian Schmidt (CDU/CSU) bemängelte wie vor ihm der FDP-
Abgeordnete Irmer, dass Deutschland über kein »Gesamtkonzept«
verfüge und dass man sich im Bundestag »nicht traut, den Begriff des
nationalen und des europäischen Interesses in den Mund zu nehmen«.
Womit Schmidt auch jenes Bedürfnis nach nationaler Selbstbestäti-
gung zum Ausdruck brachte, wonach das Ausland sich endlich daran
zu gewöhnen habe, dass sich Deutschland wieder auf seine nationalen
Interessen beruft, wie der Soziologe Hans-Ernst Schiller kritisch an-
merkte.[24] Schmidt nahm eine klare und realitätsnahe Gegenposition
zu den Menschenrechtsargumenten von sozialdemokratischen und
grünen Abgeordneten ein und erklärte: »Ja, wer eine neue Weltsozial-
politik im Zusammenhang mit der Terrorismusbekämpfung erwartet,
der wird mit Sicherheit enttäuscht werden.« Genau die von ihm brüsk
abgelehnte Position vertrat aber die Bundesministerin für wirtschaftliche Zusammenarbeit und Entwicklung, Heidemarie Wieczorek-Zeul
(SPD): »Wenn wir eine gerechtere Weltordnung wollen, in der Menschenrechte Beachtung finden, die internationale Wertebasis Geltung
hat und alle Menschen eine reelle Chance bekommen, ihr Leben und
ihre Zukunft zu gestalten, dann ist das jetzt auch unsere Stunde.« Kaum
vorstellbar, dass Hans-Christian Ströbele (Bündnis 90 / Die Grünen),
letzter Redner vor der Abstimmung, wirklich dieser Friedensdemago-
gie glaubte, die stets das Gegenteil will von dem, was sie lauthals beteuert. Gesagt hat er es aber: »Wir entscheiden hier heute nicht über
die Beteiligung an einem Krieg, sondern wir entscheiden heute darüber, ob sich die Bundesrepublik Deutschland und somit die Bundes-

---

24   Vgl. Hans-Ernst Schiller: Völkerrecht und Friedensutopie. Ein Rückblick
      auf Afghanistan. In: VorSchein. Jahrbuch der Ernst-Bloch-Assoziation. Hg.
      Doris Zeilinger, Nr. 24/2003, S. 133 f.

wehr an einem Einsatz beteiligt, der dem Frieden dienen soll und der helfen soll, die Chancen für einen dauerhaften Frieden zu sichern.« In einem Punkt hatte er Recht: Für die Beteiligung am Krieg hatten sich die Abgeordneten schon entschieden, und zwar 35 Tage vorher.

Von den 581 abgegebenen Stimmen entfielen 35 auf Nein, darunter die Stimmen der gesamten PDS-Fraktion abzüglich einer Enthaltung, eine der SPD, zwei der CDU/CSU und eine der FDP.[25]

Dass der UN-Sicherheitsrat darauf verzichtet hatte, ein eigenes UN-Kontingent für den ISAF-Einsatz zusammenzustellen, führte zu beträchtlichen Zweifeln, ob OEF und ISAF mehr als nur formal getrennt seien. Die Bundesregierung hat über Jahre hinweg einen beachtlichen argumentativen Aufwand betrieben, um die Eigenständigkeit und Friedensorientierung von ISAF zu propagieren. Doch von Anfang an war »das Nebeneinander von OEF und ISAF in Afghanistan (…) eine absurde Konstruktion«, so die Analyse des Autors Eric Chauvistré. »Einerseits wurde mit ISAF eine sogenannte Schutztruppe installiert, andererseits setzten teilweise dieselben Staaten, die an ISAF beteiligt waren, unter einem formell getrennten Kommando, den im Oktober 2001 begonnenen Krieg gegen Al Qaida und die Taliban fort. Der UN-Sicherheitsrat hatte also Staaten mit der Aufstellung einer Schutztruppe beauftragt, die gleichzeitig in demselben Land noch offensive Gewalt anwendeten.«[26] Im Nachhinein ist man immer klüger? Vielleicht gilt das auch für Parlamentarier, aber neun Jahre später scheint noch nicht genug »nachhinein« zu sein.

Am 4. Januar 2002 unterzeichnete die afghanische Interimsregierung mit der ISAF das Military Technical Agreement, wonach das Personal der ISAF sowie ISAF-Angehörige Immunität vor Zwangsmaßnahmen afghanischer Stellen genießen.

Die sechsmonatige Begrenzung des Mandats war nach sechs Monaten nicht mehr relevant. Am 5. Juni 2002 stimmte der Bundestag für die Fortsetzung des ISAF-Einsatzes um weitere sechs Monate sowie für die Erweiterung des Auftrags der deutschen ISAF-Soldaten. Diese

---

25   14. WP, PP 14/210
26   Eric Chauvistré, a. a. O., S. 34

sollten nun auch »zur Unterstützung der Absicherung der Emergency Loya Jirga[27] und Stärkung des Eigenschutzes des deutschen ISAF-Kontingentes vorübergehend herangezogen werden.« Ebenfalls vorübergehend »darf die Personalobergrenze von 1.200 Soldaten (...) um bis zu 200 Soldaten überschritten werden.«[28]

UND JEDES NEUE REGIMENT
EIN NEUER BEWEIS DER FRIEDENSLIEBE
Bertolt Brecht, Notwendigkeit der Propaganda

Am 3. Dezember 2002 stellte die Bundesregierung einen weiteren Antrag auf Fortsetzung der Beteiligung bewaffneter deutscher Streitkräfte an der ISAF, nun für zwölf Monate. Darüber hinaus sollte das Parlament der bereits gefallenen Entscheidung zustimmen, dass »Deutschland gemeinsam mit dem Königreich der Niederlande Anfang des Jahres 2003 die Leitfunktion für ISAF übernehmen wird«.

Schon in der Plenardiskussion am 20.12.2002 – da war Deutschland gerade erst ein Jahr lang im Krieg – warnte Friedbert Pflüger (CDU/CSU): Wenn Deutschland Afghanistan verlasse, »dann wird die ganze Welt daran Schaden nehmen«[29] – und das, wo sie doch am deutschen Wesen genesen soll! So ähnlich, vielleicht nicht ganz so wahnhaft omnipotent, wird es wohl auch die Mehrheit der Abgeordneten gesehen haben. »Wenn wir weggehen, ist alles verloren, dieses Land wird ins Mittelalter zurückfallen«. Auch dieser Satz könnte von manch einem Bundestagsabgeordneten stammen, wird uns aber von Frantz Fanon[30] als eine der Grundüberzeugungen von Kolonialherren

---

27   Loya Jirga ist die traditionelle große Versammlung der Stammesführer, um Konflikte zu regeln. Ihr gehören in jüngerer Zeit auch Religionsführer, Politiker, Militärs und Regionalführer an. Sie ist nicht demokratisch gewählt.

28   14. WP, DS 14/9246

29   15. WP, PP 15/17

30   Frantz Fanon (1925–1961), Philosoph und Arzt aus Martinique, war einer der bedeutendsten Verfechter der antikolonialen Bewegung, sowohl als Autor als auch praktisch. In Algerien arbeitete er für die Nationale Befreiungsfront.

überliefert.[31] Es heißt, dass die Geschichte sich nicht wiederhole, es sei denn als Farce. Aber hier geht es leider nicht um eine Farce, sondern um Krieg.

Die deutschen ISAF-Truppen zogen nicht ab, sondern wurden auf bis zu 2.500 Soldaten aufgestockt, 1.000 von ihnen waren für die Wahrnehmung der »Leitfunktion« vorgesehen. Bis August 2003 wurde alle sechs Monate das Oberkommando der ISAF von einem anderen ISAF-Mitglied ausgeübt – von Februar bis August 2003 z. B. vom Deutsch-Niederländischen Korps. Danach übernahm die NATO auf Bitten Deutschlands, der Niederlande und Kanadas das Oberkommando. Unmittelbar nach Verabschiedung der UN-Resolution 1510 vom 13. Oktober 2003 gab der Bundestag am 15. Oktober 2003 erneut dem Antrag der Bundesregierung[32] auf Fortsetzung des deutschen ISAF-Engagements und der Erweiterung des Aufgabengebietes des deutschen Kontingents seine Zustimmung. Nunmehr sollten die deutschen ISAF-Truppen die vorläufigen Staatsorgane und ihre Nachfolgeinstitutionen bei der Aufrechterhaltung der Sicherheit in Gebieten über Kabul und Umgebung hinaus unterstützen; und zwar so, dass sowohl die afghanischen Staatsorgane als auch das Personal der UNO und anderes internationales Zivilpersonal, insbesondere solches, das dem Wiederaufbau und humanitären Aufgaben nachgeht, in einem sicheren Umfeld arbeiten können. Darüber hinaus gewähren ISAF-Kräfte »insbesondere Unterstützung bei der Reform des Sicherheitssektors sowie der Überwachung der Entwaffnung, Demobilisierung und Reintegration ehemaliger Kombattanten und tragen zur zivil-militärischen Zusammenarbeit bei. Sie wirken vor allem auch bei der Absicherung von Wahlen mit.« Die Bundeswehr sollte – mit den spezifischen Mitteln einer Armee, die bekanntlich ein Hort der Demokratie ist – zu einer »sich selbst tragende(n) Stabilität bei sichtbarer und fortschreitender Demokratisierung« Afghanistans beitragen. Deshalb übernahm sie den Standort des US-geführten »Provincial Reconstruction Teams« (PRT) in Kundus als Teil der erweiterten ISAF-Operation.

---

31   Frantz Fanon: Die Verdammten dieser Erde, Frankfurt/M., 1981, S. 43
32   15. WP, DS 15/1700

So wurde auch die regionale Eingrenzung des Einsatzes aufgehoben. Das PRT in Kundus wurde »auf Druck des US-Bündnispartners«[33] Anfang 2004 übernommen. Später folgten die PRTs in Taloqan und in Faizabad.

Gemäß der offiziellen Konzeption bestehen die Aufgaben der PRTs darin, den Wiederaufbau Afghanistans zu unterstützen. Dazu gehören die Durchführung von zumeist kleineren eigenen Hilfsprojekten und Maßnahmen zur Verbesserung der Infrastruktur, wie zum Beispiel das Bohren von Brunnen; außerdem die Unterstützung bei der Koordinierung und Bedarfsermittlung für Hilfsprojekte in enger Zusammenarbeit mit nationalen und internationalen Hilfsorganisationen sowie Ausbildung von Polizei und Behörden. Die PRTs haben den militärischen Auftrag, ein sicheres Umfeld für den Aufbau zu schaffen und zu erhalten sowie die Zusammenarbeit mit afghanischen Sicherheitskräften zu intensivieren. Sie entsprechen damit dem Konzept der »Civil-Military Cooperation« (CIMIC), das allerdings von vielen in Afghanistan tätigen Hilfsorganisationen als schädlich, ja sogar gefährlich für den zivilen Charakter ihrer Arbeit kritisiert wird. Überdies wurden die PRTs unter deutscher Leitung auch häufig kritisiert, »bei ihnen rangiere der Selbstschutz vor der Erfüllung des Auftrags, Sicherheit herzustellen.«[34] Faktisch brachten sie zu wenig Sicherheit und Entwicklung, so dass der ISAF-Auftrag immer weiter ausgedehnt werden musste. Die offizielle Begründung wurde nach dem immer gleichen Muster konstruiert: Wir sind zwar sehr erfolgreich, aber (…) die Lage verschlechtert sich. Ende 2009 stellte der Geschäftsführer von medico international, Thomas Gebauer, fest, dass es falsch war, »der NATO das Mandat für den Militäreinsatz zu übertragen«.[35] Zwei Monate später konnte man bei Markus Kaim und Pia Niedermeier von der Stiftung Wissenschaft und Politik, SWP, die klare Einschät-

---

33   Maaß, a. a. O., S. 82

34   Michael Paul: Zivil-militärische Zusammenarbeit im ISAF-Einsatz, in: Peter Schmidt (Hg.): Das internationale Engagement in Afghanistan, SWP-Studie August 2008, Berlin, S. 44

35   »Blühende Landschaften« am Hindukusch? Bewertung aus der Sicht einer deutschen Hilfsorganisation. medico international, 24.11.2009

zung lesen: »Dass die NATO-geführte ISAF seit 2003 das im VN-Mandat geforderte Maß an Sicherheit nicht gewährleistet, lässt sich an verschiedenen Indikatoren ablesen (...) Aufgrund des notorischen Mangels an Sicherheit haben die ISAF wie die afghanische Regierung Vertrauen bei der örtlichen Bevölkerung verloren.«[36]

Die große Mehrheit der deutschen Abgeordneten stimmte der von der Bundesregierung am 22. September 2004 beschlossenen Fortsetzung der deutschen Kriegsbeteiligung für weitere 12 Monate zu. Sie genehmigte auch die deutsche Verantwortlichkeit für den Aufbau der afghanischen Polizeikräfte. Im Regierungsantrag wurde ausgeführt, dass seit dem 24. Oktober 2003 die Bundeswehr mit Erlaubnis des deutschen Parlaments auch in der Region Kundus (Provinzen Kundus, Badakhshan, Baghlan und Takhar) und zur militärischen Absicherung von Wahlen in Afghanistan eingesetzt sei. Das PRT in Kundus, so der nebulöse Kampfauftrag, »wirkt inzwischen als wichtiger Katalysator für zivile Unterstützungsleistungen der Internationalen Gemeinschaft in der Region«.[37]

Ein Jahr später, am 18. September 2005, fanden in Afghanistan Parlamentswahlen statt, von denen die Bundesregierung in ihrem Antrag vom 21.9.2005 behauptete, sie seien unter großer Beteiligung der Bevölkerung und weitgehend friedlich durchgeführt worden. Der »Bonn Prozess« stehe vor seinem Abschluss, wurde von der Bundesregierung stolz verkündet: »Eine politische Ordnung wurde etabliert, der Aufbau tragfähiger Institutionen hat begonnen, ebenso wie der wirtschaftliche Wiederaufbau. Die politischen Rahmenbedingungen haben sich in Afghanistan vor allem im vergangenen Jahr verbessert. Im Januar 2004 wurde die neue Verfassung Afghanistans von einer verfassungsgebenden Loya Jirga verabschiedet. Aus den erfolgreichen und friedlichen Präsidentschaftswahlen am 9. Oktober 2004 ging Präsident Hamid Karsai als erstes frei gewähltes afghanisches Staatsoberhaupt hervor.«[38]

---

36   Die Zukunft des deutschen ISAF-Einsatzes, SWP-Aktuell 8, Januar 2010, S. 2
37   15. WP, DS 15/3710
38   15. WP, DS 15/996

...die Sicherheitslage
sei grundlegend und nachhaltig zu verbessern

Wenig später beschloss der Bundestag den Regierungsantrag[39] vom 21. September 2005 und damit die Personalaufstockung auf 3.000 Soldaten, insbesondere um die Sicherheit der Regionalen Wiederaufbauteams (PRT) zu vergrößern, für welche die Bundeswehr verantwortlich zeichnet, sowie das Arbeitsumfeld des Personals zu sichern, das zur Vollendung des Übergangsprozesses und zur weiteren Unterstützung der Stabilisierung und des Wiederaufbaus Afghanistans eingesetzt ist. Deutsche Militärs sollen die Reform des Sicherheitssektors, einschließlich der Entwaffnung illegaler Milizen, unterstützen und ein Klima schaffen, »in dem afghanische Kräfte zur Drogenbekämpfung ausgebildet und bei der Umsetzung ihrer langfristigen Drogenbekämpfungsstrategie von der internationalen Gemeinschaft unterstützt werden.« Das sei der Einstieg in den »Post-Bonn-Prozess«. Die Sicherheitslage müsse »grundlegend und nachhaltig« verbessert werden. Dies gelte besonders im Süden und Osten, dem »Rückzugsgebiet (...) verbliebener militärischer oppositioneller Kräfte und noch existierender terroristischer Gruppierungen der Taliban-, Al Qaida- und Hekmatyar-Anhänger«. Die ISAF müsse auch diese Regionen unterstützen. Die deutschen Truppen sollen für den gesamten Norden Afghanistans zuständig sein.

Die UNAMA (UN Assistance Mission in Afghanistan), die einzige direkte und zudem zivile UN-Mission, scheiterte bei ihren Bemühungen[40], mit politischen Mitteln die Verschlechterung der Sicherheitslage zu stoppen. Die NATO gewann weiter an Gewicht. Die USA erklärten, sie wollten ihr Engagement in der OEF reduzieren. Also wurde die ISAF im Frühjahr 2006 auf 16.000 Soldaten aufgestockt. Deutschland übernahm am 1. Juni 2006 das ISAF Regionalkommando in Mazar-e Sharif und wurde damit für die Koordination von rund 3.400 ISAF-Soldaten aus 13 Nationen verantwortlich, außerdem für fünf PRTs in den neun nördlichen Provinzen. Am 8. Juni 2006 beschloss die NATO

---

39   15. WP, DS 15/5996

40   So die Einschätzung von Maaß, a. a. O., S. 82

die weitere Aufstockung bis Ende 2006 auf 25.000 Soldaten und die Ausdehnung auf den ganzen Süden und Osten. Scheibchenweise, wie die Wahrheit herauskam, wurde aus einer »UNO-Friedensmission« erst ein Sicherheitsunterstützungseinsatz und dann ein Krieg.

Der Sicherheitsrat der Vereinten Nationen verabschiedete am 12. September die Resolution 1707. Einen Tag später, am 13. September 2006, entschied die Bundesregierung, den Krieg fortzuführen; der Deutsche Bundestag stimmte zu. Der Beschluss war bis zum 13. Oktober 2007 gültig. Die ISAF ist seither für ganz Afghanistan zuständig und die deutschen Streitkräfte leisten »einen wesentlichen und wichtigen Beitrag zum ISAF-Auftrag für ganz Afghanistan. Darüber hinaus sind das deutsche ISAF-Kontingent, deutsche Soldaten in NATO-Stäben wie auch deutsche Anteile an NATO-Verbänden (z. B. NATO-Fernmeldebataillone) in der Lage, bei Bedarf neben dem operativen Schwerpunkt ISAF-Nordregion die ISAF-Operation zeitlich und im Umfang begrenzt in anderen Regionen zu unterstützen, sofern dies zur Erfüllung des ISAF-Gesamtauftrages unabweisbar ist.« Diese neuerliche Ausweitung des militärischen Auftrags solle u. a. dabei helfen, die bis zu 6 Millionen afghanischen Flüchtlinge zu integrieren, die ethnische und geschlechtliche Diskriminierung und den Wiederaufbau von zerstörten administrativen, sozialen und wirtschaftlichen Strukturen zu unterstützen.[41]

Wie darf man sich das vorstellen? Sollen die Bundeswehrsoldaten mit der Waffe in der Hand nun auch afghanische Männer von der Diskriminierung ihrer Frauen abhalten? Und was soll ein deutscher Soldat machen, wenn er mitbekommt, dass ein Angehöriger z. B. der nicht-paschtunischen Stämme diskriminiert wird? Und wie hilft er bei der Integration von Flüchtlingen? Nachgefragt hat kein Abgeordneter, wie diese Mandatserweiterung zu realisieren sei. Eine Antwort hätte er ohnehin nicht bekommen, weil jede Nachfrage nach konkreten Aufgaben der Soldaten als sicherheitsrelevant und deshalb geheimhaltungsbedürftig qualifiziert worden wäre. Hier schon endet die demokratische Kontrollmöglichkeit.

---

41   16. WP, DS 16/2573

Auseinandersetzungen um den Tornado-Einsatz im Frühjahr 2007 – oder: Was kümmert uns unser Geschwätz von gestern

Am 8. Februar 2007 [42] stellte die Bundesregierung den Antrag, die militärische Beteiligung am ISAF-Einsatz mit der Fähigkeit zur Aufklärung und Überwachung aus der Luft fortzusetzen. Aufgaben der hierfür vorgesehenen Tornados seien Führung und Führungsunterstützung, Sicherung und Schutz, Aufklärung und Überwachung aus der Luft sowie Auswertung, logistische Unterstützung einschließlich Transport und Umschlag und sanitätsdienstliche Versorgung. Nur so sei eine landesweite politische Stabilisierung möglich, lautete die pompöse Begründung. Und: Die Tornados dienten dem Schutz der deutschen Soldaten, der zivilen Helfer sowie der afghanischen Bevölkerung. Bis zu 500 Soldaten sollten zusätzlich nach Afghanistan entsandt werden.

Am 9. März folgte die Abstimmung im Bundestag [43]: 405 Abgeordnete stimmten für die Entsendung, 157 stimmten dagegen, 11 enthielten sich. 203 Abgeordnete der CDU/CSU stimmten mit Ja, 5 mit Nein; 133 SPD-Abgeordnete stimmten mit Ja, 69 waren gegen den Einsatz, zwei enthielten sich. Die FDP stimmte mit 43 Stimmen für, mit 9 dagegen. Bündnis 90/Die Grünen gaben ein gespaltenes Votum ab, 26 dafür, 21 dagegen, 4 Enthaltungen. Alle 51 Abgeordneten der LINKEN stimmten dagegen. Die Unions-Abgeordneten Peter Gauweiler (CSU) und Willy Wimmer (CDU) legten am Tag der Abstimmung beim Bundesverfassungsgericht Klage ein mit der Begründung, dass Deutschland »in die völkerrechtswidrige Kriegführung« der USA in Afghanistan verstrickt werde. Zudem werde aus Sicht der beiden Politiker mit dem »Tornado«-Einsatz die Substanz des NATO-Vertrages geändert. Auch die Fraktion DIE LINKE reichte eine Verfassungsklage ein.

Eckart von Klaeden: ISAF muss Krieg führen

In den unmittelbar vor der Abstimmung abgegebenen Stellungnahmen begründeten die Vertreter der Fraktionen noch einmal ihre

---

42   16. WP, DS 16/4298

43   16. WP, PP 16/86

Haltungen. Eckart von Klaeden (CDU/CSU) unterstrich die »geopolitische Bedeutung« einer erfolgreichen Intervention in Afghanistan. »Zur Herstellung der Stabilität im Süden und Osten des Landes
muss ISAF – nicht im völkerrechtlichen, aber im militärischen Sinne – Krieg führen«. Damit widersprach er den Friedens-Beteuerun-
gen seines Fraktionskollegen Ruprecht vom 19. Januar 2007. Nun bekräftigte von Klaeden, man könne die Operationen der ISAF und
der OEF nicht strikt voneinander trennen, – eine Aussage, die noch
wenige Jahre zuvor vehement abgelehnt wurde. Und dann wieder das
alte Wunschdenken, zum Tornado-Einsatz passend wie die Faust aufs
Auge: Man müsse die Herzen und Köpfe der Menschen gewinnen.
Seine Parteikollegen reicherten die Ja-Argumente weiter an. Christian
Ruck: Wir deutschen Entwicklungspolitiker haben uns für die Tornados ausgesprochen, weil wir wissen, »Sicherheit und Entwicklung sind
zwei Seiten der gleichen Medaille.« Bernd Schmidbauer ergänzte, dass
es um unsere Bündnistreue, Verlässlichkeit und Zuverlässigkeit gehe.
Gert Weisskirchen, Hans Peter Bartels und Rainer Arnold aus der SPD-
Fraktion bekräftigten, man habe »der freigewählten afghanischen Regierung« das Wort gegeben, beim Aufbau zu helfen (Bartels). Mit den
Tornados? Arnold behauptete kühn, die Taliban wüssten, dass sie »diese militärische Auseinandersetzung nicht gewinnen können«, weshalb
sie auf die »Zermürbung« des Westens setzten. Zwei Jahre später werden nicht »die Taliban«, sondern wird US-Präsident Barack Obama,
Herr über das gigantischste Militärpotential unserer Erde, einräumen,
was Außenminister Guido Westerwelle dann im Parlament zitierte,
nämlich »dass es keine militärische Lösung geben wird«.[44] Zurück ins
Jahr 2007[45], als Weisskirchen – von tiefen Emotionen ergriffen – das
Drama vom deutschen »Ringen« schilderte, »einen zivilen Aufbau in
Afghanistan voranzutreiben«. Auf die Zwischenfrage Ströbeles, der auf
die »Kollateralschäden durch Tornado-Aufklärung« hinwies, versteckte
sich Weisskirchen hinter höherer Autorität in Gestalt des afghanischen

---

44   Auswärtiges Amt: Rede BM Westerwelle im Deutschen Bundestag,
      2./3. Lesung ISAF-Mandatsverlängerung, 3.12.2009
45   16. WP, PP 16/86

Außenministers Rangin Spanta. Der habe gesagt, dass die Tornados Aufklärungsarbeit leisteten, die dem Schutz der Bevölkerung diene.

Oskar Lafontaine (DIE LINKE) bezeichnete die Entsendung als völkerrechtswidrig und erinnerte daran, dass das Bundesverwaltungsgericht schon »die Zurverfügungstellung von Flugplätzen und militärischen Einrichtungen während des Irakkrieges als völkerrechtswidrig eingestuft« habe. Für noch entscheidender hielt Lafontaine die Genfer Konventionen: »Es ist im Krieg verboten, unschuldige Menschen zu töten; eine Kriegführung, die das nicht leistet, ist völkerrechtswidrig«. Laut Grundgesetz sei die Bundeswehr eine »Verteidigungsarmee«, keine Interventionsarmee. Und die NATO sei ein Verteidigungsbündnis. Der Tornado-Einsatz verstoße gegen den NATO-Vertrag. Die USA wollten die NATO zu einem »weltweit agierenden Interventionsbündnis« machen. »Die amerikanische Politik zielt auf die Eroberung von Rohstoffquellen und Absatzmärkten.« Für Lafontaine ist ebenso wie für DIE LINKE ausgemacht: »Das Recht auf Leben steht vor allen anderen Rechten, die hier immer wieder beschworen werden.« Der fraktionslose Gert Winkelmeier mahnte erneut: »Wer Jagdbombern Ziele zuweist, macht sich mitschuldig an der Tötung Unschuldiger.« Luftaufklärung »ist integraler Bestandteil der Kriegsführung«. Ströbele (Bündnis 90 / Die Grünen) begründete sein Nein u. a. damit: »Diese Tornados werden die verhängnisvolle Kriegsführung der USA im Süden Afghanistans unterstützen.« Renate Künast, seine Fraktionsvorsitzende, betonte hingegen den Sicherheitsaspekt, der sie für den Antrag stimmen ließ, mit der bekannten Argumentation: »Es bedarf einer Vernetzung des Zivilen mit dem Militärischen.« Jürgen Trittin (Bündnis 90 / Die Grünen) brachte das Kunststück fertig, sowohl das Nein, als auch das Ja zu den Tornados für eine »respektable Position« zu halten. Gleichzeitig Ja und Nein zur Kriegsausweitung zu sagen, ist für Bündnis 90 / Die Grünen offensichtlich kein schmerzhafter, sondern ein gut trainierter Spagat.

Ruprecht Polenz: Wir führen keinen Krieg

Neue Argumente für und gegen den Tornado-Einsatz waren in den Stellungnahmen der Abgeordneten nicht zu erkennen, sieht man von den absolut konträren Begründungen durch Ruprecht Polenz und Eckart von Klaeden ab. Neben dem »weiter so und mehr davon« hatte es immerhin einige Bedenken gegeben – und zwar nicht nur bei der LINKEN. Das ganze Spektrum von unterschiedlichen Interessen und Begründungen für den ISAF-Einsatz hat sich von Anfang an auch in den Pro-Stimmen für den Tornado gespiegelt; so nachzuverfolgen in der Aussprache vom 19.1.2007[46] zu den Anträgen der Fraktionen DIE LINKE, *Keine Tornado-Aufklärungsflugzeuge in Afghanistan einsetzen,* Bündnis 90 / Die Grünen, *Keine Zusage deutscher Tornados ohne Bundestags-Mandat,* und FDP, *Neues Mandat für Tornado-Einsätze unerlässlich.*[47]

Ruprecht Polenz (CDU/CSU) unterstützte die Position der Regierung, wonach der Tornado-Einsatz in Afghanistan einen defensiven Charakter haben werde. Die ISAF sei keine Kriegspartei. »Wir führen keinen Krieg, sondern wir sind von der afghanischen Regierung eingeladen und arbeiten auf der Basis eines UN-Mandats.« Die Tornados dienten »zunächst dem Schutz eigener Kräfte, natürlich auch dem Schutz unserer Entwicklungshelfer und nicht zuletzt dem Vermeiden sogenannter Kollateralschäden«. Werner Hoyer (FDP) berief sich auf ein Gutachten des Wissenschaftlichen Dienstes des Bundestages, der festgestellt habe, dass die Entsendung der Tornados »grundsätzlich unter das bestehende ISAF-Mandat fällt«. Für die NATO-Aktivitäten im Süden Afghanistans könne sich die Bundesregierung, auch wenn die Bundeswehr überwiegend im Norden eingesetzt sei, nicht aus der Mitverantwortung stehlen. »Die NATO ist ja kein abstraktes Gebilde, sondern wenn die NATO irgendetwas unternimmt, dann kann das nicht geschehen, ohne dass vorher deutsche Vertreter in den entsprechenden NATO-Gremien mitgewirkt haben.« Er warnte davor, alle Vorschläge des NATO-Generalsekretärs und des US-Präsidenten Bush zu akzeptieren, wenn diesen »nichts anderes als ›more of the same‹ einfällt«. Wenn für die Drogenproblematik und die der afghanisch-pakistanischen Grenzregion keine anderen Lösungen als bisher gefunden würden, könne »der Einsatz in Afghanistan in einer Katastrophe enden.«

---

46   16. WP, PP 16/77
47   16. WP, DS 16/4047, 16/4048, 16/4096

Oskar Lafontaine (DIE LINKE) hingegen forderte die Abgeordneten auf, sich Klarheit darüber zu verschaffen, was da beschlossen werden soll: »Diese Tornados unterstützen die Zielfindung der NATO-Bomben. Bei den NATO-Bombardierungen im Süden Afghanistans kommen viele Zivilisten ums Leben. Ich halte es für völlig unverantwortlich, eine solche Vorgehensweise in diesem Parlament auch noch zu unterstützen bzw. zu beschließen.« Zu Sinn und Zweck der Tornado-Einsätze äußerten sich Jürgen Trittin (Bündnis 90 / Die Grünen) und Detlef Dzembritzki (SPD) in ihren Redebeiträgen überhaupt nicht. Das gilt auch für den späteren Verteidigungsminister Karl-Theodor zu Guttenberg, der in seinem Redebeitrag am 28.2.2007[48] jede Äußerung zu den Tornados vermied. Außenminister Frank-Walter Steinmeier begründete die Tornado-Entsendung damit, dass sich die Lage im Süden Afghanistans verschärft habe und dass die Luftaufklärung der Tornados ein »verbessertes Lagebild für die ISAF-Mission« ermögliche, was für die ISAF-Soldaten besonders im Süden, für die zivilen Helfer und die afghanische Bevölkerung mehr Sicherheit bedeute. Als wäre die deutsche Luftaufklärung für einen effektiveren Bombeneinsatz der Partner nicht schon skandalös genug, versuchte Steinmeier die Kritiker von links zu beschwichtigen: »Ich möchte darauf hinweisen, dass wir bestimmte Formen des Einsatzes, nämliche den unmittelbaren Kampfbezug, ausdrücklich ausgeschlossen haben.«

Im September 2010 hat der Bundesminister für Verteidigung entschieden, das RECCE Tornado-Aufklärungsgeschwader 51 »Immelmann« aus Afghanistan abzuziehen. Zur Begründung dieser Entscheidung wurde gesagt, dass unbemannte Aufklärungssysteme, u. a. Drohnen vom Typ Heron 1, die Aufgaben der Tornados übernehmen. Diese Drohne ist eine israelische Produktion. Deutsche Piloten, die diese Drohnen vom Boden aus steuern sollen, werden in Israel für den Einsatz in Afghanistan ausgebildet.[49] Ende November 2010 kehrten die Tornados nach Deutschland zurück. Als Bilanz des Tornado-Einsatzes wird genannt, 14.000 Ziele und Objekte »aufgeklärt« und

---

48   16. WP, PP 16/81
49   Spiegel online, 24.1.2011

u. a. den ISAF-Truppen 50.000 Luftbilder zur Verfügung gestellt zu haben. Ein Drittel der Bilder wurde für ISAF-Operationen genutzt. Wie viele Menschen bei den Folgeeinsätzen getötet wurden, bleibt Geheimsache. An den Bildern klebt Blut. Vor der Verwendung von Drohnen, von der CIA schon über Pakistan eingesetzt, warnte Altbundeskanzler Helmut Schmidt, auf den auch niemand mehr hören will, eindringlich: Sie trügen zur »antiamerikanischen Verbitterung bei; denn ganz zu schweigen von der moralischen oder der rechtlichen Qualität dieses neuartigen Luftkrieges, führt er unvermeidlich zu erheblichen Opfern unter der zivilen pakistanischen Bevölkerung.«[50] Nun also deutsche Drohnen. Sie werden zur Verbitterung über die Deutschen beitragen. Doch im Jahr 2008 mussten erst die Tornados schmackhaft gemacht werden.

Ohne Luftbilder keine Bomben

Verteidigungsminister Franz Josef Jung (CDU) präzisierte den Tornado-Auftrag, der »im Interesse des Schutzes unserer Soldaten, der Soldaten von ISAF, der Wiederaufbauteams, aber auch der zivilen Bevölkerung« Aufklärungslücken schließen solle: »Deshalb haben wir klar und deutlich gemacht, dass die Anforderung der Tornados durch ISAF erfolgt, dass aber dann, wenn es notwendig ist – so die Formulierung im Operationsplan – die entsprechenden Daten an die OEF weitergegeben werden.« Dass nicht ausschließlich an die Aufklärungsfähigkeit der Tornados gedacht war, ließen Jungs weitere Erläuterungen befürchten, wonach »jetzt eindeutig die Aufklärungsfähigkeit nachgefragt« sei – wie lange auch immer das »jetzt« dauern mochte. Und natürlich wiederholte auch er das »ceterum censeo carthaginem esse delendam«[51], die tausendfach beschworene Begründung, alles diene dazu, »dass Afghanistan nicht wieder zu einem Ausbildungszentrum für Terroristen wird.« Fritz Kuhn (Bündnis 90 / Die Grünen) sah keine

---

50 Dieser Krieg ist nicht zu gewinnen, ZEIT online, 28.1.2010

51 Im Übrigen bin ich der Ansicht, dass Karthago zerstört werden muss! Mit diesem Satz soll vor Beginn des Dritten Punischen Krieges der römische Politiker Cato in den Senatssitzungen jede seiner Reden beendet haben.

Risiken, hoffte aber, dass der Tornado-Einsatz dem Strategiewechsel zugutekomme. Walter Kolbow (SPD) erzählte treuherzig, dass bei seinem Besuch in Afghanistan die Afghanen ihn persönlich um den Tornado-Einsatz gebeten hätten. »Also: Greifen wir es auf!« Und mit Stolz auf die Leistungen der Bundeswehr im Norden: »Setzen wir im Süden und Osten fort, was wir (…) im Norden begonnen haben.« Winfried Nachtwei (Bündnis 90 / Die Grünen) indessen äußerte sich kritisch zur regierungsamtlichen Verniedlichung der Tornados. Auch in Militärkreisen sei es strittig, ob die Tornados der Sicherheit der ISAF-Soldaten dienten. »Es ist aber eine Verharmlosung, wenn der Tornadoeinsatz nur als Hilfs- und Schutzeinsatz beschrieben wird.« Vor allem im Süden diene er selbstverständlich der Kampfunterstützung. Monika Knoche (DIE LINKE) bezweifelte die Rechtmäßigkeit der neuerlichen Kriegsausweitung. Das deutsche Grundgesetz sei der verbindliche Maßstab – und zwar jenseits aller Berufungen auf UN-Beschlüsse. Paul Schäfer (DIE LINKE) warnte die Abgeordneten: »Machen wir uns nichts vor: Mit den sechs bis acht Tornados werden wir ein nicht mehr wegzudenkender Bestandteil eines robusten Kampfeinsatzes.« Die Bilder aus den Tornados seien nicht für das Familienalbum oder für Wetterkarten gedacht. »Hier werden als militärisch erachtete Ziele aufgeklärt, die dann mit militärischen Mitteln – sprich: Bomben und Raketen – bekämpft werden sollen.« ISAF sei nur formal von OEF getrennt, sie führe heute einen Luftkrieg und sei an robusten Bodenoperationen beteiligt. Afghanistan werde – in strategischem Maßstab – als »Referenzprojekt für die NATO« betrachtet, »um zu zeigen, wie man gescheiterte Staaten aufzubauen gedenkt. Ich glaube, dieser Weg führt in die Sackgasse.« Wolfgang Gehrcke (DIE LINKE) erinnerte an den gescheiterten Afghanistankrieg der Sowjetunion. Er habe kürzlich erst mit einem damaligen russischen Kommandeur gesprochen. Der habe die gleichen Argumente für die sowjetische Intervention wie die Bundesregierung genannt: Frauenbefreiung, Aufbau der Infrastruktur und des Bildungswesens. Aber, so Gehrcke, »weder Revolution, noch Demokratie nach westlichen Vorstellungen kann man exportieren.«[52]

---

52   16. WP, PP 16/81

Auch der fraktionslose Gert Winkelmeier warnte die Abgeordneten davor, sich den Tornado-Einsatz schön zu reden. »Werte Kolleginnen und Kollegen, wenn Sie einen Blick in die Lehrunterlagen
der Luftwaffe werfen, werden Sie folgendes feststellen: Bei den sogenannten RECCE-Tornados handelt es sich um ›Luftkriegsmittel‹,
die im Rahmen verbundener Luftkriegsoperationen zur Aufklärung
eingesetzt werden… Ohne Luftbilder keine Bomben. Bomben führen
zu Kollateralschäden, also zur Tötung unschuldiger Zivilisten.« Seine
Kritik fasste er zusammen: »Tarnen, Täuschen und Tricksen hat in
diesem Land Tradition.«[53]

»Der Hindukusch ist überall –
wo Struck und Jung es für richtig halten!«

Letztlich blieben die Kritiker erfolglos, wie sich am 9.3.2007 bei der
Abstimmung im Bundestag zeigte. Erfolglos blieben auch die Ver-
fassungsklagen. Der Eilantrag der beiden CDU/CSU-Abgeordneten
wurde abgewiesen, weil sie für eine Organklage nicht antragsberech-
tigt waren. Am 3. Juli 2007 gab die Pressestelle des Bundesverfassungsgerichts bekannt, dass auch die Klage der Linksfraktion gegen
Tornado-Einsatz in Afghanistan zurückgewiesen wurde: Der Zweite
Senat des Bundesverfassungsgerichts (BVerfG) hat mit Urteil vom
3. Juli 2007 festgestellt, dass die Bundesregierung mit dem Beschluss
zur Entsendung von Tornado-Aufklärungsflugzeugen nach Afghanistan keine Rechte des Deutschen Bundestags aus Art. 59 Abs. 2
Satz 1 GG in Verbindung mit Art. 24 Abs. 2 GG verletzt hat. Der
NATO geführte ISAF-Einsatz in Afghanistan diene der Sicherheit des
euro-atlantischen Raums und überschreite daher nicht wesentliche
Strukturentscheidungen des NATO-Vertrags. Zudem lägen keine An-
haltspunkte für eine strukturelle Abkopplung der NATO von ihrer
friedenswahrenden Ausrichtung vor.

An diesem Urteil haben die im Arbeitskreis Darmstädter Signal zu-
sammengeschlossenen aktiven und ehemaligen Offiziere und Unteroffiziere der Bundeswehr umgehend Kritik geäußert: Das BVerfG

---

53   Ebd.

habe die räumliche Begrenzung der Bundeswehreinsätze im Rahmen des NATO-Verteidigungsbündnisses völlig aufgehoben. Der Offizier außer Dienst Helmuth Prieß: »Der Hindukusch ist überall – wo Struck und Jung es für richtig halten!«[54]

Es kam, wie zu erwarten war: Als die Bundesregierung am 19. September 2007 die Fortsetzung der ISAF-Beteiligung für weitere zwölf Monate über den 13. Oktober 2007 hinaus beschloss[55], war die Mehrheit der Abgeordneten dafür, dass dies auch die militärischen »Fähigkeiten zur Aufklärung und Überwachung aus der Luft« betreffen soll und insgesamt bis zu 3.500 Soldaten und Soldatinnen mit entsprechender Ausrüstung einzusetzen sind. Die Regierung begründete die Notwendigkeit des Tornado-Einsatzes in ganz Afghanistan mit dem Argument: Um die »Schreckensherrschaft der Taliban nachhaltig und dauerhaft auszuschließen«, bedürfe es eines ganzheitlichen Ansatzes. Dieser beinhalte, wie im Afghanistan-Konzept der Bundesregierung vom September 2007 erneut dargelegt, zum Beispiel auch den »Zugang zu Bildungseinrichtungen, vor allem von Mädchen und Frauen«. Für den ganzheitlichen Ansatz sei nunmehr eine enge Abstimmung zwischen ISAF und OEF u. a. zur Vermeidung ziviler Opfer notwendig, außerdem ein beschleunigter Polizeiaufbau sowie verstärkte Anstrengungen im Rahmen des Konzepts der Operational Mentor and Liaison Teams (OMLT)[56].

Auch hier versagt selbst die kühnste Phantasie, wie mit den eingesetzten Mitteln die hehren Ziele erreicht werden können.

Seit dem 1. Juli 2008 stellte Deutschland die Schnelle Eingreiftruppe, für die zuvor Norwegen verantwortlich war und die sich als »Feuerwehrtruppe« versteht. Sie wird überall dort offensiv eingesetzt, wo der afghanische Widerstand erstarkt ist, d. h. sie dient der Aufstandsbekämpfung. Das Einsatzgebiet der 200 Mann starken Einheit umfasst Nord- und Westafghanistan. *Die Welt* kommentierte: »Erstmals stehen

---

54   Pressemitteilung des Darmstädter Signals, 3.7.2007, http://www.ag-friedens
      forschung.de/regionen/Afghanistan/tornado-urteil.html#2

55   16. WP, DS 16/6460

56   OMLT – militärische Einheiten zur Begleitung, Anleitung und Unterstüt-
      zung des afghanischen Militärs

bei einem Auftrag der Bundeswehrsoldaten offensive Kampfaktionen im Vordergrund. Ihre Mandatsvorgänger, die Norweger, empfehlen den Deutschen, sich jetzt aufs Töten und Sterben vorzubereiten.«[57]

Als sich der Deutsche Bundestag am 16. Oktober 2008 erneut für die Fortsetzung des Krieges erklärte, stimmte er – jegliche Widersprüche zwischen Wortlaut und Realität ignorierend – auch dem Auftrag des ISAF-Einsatzes zu: Schwerpunkt des deutschen Engagements bleibt der zivile Wiederaufbau Afghanistans. Die Bundesregierung setzt sich hier für den Aufbau staatlicher Institutionen, Rechtsstaatlichkeit und Achtung der Menschenrechte sowie für die Verbesserung der Lebensbedingungen in Afghanistan ein. Die Mittel, um diese allesamt zivilen Ziele zu erreichen, sind immer noch und unverändert überwiegend militärischer Natur.

Und so werden auch die Aufgaben definiert: Unterstützungsleistungen in den Bereichen Führung, Lufttransport, Sanitätsdienst, Logistik sowie Aufklärung für die dort eingesetzten Kontingente von insgesamt 14 ISAF-Nationen. Seit dem 1. Juli 2008 stellt Deutschland zudem die schnelle Eingreifreserve des Regionalkommandos Nord. Erhöhung der Personalobergrenze auf 4.500 Soldatinnen und Soldaten. Absicherung der Präsidentschaftswahlen 2009. Die Luftaufklärung durch die Tornados, so heißt es weiter, diene dem Schutz der ISAF-Soldaten in ganz Afghanistan und damit auch direkt dem Schutz der deutschen Soldaten sowie der im Lande eingesetzten zivilen Helfer und der afghanischen Bevölkerung. Das Konzept der Afghanisierung des Krieges wurde umrissen: Die ANA[58] näherte sich mit ca. 60.000 verfügbaren Soldaten mittlerweile ihrer bisher geplanten Sollstärke von 80.000 Soldaten an. Neufestlegung der Sollstärke der ANA auf 122.000 Soldaten. Neu ist: Operational Mentoring and Liaison Teams (OMLT) sollen ANA-Einheiten bei Ausbildung und Einsatz unterstützen. Aufbau von Ausbildungseinrichtungen und Ausbildungsmaßnahmen für afghanische Offiziere in Deutschland. Aufbau der nationalen Polizei (ANP), an dem sich Deutschland sowohl im Rahmen der EU-

---

57   Neue, gefährliche Aufgaben für die Bundeswehr, in: Die Welt, 30.6.2008
58   ANA – Afghanische Landstreitkräfte

Polizeimission EUPOL als auch bilateral durch deutsche Polizisten und Feldjäger beteiligen soll.

Der NATO-Gipfel in Bukarest und die Pariser Afghanistankonferenz 2008 haben, so der Regierungsbeschluss, »wichtige Wegmarken für das Engagement der internationalen Gemeinschaft in Afghanistan gesetzt«, sprich: das Ziel der Afghanisierung, an deren Ende eine staatliche Ordnung in Afghanistan entstanden sei, »welche die fundamentalen Voraussetzungen politischer Legitimität erfüllt und über ausreichend effektive Sicherheits- und Justizorgane verfügt, um sich selbst gegen die verbleibenden Gefahren militanter Oppositioneller, der organisierten Kriminalität und des Terrorismus zur Wehr setzen zu können.[59]

Die Tätigkeit deutschen Militärs im Rahmen der OEF, insbesondere der Kommando Spezialkräfte KSK, lag in Afghanistan weithin im Dunkeln. Als die Bundesregierung am 29.10.2008 dem Parlament einen Antrag zur Beschlussfassung stellte, mit dem die deutsche Beteiligung an der OEF fortgeschrieben wurde, war Afghanistan ausgegliedert, denn es habe sich »in Afghanistan in der Tat die Erkenntnis durchgesetzt«, so erklärte Außenminister Steinmeier (SPD) die erstaunliche Einsicht nach sieben Jahren Krieg, »dass der Kampf gegen den Terror nicht allein mit militärischen Mitteln zu gewinnen ist.« Dazu merkte der FDP-Abgeordnete Rainer Stinner kritisch an, dass der Einsatz der 100 KSK-Soldaten nun zwar nicht mehr mandatiert sei, was aber nur verbergen solle, dass diese Spezialkräfte in Afghanistan dennoch eingesetzt würden. Paul Schäfer (DIE LINKE) verschärfte diese Kritik, wenn er von Lügen sprach, die die Regierung mit diesem Antrag dem Parlament auftischte. »Die Unwahrheit Nummer zwei ist, dass die Bundesregierung mit dem Verzicht darauf, die Spezialkräfte der Bundeswehr, KSK, unter dem OEF-Mandat einzusetzen, nichts mehr mit dem Antiterrorkrieg in Afghanistan zu tun habe.« In Wirklichkeit bleibe die alte Arbeitsteilung, wonach die OEF den schmutzigeren Teil der Kriegsführung betreibe. Sie führe aber mit ISAF gemeinsame Operationen durch. »All das steht nicht in den

---

59   16. WP, DS 16/10473

Mandaten. Das nenne ich eine Täuschung des Parlaments.« Später, im
Januar 2010, wird das Verteidigungsministerium vertraulich mitteilen,
dass die »Task Force 47 (TF 47)« – es handelt »sich um den deutschen
Einsatzverband Spezialkräfte bei ISAF«, also die KSK, – seit Oktober
2007 im Rahmen der ISAF in Nordafghanistan eingesetzt wurde.

»...wir beschließen, was tatsächlich stattfindet« – wirklich?

Hans-Peter Bartels (SPD) stellte zufrieden fest: »Der vorliegende Antrag der Bundesregierung stellt eine gewisse Mandatsbereinigung dar.
Das heißt, wir beschließen das, was tatsächlich geplant ist und stattfindet.«[60]

Wenn das so bemerkenswert ist, muss die Schlussfolgerung erlaubt
sein, dass dies offensichtlich nicht immer der Fall ist, sondern dass
öfters das stattfand, was nicht geplant und beschlossen wurde, oder
nicht stattfindet, was geplant und beschlossen war. Aber wer weiß
schon so genau, was tatsächlich stattfindet? Und wer will es genau
wissen? Die Abgeordneten und ihre Fraktionen haben verschiedene
parlamentarische Möglichkeiten wie z. B. Kleine Anfragen, Frage-
stunden, mündliche Anfragen. Wie haben sie diese Möglichkeiten
der parlamentarischen Kontrolle genutzt und mit welchem Ergebnis?
Generell versucht die Bundesregierung, auf konkrete oder allgemeine
Fragen von Abgeordneten nach dem Prinzip der drei Affen – nichts
sehen, nichts hören, nichts sagen – zu antworten. Es geht ihr dabei,
wie es scheint, nicht um Glaubwürdigkeit.

Im Nachtrag zu vorangegangenen Entscheidungen der Regierung und der NATO beschloss der Deutsche Bundestag am 2. Juli
2009[61] die Beteiligung deutscher Streitkräfte am Einsatz von NATO-
AWACS. Damit gaben die Abgeordneten ihre Zustimmung dafür,
dass die Flugzeuge vom Typ AWACS im gesamten Verantwortungs-
bereich von ISAF verwendet werden. Die Stationierung erfolgt außerhalb des ISAF-Verantwortungsbereichs. Deutsches Personal kann
in Hauptquartieren, die mit der Führung des AWACS-Einsatzes be-

---

60   16. WP, PP 16/185
61   16. WP, DS 16/13377

auftragt sind, auch außerhalb des ISAF-Einsatzgebietes eingesetzt werden. Für den NATO-AWACS-Einsatz können bis zu 300 deutsche Soldaten herangezogen werden. Sie beteiligen sich unter anderem an der luftgestützten Koordinierung für alle militärischen Luftraumnutzer und unterstützen ISAF-Luftoperationen, wobei sie ggf. mit OEF-Einheiten kooperieren.

In der Begründung für den AWACS-Einsatz wird Deutschlands »genuines Interesse« an einem stabilen Afghanistan bemüht: »Mit unserem Beitrag für die Zukunft Afghanistans schützen wir die Bundesrepublik Deutschland.« Mit AWACS könne man die Rückkehr der Taliban verhindern. »Ansonsten wären die Konsequenz Unterdrückung der eigenen Bevölkerung, Rechtlosigkeit der Frauen, massive Verletzung der Menschenrechte, Perspektivlosigkeit, Unterentwicklung und Destabilisierung der Region.« Ein Scheitern der Internationalen Gemeinschaft, so drohte die Bundesregierung, werde unabsehbare Folgen für die regionale Stabilität haben. »Ein stabiles Afghanistan in einer volatilen[62] Weltregion könnte hingegen Signalwirkung entfalten«.

Da wurde wieder schweres ideologisches Geschütz aufgefahren: Nicht nur »genuines« deutsches Interesse, sondern auch Frauen- und Menschenrechte würden aufs Spiel gesetzt, ja die Destabilisierung der Region würde leichtfertig in Kauf genommen, wenn AWACS nicht genehmigt würde. Also wurde die Entsendung der AWACS-Aufklärungsflugzeuge beschlossen. Indes: Sie wurden nie eingesetzt, weil die NATO versäumt hatte, die Überfluggenehmigungen einzuholen. Das fiel dem SPD-Abgeordneten Rainer Arnold ungut auf: »Im Vorfeld des Mandats war der AWACS-Einsatz unglaublich wichtig; jetzt kräht kein Hahn mehr danach. Das ist schon merkwürdig.«[63] Mehr als das. Im Nachhinein drängt sich das Bild auf, dass es sich bei dieser Angelegenheit um eine Gehorsamsprüfung für die Abgeordneten gehandelt haben könnte. Doch niemand, der dafür gestimmt hatte, ist vor Scham

---

62   Laut Duden stammt volatil aus der Chemie und bedeutet: flüchtig, verdunstend.

63   Bundeswehreinsatz in Afghanistan. Spiegel online, 17.11.2009

darüber, wie er bzw. sie vorgeführt wurde, in den Boden versunken. Ist der Ruf erst ruiniert, lebt's sich gänzlich ungeniert.

Mehr als alle anderen Ereignisse hat der von Oberst Georg Klein am 4. September 2009 befohlene Luftangriff auf Tanklastwagen in der Nähe von Kundus, die die Taliban gestohlen hatten, das Bild vom Afghanistankrieg in der deutschen Bevölkerung geprägt. Die Bombardierung war nach teilweise falschen Angaben durch Klein von zwei US-amerikanischen Flugzeugen ausgeführt worden. Dabei wurden 142 Menschen – überwiegend Zivilisten – getötet und weitere Menschen verletzt. Sowohl der Angriff als auch die verspätete, falsche und irreführende Berichterstattung durch Bundeswehr und Verteidigungsministerium wurden im In- und Ausland stark kritisiert. Bundesverteidigungsminister Franz Josef Jung musste seinen Posten räumen. Sein Nachfolger Karl-Theodor zu Guttenberg entließ den Generalinspekteur der Bundeswehr Wolfgang Schneiderhan und Staatssekretär Peter Wichert mit der Begründung, sie hätten ihm Informationen vorenthalten. Seit 21. Januar 2010 ist der Verteidigungsausschuss als parlamentarischer Untersuchungsausschuss damit beschäftigt, die Vorgänge aufzuklären. Das Ermittlungsverfahren gegen Oberst Klein wurde im April 2010 eingestellt. Er habe weder die Vorschriften des Völkerstrafgesetzbuches noch die Bestimmungen des Strafgesetzbuches verletzt. Das Kundus-Massaker hat die Legende vom deutschen ISAF-Soldaten als Aufbauhelfer endgültig zerstört.

Am 25. Januar 2010 legte die Bundesregierung, inzwischen eine schwarz-gelbe, zur unmittelbar bevorstehenden Afghanistan-Konferenz in London eine Erklärung vor, die die Entwicklung einer Strategie zur »Übergabe in Verantwortung« an die afghanische Regierung zum Inhalt hatte.[64] Deren Kernpunkte, so Außenminister Westerwelle, hätten in der Londoner Erklärung volle Berücksichtigung gefunden. Umgekehrt heißt es im Regierungsdokument: »Im Lichte der Ergebnisse der Londoner Konferenz« werde die Bundesregierung ihre Afghanistan-Politik anpassen. Ziel sei es, in »den nächsten vier

---

64   Sie beruht auf dem Kabinettsbeschluss vom 18. November 2009. Afghanistan. Auf dem Weg zur »Übergabe in Verantwortung«.

Jahren« die Voraussetzungen für den militärischen Rückzug aus Afghanistan zu schaffen. Die Regierung werde dem Bundestag folgende Vorhaben präsentieren:

• Verdoppelung der Mittel für den zivilen Aufbau
• Entwicklungsoffensive für Nord-Afghanistan
• Reintegration von Aufständischen
• ISAF werde den Schutz der Bevölkerung »noch mehr in den Mittelpunkt stellen«. Zu diesem Zweck sollen die deutschen Militärs um 500 aufgestockt werden: für Ausbildung, Mentoring, Schutz und Führungsleistungen. Weitere 350 Soldatinnen und Soldaten werden für verschiedene Aufgaben wie z. B. »unvorhersehbare Lageänderungen« benötigt.
• Aufbau der afghanischen Polizei. Erhöhung der Anzahl deutscher Polizisten auf 200.

Neue Regierung mit altem Konzept.

Behutsam und freundschaftlich – die Bundeswehr?

Am 10. Februar 2010[65] befassten sich die Abgeordneten im Bundestag mit dem Antrag der Bundesregierung zur Fortsetzung des Krieges. Außenminister Westerwelle begründete die Verlängerung der deutschen Kriegsbeteiligung mit den bekannten Argumenten: Schutz der Sicherheit Afghanistans und der deutschen Sicherheit, Entwicklungshilfe für Landwirtschaft, Verkehrsinfrastruktur, Schulwesen, Gesundheitswesen, selbsttragende Sicherheit: »Millionen Frauen und Männer setzen ihre Hoffnung in uns«, dass Afghanistan »nie wieder ein Rückzugsort des Terrors« werde. Wie alle Jahre zuvor kamen Vertreter der Fraktionen zu Wort, die teils mit Bedenken, teils mit zusätzlichen eigenen Argumenten dem Regierungsantrag zustimmten, während DIE LINKE wieder ein standhaftes Nein vertrat. Steinmeier (SPD) räumte ein – als wäre die SPD schon immer gegen den Vorrang des Militärischen gewesen –, es habe viel zu lange gedauert, »bis wir andere davon überzeugt haben, dass wir dem zivilen Wiederaufbau und dem Schutz der Zivilbevölkerung in Afghanistan oberste Priorität einräumen müssen.«

---

65   17. WP, PP 17/22

Er mahnte eine konkrete Abzugsperspektive für 2014/15 an. Christian Ruck (CDU/CSU) begründete wieder den deutschen Kriegseinsatz damit, dass ein Rückfall in »Schreckensherrschaft oder eine beispiellose Diskriminierung der Frauen« verhindert werde, aber auch »um Leib und Leben unserer eigenen Bürger zu schützen«. Die Bundeswehr habe dafür gekämpft, dass Afghanistan heute »demokratisch gewählte Institutionen und eine gute demokratische Verfassung« habe, Straßen, Schulen, Radio und Fernsehen, Gesundheitsversorgung. Er behauptete, als habe es das Kundus-Massaker nie gegeben: Die Bundeswehr habe einen »behutsamen und freundschaftlichen Umgang mit der Bevölkerung« gepflegt, so dass wir Deutschen uns »einen guten Ruf als ehrlicher Makler« erworben haben. Das Konzept der »vernetzten Sicherheit« sei der Schlüssel zum Erfolg.

Hellmut Königshaus (FDP) betonte den »Paradigmenwechsel« in der Afghanistan-Politik seit der Londoner Konferenz, stellte Pläne für die Banken und den zivilen Aufbau vor, der »auch Schlüssel für die nachhaltige Beendigung der Drogenwirtschaft« sei, mahnte beim Präsidenten Hamid Karsai Good Governance, Menschenrechte und die Bekämpfung der Korruption an und betonte die »Sicherung der Frauenrechte«. Dies war auch ein Anliegen von Philipp Mißfelder (CDU/CSU). Selbst eine notwendige Reintegrationspolitik in Afghanistan dürfe nicht bewirken, dass »die Rechte der Frauen (…) hinter den Status zurückfallen, den wir gemeinsam erreicht haben und den die Bundeswehr in Afghanistan verteidigt.« Eine schwierige Frage, auf die die Parlamentarier bis heute keine Antwort haben: Was wird nach der Reintegration der Taliban und dem Abzug der internationalen Truppen mit jenen Afghaninnen und Afghanen passieren, die – aus der Sicht zunehmend größerer Teile der Bevölkerung als Kollaborateure der Besatzer – sich für Menschen- und Frauenrechte stark gemacht haben?

Armin Schuster (CDU/CSU) sprach sich für Evaluieren, Training und Betreuen der von deutschen Polizisten ausgebildeten Afghanen aus, die weiterhin von Mentoring-Teams begleitet und gecoacht werden müssen. »Wir haben das gemeinsame Ziel, ein erfolgversprechendes Konzept und die Kraft, im Norden Afghanistans der polizeilichen Sicherheit ein afghanisches Gesicht zu geben.«

Kritischer waren die Stellungnahmen der Redner von Bündnis 90 / Die Grünen. Frithjof Schmidt: »Was den militärischen Einsatz betrifft, (…) sagen (Sie) uns einen Teil der Wahrheit«. Es gehe aber nicht um die Hinwendung zu einer defensiven Strategie, wie die Regierung behaupte, sondern um die Intensivierung der Aufstandsbekämpfung, zusammen mit den amerikanischen und afghanischen Soldaten. »Dabei geht es vor allem um offensive Einsätze. Das ist Counter-Insurgency[66]-Ausbildung in der Praxis.«

Ströbele (Bündnis 90 / Die Grünen) wies auf Widersprüche in der deutschen Afghanistan-Politik hin: Einerseits mehr Soldaten, mehr Kriegsgerät, andererseits mehr Aufbau, Ausbildung und Verhandlungen. Er fragte, wie man sich Verhandlungen mit solchen Afghanen vorstellen solle, »die möglicherweise von Zielfahndungskommandos der Bundeswehr, vor allem aber der US-Amerikaner (…) gejagt werden«. Ähnlich argumentierte später auch der Wissenschaftler Jan Köhler während der Öffentlichen Anhörung des Auswärtigen Ausschusses am 23.11.2010. Die gezielten Tötungen von Aufständischen seien nicht »zielführend«. Man töte diejenigen, mit denen man Verhandlungen führen müsse. Für einen getöteten aufständischen Führer wüchsen zehn neue nach, die unerfahren und radikalisiert seien, mit denen man dann aber verhandeln müsse.

Jan van Aken lehnte für DIE LINKE den Antrag der Bundesregierung ab. »Wir wollen Frieden, und mehr Soldaten helfen dabei nicht.« Das Konzept der »vernetzten Sicherheit«, die zivil-militärische Zusammenarbeit sei nicht geeignet, wie er in Afghanistan gesehen habe, »Frieden in der Fläche« zu schaffen. Er rief die Bundesregierung auf: »Gehen Sie endlich den intelligenten und mutigen Weg des rein zivilen Aufbaus. Lassen Sie das Militär außen vor!« In einer Kurzintervention mahnte Gehrcke (DIE LINKE) eine öffentliche Entschuldigung bei den Angehörigen der Opfer des Kundus-Massakers an. Es fehle auch ein klares Signal nach Afghanistan, dass es jetzt an der Zeit sei, »zwischen den Kriegsparteien über Versöhnung zu verhandeln«.[67]

---

66   Aufstandsbekämpfung
67   17. WP, PP 17/32

In der Plenarsitzung vom 26. Februar schilderte Christine Buchholz (DIE LINKE), die zusammen mit Jan van Aken kurz zuvor nach Afghanistan gereist war, eindrücklich die Erfahrung, dass die Regierung Karsai von der afghanischen Bevölkerung verachtet werde. »Das liegt daran, dass sie korrupt ist, dass in ihr die Warlords der vergangenen Kriege sitzen und dass es nach acht Jahren keine nennenswerten Verbesserungen der Lage der Bevölkerung gegeben hat. Ohne die Unterstützung der NATO-Staaten wäre diese Regierung nichts.« Gegen diese Regierung und ihre ausländischen Unterstützer richte sich der Aufstand, der »eine breite Unterstützung in der afghanischen Bevölkerung« habe. »Die Aufständischen, die Sie bekämpfen, sind Teil der Bevölkerung. Die Aufständischen sind auch Zivilisten. Ein Zivilist erscheint den Soldaten als potenzieller Aufständischer.« Daraus folge, dass militärische Aufstandsbekämpfung und Schutz der Bevölkerung unvereinbar seien. Wenn der Bundestag das neue Mandat beschließe, werde der Krieg weitergehen. »Weitere Menschen werden getötet werden (...) Die Bombardierung der Tanklaster bei Kundus am 4. September wird leider nicht die letzte dieser Art bleiben.« Christine Buchholz skizzierte mit wenigen Worten die Schicksale einiger Opfer des von Oberst Klein befohlenen Angriffs.[68]

Im Anschluss an ihre Rede hoben die Fraktionsmitglieder der LINKEN Tafeln mit den Namen weiterer Opfer des Kundus-Massakers hoch. Die Fraktion wurde auf Anordnung des Bundestagspräsidenten Norbert Lammert »wegen gröblicher Verletzung der Ordnung« von der Teilnahme an der Sitzung ausgeschlossen.

Mit der Frauenfrage im globalen Verteilungskampf punkten

Der Verdacht wiegt schwer, dass die Menschenrechts- und Frauenfrage – sicher nicht von allen, aber doch den meisten – zynisch als Schleier, besser noch: als ganzkörperverhüllende Burka benutzt wird, die schmutzige Kriegsrealität verdecken soll. Vor allem soll sie verbergen, dass es zu allerletzt um das Wohl des afghanischen Volkes, insbesondere der Frauen geht – und im Krieg auch gar nicht gehen

---

68   17. WP, PP 17/25

kann! Ob Menschenrechte, Frauenbefreiung, die Verteidigung unserer Sicherheit am Hindukusch oder die Verhinderung eines zweiten Auschwitz (wie im Jugoslawien-Krieg) – solche hohen moralischen Ziele lassen sich in der Öffentlichkeit gut verkaufen und setzen die Kriegsgegner von vornherein ins Unrecht. Sie sind aber nichts anderes als klebriger Zuckerguss auf einer übelriechenden Interessenmixtur, die alle jene vereint, die für »Deutschland einen Platz an der Sonne« anstreben. Dieser Zuckerguss wurde von einschlägigen Think Tanks nach aufwändiger Zielgruppenanalyse von langer Hand vorbereitet und in die Medien lanciert, wo sie über die Jahre unter tatkräftiger Mitwirkung des politischen und Medienpersonals gebetsmühlenartig wiederholt werden.

Dennoch ist es nicht gelungen, die Köpfe aller Abgeordneten zu verkleistern. Im Gegenteil: Der Fall Kundus (2009) hat über die Fraktion der LINKEN hinaus auch bei den beiden anderen Oppositionsparteien eine kritischere Sicht auf den Einsatz der Bundeswehr bewirkt. Bündnis 90 / Die Grünen sind wie DIE LINKE in letzter Zeit der Frage nachgegangen, inwieweit die Bundeswehr sich an gezielten Tötungen beteiligt.

Die Bundeswehr und die gezielten Tötungen

Im September 2010 fasste der Verteidigungspolitische Sprecher der Fraktion DIE LINKE, Paul Schäfer, zusammen, was vom Verteidigungsministerium auf Nachfragen von Abgeordneten der LINKEN zum Thema gezielte Tötungen zugegeben wurde.[69] Aus Schäfers Papier geht hervor, dass nur tröpfchenweise die Wahrheit durchsickerte, dass aber »inzwischen keine Zweifel mehr« bestehen, »dass im Rahmen von ISAF auch gezielte Tötungen geplant und durchgeführt werden.« Offen sei lediglich »der Grad der Beteiligung der Bundeswehr an der Identifikation, Auswahl und Tötung der gesuchten Personen«. Zwar gebe die Bundesregierung inzwischen zu, dass die gezielten Tötungen nach ihrer Auffassung durch das ISAF-Mandat gedeckt seien, aber

---

69   Paul Schäfer: Bundeswehr und gezielte Tötungen in Afghanistan. (Informationen Stand 09/10)

– so behauptet sie – die Bundeswehr beteilige sich nur am Targeting[70] von Personen, die lediglich gefangengenommen werden sollten. Angesichts der »restriktiven Informationspolitik« vermochte Paul Schäfer keine Einschätzung der Glaubwürdigkeit dieser Aussage zu machen.

Details über die Menschenjagd von ISAF waren erst im Jahr 2009 bekannt geworden – vor allem »durch die vermehrte Stationierung von US-Spezialkräften im Norden und die aggressivere Vorgehensweise, die zu dem Luftangriff vom 4. September 2009 führte«. Im Februar 2010 habe dann das Verteidigungsministerium zugegeben, »dass die Task Force 47 (KSK) in Kundus an der Aufklärung und Weiterleitung von Targeting-Empfehlungen an das ISAF-HQ beteiligt ist und dies wiederholt bestätigt.«[71] Die US-amerikanische Spezialeinheit Task Force 373 (TF 373) – auch darüber gibt es inzwischen gesicherte Informationen – werde für gezielte Tötungen eingesetzt – und zwar im Norden Afghanistans und unterstehe nicht der ISAF. Der Bundesregierung liegen, so Schäfer, keine Informationen über die US-Aktivitäten im Norden vor. Problematisch sei die Zusammenarbeit der Bundeswehr mit der TF 373 und anderen US-Spezial-Verbänden wie z. B. auch der CIA, die nicht der ISAF unterstehen. Im August 2010 teilte das BMVg[72] auf Anfrage der LINKEN mit, dass laut ISAF-Regelwerk eine Liste mit Zielpersonen geführt werde, die Handlungsempfehlungen enthalte. »Bei Personen, die sich unmittelbar oder dauerhaft an den Feindseligkeiten beteiligen, besteht die Möglichkeit, die Anwendung gezielt tödlich wirkender militärischer Gewalt zu empfehlen«, zitiert Schäfer.[73] Laut BMVg beteilige sich die Bundeswehr dennoch nicht an Tötungen. Schäfer: Die Bundeswehr sei aber trotzdem nicht unbeteiligt, auch wenn sie nur Personen zur Festnahme vorschlage, denn in diesem ISAF-Verfahren entscheide sie auch »über die Vorschläge anderer Streitkräfte, andere Personen in die JPEL[74]

---

70   Targeting – Zielfindung
71   16. WP, DS 16/5711
72   BMVg – Bundesministerium für Verteidigung
73   17. WP, DS, 17/2775
74   JPEL – Joint Priority Effects Liste, DS 17/2775

aufzunehmen und zur Tötung freizugeben«. Seine Schlussfolgerung: »Genauso wie die Verschleppung und die Inhaftierung ohne Anklage von mutmaßlichen Terroristen und Aufständischen im Rahmen des US-geführten Kampfes gegen den Terrorismus bedeutet die Praxis der gezielten Tötung von Einzelpersonen in Afghanistan eine Aushöhlung des Völkerrechts und mehr Willkür.«[75]

Paul Schäfer und die Fraktion DIE LINKE stehen mit diesem Urteil nicht allein. Auch der UN-Sonderbeauftragte, Philip Alston[76], hat mit seinem Bericht den Finger auf diese Wunde gelegt, eine Wunde, die durch schwere Verletzungen des Völkerrechts verursacht wird. Und Deutschland wirkt daran mit.

---

75   Paul Schäfer, a. a. O.

76   Philip Alston: Study on Targeted Killings. Report of the Special Rapporteur on Extrajudicial Summary or Arbitrary Executions, UNGA-Human Rights Council, 28.5.2010

2. Im Friendly Fire: Völkerrecht und Verfassung

WENN EIN GROSSES LAND EIN KLEINES LAND ÜBERFÄLLT
IM NAMEN DER SICHERHEIT UND IM NAMEN DES FRIEDENS,
IST ES MORD AN DEM KLEINEN LAND
UND AN FRIEDEN UND SICHERHEIT.
Erich Fried, Wiederholbare Feststellung

Das Grundgesetz der Bundesrepublik Deutschland formuliert klar in Artikel 87 a: »Außer zur Verteidigung dürfen die Streitkräfte nur eingesetzt werden, soweit dieses Grundgesetz es ausdrücklich zulässt.«[77]

Folglich war für die deutsche Beteiligung am Afghanistankrieg die Interpretation des Krieges als Verteidigungsaufgabe erforderlich. Den ersten Schritt für die notwendige Umdefinition machten die USA, indem sie zunächst den terroristischen Anschlag als bewaffneten Angriff auf die USA auslegten und damit die Grundlage dafür schufen, den Angriff auf Afghanistan als Verteidigungsschlag bezeichnen zu können. Der zweite Schritt war die Ausrufung des Bündnisfalles durch die NATO auf Antrag der USA. Unter dem Schock von Nine Eleven wurde der stärksten Macht im Bündnis die Gefolgschaft nicht verweigert. Der Bündnisfall wurde einstimmig – mit der Stimme der Bundesregierung und erstmals in der Geschichte der NATO – be-

---

77   Diese ausdrückliche Zulassung enthalten nur die Artikel 87 a Abs. 3 und 4 (Verteidigungs- und Spannungsfall, Abwehr einer drohenden Gefahr für den Bestand oder die freiheitliche demokratische Grundordnung des Bundes oder eines Landes) und Artikel 35 (Naturkatastrophe oder besonders schwerer Unglücksfall).

schlossen.[78] Mehr noch, in Deutschland mussten kritische Stimmen mit Schmähungen als Antiamerikaner rechnen, wenn nicht sogar mit disziplinarischen Maßnahmen bis zu Entlassungen. Dafür gibt der Soziologe Hans-Ernst Schiller konkrete Beispiele.[79]

Am 12. September 2001 war also vom NATO-Rat der Bündnisfall ausgerufen worden, allerdings noch mit der Einschränkung, »sofern die Terrorangriffe von außen gegen die USA gerichtet waren«. Beschlossen wurde er letztendlich erst am 4. Oktober. Zwei Tage zuvor, am 2. Oktober, hatte die US-Regierung angebliche Beweise vorgelegt, die einen bewaffneten Angriff der Taliban oder Al Qaidas auf die USA belegen sollten. Diese Beweise sind der Öffentlichkeit allerdings bisher vorenthalten worden. Auch das deutsche Parlament, das am 16. November 2001 die Beteiligung an der Operation Enduring Freedom (OEF) beschloss, kannte und kennt diese Beweise nicht. Der NATO-Beschluss war ihm Beweis genug. Ein einmaliger Vorgang: Ein Verfassungsorgan kennt die Voraussetzungen seines eigenen Beschlusses nicht!

Wie kann man die deutsche Verfassung umsegeln?

Die rot-grüne Bundesregierung hatte mit der Ausrufung des Bündnisfalls ein erstes Argument, um die Vorgaben des Grundgesetzes zu umsegeln und die Einwilligung der Bevölkerung in den Krieg, mindestens aber deren Ruhigstellung zu erreichen. Natürlich war der Regierung bewusst, dass die Legitimation für den Einsatz der Bundeswehr in Afghanistan auf wackligen Füßen stand. Denn kann ein »terroristischer Anschlag«, und sei er noch so schrecklich, der von einer Gruppe ausgeht oder gar einem Netzwerk, das einem bestimmten Staat nicht zuzuschreiben ist, als ein Angriff auf das Territorium oder die Souveränität eines Staates qualifiziert werden? Wenn der Terrorschlag von Al Qaida ausging, die damals in Afghanistan Unterschlupf gefunden hatte, dann war dieser Anschlag dem Staat Afghanistan nicht zuzurechnen. Völkerrechtler sehen das so. Nur dann, wenn der afghanische Staat die

---

78 Im NATO-Vertrag ist in Artikel 5 der Bündnisfall als bewaffneter Angriff auf eines oder mehrere Mitgliedsländer beschrieben.

79 Hans-Ernst Schiller nennt in seinem Essay Beispiele, a. a. O., S. 130

Terroristen entsandt oder wenigstens deren Tun aktiv unterstützt hätte, wäre er verantwortlich zu machen gewesen. Beides war aber nicht der Fall. Und die Taliban-Regierung hatte nach anfänglicher Weigerung die Auslieferung Bin Ladens angeboten, sobald die USA Beweise vorlegen würden. Diese haben sie nie erhalten, niemand hat sie bisher bekommen. Die Raketen wurden trotzdem auf Afghanistan abgefeuert. Nicht jedoch auf Hamburg, von wo aus angeblich die Mehrheit der Terroristen des 11. September agierte. Mittlerweile ist das Argument der Terrorismusbekämpfung darauf zusammengeschrumpft, die Rückkehr von Al Qaida nach Afghanistan zu verhindern.

Für Hans-Ernst Schiller ist der Krieg der USA gegen Afghanistan mit dem Selbstverteidigungsrecht nur »schwach begründet«. Nach allgemeinem Sprachgebrauch seien die USA angegriffen worden, »aber nicht von Mullah Omar und seinen Raketen, die er nicht besaß.«[80] Der Berufung auf Art. 51 der UNO-Charta stehe entgegen, »dass in ihm das Recht der Selbstverteidigung auf die Notwehrsituation beschränkt ist – ›bis der Sicherheitsrat (…) die erforderlichen Maßnahmen getroffen hat‹.« Schiller macht auf ein bedeutsames Urteil des Internationalen Gerichtshofes in Den Haag aufmerksam: »Die damals sandinistische Regierung von Nicaragua hatte die USA vor dem internationalen Gerichtshof in Den Haag angeklagt, durch ihre Unterstützung der Contras das Land angegriffen zu haben. Das Gericht kam zu dem Urteil, dass Ausrüstung und Finanzierung bewaffneter Gruppen in einem anderen Land eine unzulässige Einmischung in dessen innere Angelegenheiten darstellt – was die USA nie akzeptiert haben –, aber keinen Angriff nach Art. 51. Es liegt auf der Hand, dass nach diesen Grundsätzen der Krieg in Afghanistan unrechtmäßig ist.«[81]

Es gab also mehr als nur begründete Zweifel, dass es sich bei den Terroranschlägen um einen Angriff durch Afghanistan handelte, aber in der Debatte um OEF und ISAF wird das bis heute vom Tisch gewischt. Afghanistan wurde vorgeworfen, dem Al Qaida-Netzwerk Unterschlupf gewährt zu haben, das reichte aus.

---

80   Ebd., S. 123
81   Ebd.

Alle Bundesregierungen und ihre jeweiligen Parlamentsgefolg-
schaften hielten dennoch an der Fiktion des Verteidigungsfalles fest.
Dabei wurde gezielt überspielt, dass alle vom Sicherheitsrat geforderten nicht militärischen, also polizeilichen, politischen und diplomati-
schen Optionen und Bemühungen zwingend Vorrang gehabt hätten.
Dies fordert das Völkerrecht, das den Einsatz von militärischer Gewalt
nur als letztes Mittel anerkennt. Ebenso wie das Grundgesetz und der
NATO-Vertrag dies ausdrücklich festlegen und darüber hinaus dem
Völkerrecht ausdrücklich verpflichtet sind. Die geforderten Maßnahmen wurden zu keinem Zeitpunkt ernsthaft in Betracht gezogen, obwohl dies anfangs von einigen NATO-Mitgliedern verlangt worden
war. Auch die Rechtmäßigkeit der Ausrufung des Verteidigungsfalles wird folglich von vielen Völkerrechtlern bestritten. Haben die
Kritiker Recht – und davon geht DIE LINKE aus –, verstößt die
Beteiligung Deutschlands am NATO-Angriff auf Afghanistan gegen
das Grundgesetz, das den Einsatz der Bundeswehr – auch im Rahmen eines Bündnisses – ausschließlich im Verteidigungsfall zulässt.
Da »der Bundestag mit Zustimmung des Bundesrates«[82] die Feststellung trifft, »dass das Bundesgebiet mit Waffengewalt angegriffen
wird oder ein solcher Angriff unmittelbar droht (Verteidigungsfall)«,
müsste logischerweise auch der Bündnisfall durch das Parlament bestätigt werden. Im April 2002 beantragte daher die PDS-Fraktion im
Bundestag, festzustellen, dass der Bündnisfall nicht länger als gegeben
anzusehen sei.[83] Der Antrag wurde am 12. Juni 2002 mit großer Mehrheit abgelehnt.

Rechtsverweigerung

Das Bundesverfassungsgericht hatte am 12. Juli 1994 mit seinem fol-
genschweren Out-of-Area-Urteil entschieden, dass die Bundeswehr
im Rahmen von »Systemen gegenseitiger kollektiver Sicherheit« (zu
der es neben den Vereinten Nationen – entgegen der damals herrschenden Meinung – auch die NATO zählte) eingesetzt werden darf.

---

82   Art. 115 a Grundgesetz
83   14. WP, DS 14/8664

Und im späteren Urteil zum Tornado-Einsatz dehnte es den Rechtsraum weiter aus: »Krisenreaktionseinsätze können auch unabhängig von einem äußeren Angriff oder ergänzend zur dauerhaften Befriedung eines Angreifers dem Zweck des NATO-Vertrags entsprechen.«[84] Mit diesen Urteilen sind die Grenzen von Artikel 87a des Grundgesetzes überschritten. »Das ursprüngliche Konzept des Grundgesetzes von der Bundeswehr als ausschließlicher Verteidigungsarmee wurde damit aufgegeben«, schreiben die Völkerrechtler Norman Paech und Gerhard Stuby 2010[85]. Sie sprechen von der Schaffung eines weiten parlamentsfreien Entscheidungsspielraums und der kalten Umwandlung der NATO von einem militärischen Bündnis in ein kollektives Sicherheitssystem zum weltweiten Einsatz, ohne dass der Vertrag geändert wurde.[86] Der Völkerrechtler Gregor Schirmer geht weiter: Der Zweite Senat habe »den Begriff der Selbstverteidigung inhaltlich ausgehöhlt und territorial entgrenzt«.[87] Mit dem harmlosen Begriff »Kollektives Sicherheitssystem«[88] konnte die Einschränkung auf reine Verteidigung faktisch überwunden werden. Wo es damit hingehen soll, beschreibt – schon vor dem ehemaligen Bundespräsidenten Köhler und dem Verteidigungsminister zu Guttenberg – das *Weißbuch 2006, Grundlagen deutscher Sicherheitspolitik*, das die Sicherung der Rohstoffzufuhr und der Handelswege nassforsch als Ziele bezeichnet.[89]

Auch die Website der Bundeswehr nimmt kein Blatt vor den Mund. »Verteidigung umfasst heute allerdings mehr als die herkömmliche Verteidigung an den Landesgrenzen gegen einen konventionel-

---

84 Urteil des BVerfG vom 3. Juli 2007

85 Norman Paech und Gerhard Stuby: Unser Krieg am Hindukusch, Blätter für deutsche und internationale Politik 7/2010, S. 82 ff.

86 Ebd.

87 Gregor Schirmer: »Perversion des Rechts auf Selbstverteidigung«, in: »ICARUS«, Zeitschrift für soziale Theorie, Menschenrechte und Kultur, 1/2008 gefunden: http://www.vip-ev.de/text346.htm

88 Damit werden nach herrschender Meinung die UNO und die OSZE gezählt, nicht aber irgendwelche Militärbündnisse. Mit dieser Bezeichnung erhält die NATO quasi völkerrechtliche Weihen.

89 Bundesministerium der Verteidigung: Weißbuch 2006 zur Sicherheitspolitik Deutschlands und zur Zukunft der Bundeswehr. Online-Ausgabe

len Angriff. Sie schließt die Verhütung von Konflikten und Krisen, die gemeinsame Bewältigung von Krisen und die Krisennachsorge ein. Dementsprechend lässt sich Verteidigung geografisch nicht mehr eingrenzen, sondern trägt zur Wahrung unserer Sicherheit bei, wo immer diese gefährdet ist.« Die Bundeswehr wird dort »als Instrument einer umfassend angelegten, vorausschauenden Sicherheits- und Verteidigungspolitik« bezeichnet, die die »außenpolitische Handlungsfähigkeit« der Bundesrepublik Deutschland sichert. Das geht weit über das Grundgesetz hinaus. Dieter Deiseroth, Richter am Bundesverwaltungsgericht, stellt in Abwägung der Bestimmungen des Grundgesetzes, des NATO-Vertrags und Artikel 51 der UN-Charta fest: »Der Einsatz der Bundeswehr ›zur Verteidigung‹ ist mithin in diesen Grenzen ausschließlich als Abwehr gegen einen ›bewaffneten Angriff‹ erlaubt, jedoch nicht etwa zur Verfolgung, Durchsetzung und Sicherung ökonomischer, politischer oder geostrategischer Interessen. Die Ziele, zum Beispiel, Behinderungen beim Zugang zu Bodenschätzen, zu Ölpipelines oder zu Absatzmärkten zu beseitigen oder gar politische und wirtschaftliche Einflusszonen zu schaffen und zu sichern, berechtigen ebenso wenig zu militärischer Gewaltanwendung in Gestalt individueller oder kollektiver Selbstverteidigung wie die Wahrnehmung der wichtigen Aufgabe der Bekämpfung von individueller, organisierter oder terroristischer Kriminalität.«[90] Gregor Schirmer kommt zu einem das Verfassungsorgan beschämenden Urteil: »Das Urteil ist Rechtsverweigerung. Es schiebt Verfassung und Völkerrecht beiseite.«[91]

Die Versuche, mit rechtlichen Mitteln – wie dem Gang vor das Bundesverfassungsgericht – dieser kalten, faktischen Änderung der Verfassung entgegenzutreten, sind misslungen. Damit wurden juristische Fakten geschaffen, die letztlich die Beschlüsse zur Beteiligung am Afghanistankrieg erleichterten und ermöglichten, vor allem aber seine Legitimierung absichern halfen. Und für zukünftige Kriege wurde ein Präzedenzfall geschaffen.

---

90   Dieter Deiseroth: Deutschlands »Kampfeinsatz« am Hindukusch, in: Blätter für deutsche und internationale Politik 12/2009, S. 47

91   Gregor Schirmer, a. a. O.

Eiertänze im Weltsicherheitsrat

Am 7. Oktober 2001 startete die Operation Enduring Freedom (OEF). In relativ kurzer Zeit vertrieben und entmachteten die USA und ihre Verbündeten die Taliban-Regierung und besetzten weite Teile des Landes. Neben dem Recht auf Selbstverteidigung berief sich die US-Regierung auf die Resolutionen 1386 und 1373 des UN-Sicherheitsrates.

Das Auswärtige Amt schreibt auf seiner Website: »OEF beruht auf Artikel 51 der Charta der VN, der das Recht zur individuellen und kollektiven Selbstverteidigung garantiert. In seiner Resolution vom 12. September 2001 hat der Sicherheitsrat der Vereinten Nationen die terroristischen Angriffe mit einem Verweis auf das Selbstverteidigungsrecht verurteilt. Die NATO stellte daraufhin den Bündnisfall gemäß Artikel 5 fest.«[92] Inzwischen hat sich Deutschland in Afghanistan aus der OEF zurückgezogen.

Der ISAF-Einsatz der Bundeswehr war und ist mit der OEF vielfach und so eng verbunden, dass Zweifel an der Völkerrechts- und Grundgesetzmäßigkeit der OEF sich sofort auf den ISAF-Beitrag der Bundeswehr auswirkten. Denn erstens wäre der ISAF-Einsatz ohne den Überfall auf Afghanistan und die Vertreibung der Regierung nicht möglich gewesen. Und zweitens: Wenn die Militärintervention der OEF in Afghanistan als Aggression und Bruch des Völkerrechts eingeschätzt würde, würde dies auch den ISAF-Einsatz ins Unrecht setzen. Drittens steht der ISAF-Einsatz mittlerweile unter dem gleichen Befehlshaber wie die OEF und ist wahrscheinlich in den konkreten Aktionen – häufiger als man ahnt – von der OEF kaum zu unterscheiden. Also muss die Bundesregierung die OEF weiterhin offensiv verteidigen, auch wenn sie sich Stück um Stück aus der völkerrechtlich fragwürdigen Sache zurückgezogen hat.

Neben den Resolutionen des Weltsicherheitsrats existiert eine selten zitierte Resolution der UN-Generalversammlung vom 12. September 2001.[93] Dass sie so stiefmütterlich verwendet wird, ist nicht verwun-

---

92   http://www.auswaertiges-amt.de/diplo/de/Aussenpolitik/Regionale Schwerpunkte/AfghanistanZentralasien/OEF.html

93   Resolution 56/1, Plenarsitzung der Vereinten Nationen am 12. September 2001, http://www.un.org/depts/german/gv-56/band1/ga56vol1-cont.pdf

derlich, denn abgesehen von der Verurteilung der Anschläge wird das Selbstverteidigungsrecht nicht erwähnt. Im Gegenteil, die Resolution fordert dazu auf, die Täter und Verantwortlichen vor Gericht zu stellen. Die UN-Generalversammlung ist aber das höchste Organ der UNO und steht auch über dem Sicherheitsrat. Als Völkerforum ist sie weit weniger als der Sicherheitsrat von den Großmächten und deren Interessen dominiert. Aber diese Resolution blieb folgenlos.

Eine explizite Aufforderung zum »Krieg gegen den Terrorismus« gibt es in den Resolutionen des Weltsicherheitsrats nicht. Insofern wies der fraktionslose Gert Winkelmeier in seiner Rede vor dem Bundestag am 4. November 2008 zu Recht darauf hin, dass es strittig sei, ob die Resolution 1368 eine Aufforderung enthält, bei der Bekämpfung des Terrorismus militärische Gewalt anzuwenden, auch wenn wie ein Mantra die Behauptung wiederholt werde, dass diese Resolution dazu ermächtige. Es sei mehr als fraglich, ob die Bekräftigung des Rechts auf Selbstverteidigung in der Präambel der Resolution eine größere Relevanz für das Handeln der UNO-Mitglieder habe, »als wenn dort die Formulierung stünde, dass das schöne Wetter begrüßt würde.« Entscheidend sei »einzig und allein, was der Sicherheitsrat in den Beschlussteilen anordnet, und das ist eindeutig und glasklar. Nicht ein einziges Wort ist dort zu finden, das sich auch nur im Entferntesten als Militäreinsatz interpretieren ließe.«

Es mutet gespenstisch an, dass die Argumentation mit dem UN-Mandat nicht nur auf die Bevölkerung, sondern auch auf Abgeordnete und Medien wie eine Beruhigungspille wirkt. Nur so ist auch zu erklären, dass Andreas Schockenhoff (CDU/CSU) entgegen den Tatsachen behauptet, die UNO habe die NATO um den Einsatz in Afghanistan gebeten.[94]

Der Sicherheitsrat nannte die Terroranschläge »Bedrohung für den internationalen Frieden und die internationale Sicherheit«. Diese Bezeichnung des Terrorismus wurde schon lange vor den Anschlägen von Nine Eleven eingeführt. Die ständige Wiederholung dieser Formel war nicht bloße Propaganda, sondern bereitete von langer Hand

---

94   17. WP, PP 17/3

vor, dass diese Vorfälle in den Kompetenzbereich des UN-Sicherheitsrats geholt wurden, in dem die USA leichter eine dominierende Rolle spielen können.

Einen direkten Aufruf zu militärischer Intervention konnten die USA im Sicherheitsrat dennoch nicht durchsetzen. Dieser rief gerade nicht zu einer Militärintervention auf, sondern forderte u. a. »alle Staaten dringend zur Zusammenarbeit auf, um die Täter, Organisatoren und Förderer dieser Terroranschläge vor Gericht zu stellen, und betont, dass diejenigen, die den Tätern, Organisatoren und Förderern dieser Handlungen geholfen, sie unterstützt oder ihnen Unterschlupf gewährt haben, zur Verantwortung gezogen werden; (…) fordert die internationale Gemeinschaft auf, verstärkte Anstrengungen zu unternehmen, um terroristische Handlungen zu verhüten und zu bekämpfen, namentlich durch verstärkte Zusammenarbeit und die volle Durchführung der einschlägigen internationalen Übereinkünfte gegen den Terrorismus sowie der Resolutionen des Sicherheitsrats, insbesondere der Resolution 1269 (1999) vom 19. Oktober 1999; (…) bekundet seine Bereitschaft, alle erforderlichen Schritte zu unternehmen, um auf die Terroranschläge vom 11. September 2001 zu antworten und alle Formen des Terrorismus zu bekämpfen, im Einklang mit seiner Verantwortung nach der Charta der Vereinten Nationen«.[95]

Ganz offensichtlich enthält die Resolution die Aufforderung zur Zusammenarbeit, um Verantwortliche und Hintermänner der Terroranschläge vom 11. September 2001 vor Gericht zu bringen und den Terrorismus mit politischen, polizeilichen, gesetzgeberischen, rechtlichen und wirtschaftlichen Mitteln auszutrocknen. Resolution 1269 wiederum, auf die die Resolution 1368 Bezug nimmt, verlangt ebenso schon vor den Anschlägen vom 11. September 2001 von den Staaten Zusammenarbeit bei der Bekämpfung des Terrorismus. Eine Ermächtigung zu einem militärischen Angriff ist auch dort nicht zu finden. Auch die Formulierung »alle erforderlichen Schritte zu unternehmen« schließt Krieg nicht ein. Denn das Völkerrecht geht nicht davon aus, dass es keine Konflikte zwischen Staaten geben kann oder darf, aber

---

95   http://www.un.org/depts/german/sr/sr_01-02/sr1368.pdf.

es geht davon aus, dass diese Konflikte grundsätzlich friedlich gelöst werden. Das Völkerrecht erkennt keinerlei Kriegsgründe an, schon gar nicht Strafverfolgung. Das Gewaltmonopol der UNO bedeutet die Einschränkung des Gebrauchs von Waffen zwischen Staaten auf die reine Verteidigung und auch nur bis der Sicherheitsrat im Einklang mit der UN-Charta entsprechende Maßnahmen beschlossen hat.

Der OEF-Krieg wurde also eindeutig vom UN-Sicherheitsrat nicht legitimiert. Die Vollversammlung der UNO hat sich skandalöserweise nicht gegen den Missbrauch der Resolutionen eines ihrer Organe zur Wehr gesetzt. Aus der Luft gegriffen ist auch die Behauptung der Bundesregierung, Resolution 1368, die ganz allgemein das individuelle und kollektive Selbstverteidigungsrecht der Staaten auf der Grundlage von Art. 51 der UN-Charta bekräftigte, behandele damit Terrornetzwerke ausdrücklich wie staatliche Aggressoren.

Nach zehn Jahren Krieg ist die Berufung auf das Selbstverteidigungsrecht absurd und funktioniert nur, weil die Mehrheitsfraktionen im Parlament und die Medien, aber auch die Bevölkerung ihre Aufgaben nicht wahrnehmen, nämlich darauf zu achten und zu bestehen, dass die Bundesregierung sich an Verfassung und Völkerrecht hält. Und selbst wenn man das Selbstverteidigungsrecht für diesen Fall unmittelbar nach dem Nine Eleven hätte gelten lassen, so stellen Paech und Stuby zu Recht fest: »Mit der Beseitigung der Taliban-Herrschaft Ende 2001 und der Vertreibung Osama Bin Ladens und der Al Qaida war die Militärintervention erfolgreich. Es drohte selbst keine unmittelbare Gefahr mehr für das Territorium der USA, geschweige denn für Deutschland. Zwar war damit der internationale Terrorismus noch nicht aus der Welt, aber seine diffuse Drohung lieferte keine Legitimation für eine Fortsetzung der Intervention im Zeichen der Selbstverteidigung.«[96]

Auch der Völkerrechtler Andreas Fischer-Lescano kommentiert die Rechtfertigung von OEF durch das Selbstverteidigungsrecht kritisch: Dass es sich um einen Selbstverteidigungseinsatz nach Art. 51 der UN-Charta handele, wäre allenfalls für 2001 gültig gewesen. In

---

96   Paech, Stuby, S. 83

der Zwischenzeit gibt es keinen Angriff und keine Gefahr eines solchen auf die USA mehr. Daher ist die Rechtmäßigkeit von OEF »völkerrechtlich aber nicht mehr hinnehmbar, weil kein akuter Angriff, den Art. 51 UN-Charta voraussetzt, mehr vorliegt«.[97]

Welche Eiertänze notwendig werden, wenn OEF immer noch mit dem Selbstverteidigungsrecht begründet werden muss, zeigt die SPD-Fraktion im Bundestag. Dass der UN-Sicherheitsrat »die Rolle der Operation Enduring Freedom bei der Sicherung von Wahlen in Afghanistan ausdrücklich willkommen hieß (z. B. in der Resolution 1623 aus dem Jahr 2005)« und in der Resolution 1444 aus dem Jahr 2002 »die internationalen Anstrengungen zur Bekämpfung des Terrorismus im Einklang mit der Charta der Vereinten Nationen« ausdrücklich unterstützt, wird rundweg als Beweis angeführt, dass damit »der UN-Sicherheitsrat die Mission OEF anerkannt (habe) und aufgrund dieser Mission von eigenen Maßnahmen im Sinne von Art. 51 der UN-Charta abgesehen (habe). Daher besteht das Recht auf Selbstverteidigung aus Art. 51 UN-Charta fort.«[98]

Nur wenige Abgeordnete meldeten Zweifel an den Begründungen der Regierung an. Sie gehören zur Linksfraktion, handeln sich regelmäßig Spott und Beschimpfungen ein und auch den Vorwurf, nicht regierungsfähig zu sein. Regierungsfähigkeit scheint Kriegsfähigkeit vorauszusetzen. Im Jahr 2011 hat Wilhelm Achelpöhler von der »Grünen Friedensinitiative« diesen Gedanken aufgegriffen: »Die Regierungsfähigkeit der Grünen wird nicht am Hindukusch verteidigt.«[99]

Norman Paech von der Linksfraktion erklärte in seiner Rede vor dem Deutschen Bundestag am 4.11.2008 zur Verlängerung des OEF-Mandats: »Sie wollen uns erneut weismachen, dass alles völkerrechtlich in Ordnung ist, und verweisen dann auf das Selbstverteidigungs-

97   Andreas Fischer-Lescano: Interview in analyse & kritik – zeitung für linke
      debatte und praxis, Nr. 553, 17.9.2010

98   SPD-Bundestagsfraktion: Völkerrechtliche Grundlagen für die Einsätze
      der Bundeswehr in Afghanistan, o. D., http://www.spdfraktion.de/cnt/rs/
      rs_datei/0,,8137,00.pdf

99   junge Welt, 28.1.2011

recht in Art. 51 der UN-Charta. Das mag ja unmittelbar nach den Anschlägen am 11. September zugetroffen haben. Aber ein Krieg von sieben Jahren gegen einen Feind, der kein Staat und keine Regierung ist, sondern der sich über ein Netzwerk von über 60 Staaten verteilt, hat mit dem Selbstverteidigungsrecht nach der UN-Charta nichts mehr zu tun.«[100]

Streit über den Begriff des Terrorismus

> WIE SIEHT DIE DEFINITION VON TERRORISMUS
> UND TERRORISTEN AUS, DIE DAS EMPIRE GIBT?
> SIE IST VON RÜHRENDER SCHLICHTHEIT:
> ALS TERRORISTISCH GELTEN ALLE MENSCHEN, ALLE
> ORGANISATIONEN UND ALLE UNTERNEHMEN,
> DIE WIR SO NENNEN.
> *Jean Ziegler, Die neuen Herrscher der Welt*
> *und ihre globalen Widersacher*

Was in der Resolution 1368 des Sicherheitsrats steht, hört sich nicht wie eine Aufforderung zur Militärintervention an. Im Gegenteil, die Staaten sollen zusammenarbeiten und mit polizeilichen und juristischen Mitteln gemeinsam den Terrorismus bekämpfen. Darin gleicht diese Resolution den zahlreichen vorhergegangenen zum internationalen Terrorismus. Allerdings kann auch die beachtliche Zahl von Resolutionen des Sicherheitsrats zum internationalen Terrorismus nicht darüber hinwegtäuschen, dass eine entscheidende Grundlage für die Resolution fehlt: eine von allen anerkannte Definition von »internationalem Terrorismus«. So erläuterte Gregor Schirmer in seinem Vortrag bei der Internationalen Irak-Konferenz am 12. März 2005 in Berlin: »Es gibt bislang nur Ansätze einer allgemein anerkannten, völkerrechtlich verbindlichen Definition des internationalen Terrorismus. Das Zustandekommen des seit 1996 in den UN debattierten umfassenden Übereinkommens über den internationalen Terrorismus

---

100   16. WP, PP 16/185

ist bisher gescheitert, weil die Staaten sich nicht über eine Definition verständigen konnten. Der Hauptstreitpunkt war von Anfang an und ist noch heute, den Befreiungskampf eindeutig vom Terrorismus zu unterscheiden und den Staatsterrorismus durch staatliche Streitkräfte von der Definition nicht auszuschließen, sondern mit zu erfassen.«[101]

Nach Hans-Ernst Schiller sollte Terror definiert werden als »Unberechenbarkeit einer Gewaltandrohung, die sich gegen die Bevölkerung (oder Teile derselben, aber jedenfalls nicht bloß gegen Militärs) richtet. In diesem Sinne können die Agenten des Terrors staatliche wie nichtstaatliche Subjekte sein.«[102]

Die Resolution 1566 des UN-Sicherheitsrats, die eine Formulierung vornehmen wollte, ist weiterhin umstritten, denn die Vollversammlung fand bisher keine gemeinsame Definition. Dies scheiterte, wie erwähnt, am Dissens über die Abgrenzung zum Befreiungskampf und zum Staatsterrorismus. Das hindert weder die US-amerikanische noch die deutsche Regierung daran, gegen den »Terrorismus« Kriege zu führen. Die Formel vom »Kampf gegen den Terrorismus« hat für sie den Vorteil, dass der Gegner unbekannt bleiben kann und das Einsatzfeld der ganze Globus und neuestens auch die virtuelle Welt ist.

ISAF – weniger oder mehr als eine Schutztruppe?

Glaubt man den Politikern und Medien, hat die ISAF vornehmlich Schutzaufgaben: Schutz der Menschen- und Frauenrechte, Schutz der hilfebedürftigen Bevölkerung, insbesondere der Frauen und Kinder. Betrachtet man aber den von der Regierung erteilten Auftrag im Wortlaut, erstreckten sich die Schutzaufgaben in erster Linie auf die vom Westen installierte, korrupte Karsai-Regierung. Auch dem Hilfspersonal von UNO, humanitären Organisationen, den Aufbauhelfern und natürlich den ISAF-Truppen selbst gilt der Schutzauftrag, oder auf Neudeutsch: die Sicherheitsunterstützung. Es empfiehlt sich also

---

101   Gregor Schirmer: Internationale Irak-Konferenz. Besatzung, Widerstand, internationale Solidarität in Berlin 12.3.2005, In: junge Welt, 16.3.2005

102   Hans-Ernst Schiller, a. a. O., S. 129

immer zu fragen, wem soll der Schutz gelten und wessen Sicherheit ist gemeint?

Vor dem Hintergrund, dass deutsche Medien die deutschen ISAF-Soldaten gelegentlich »kurzerhand als Schutztruppen benennen«, erinnern die Historiker Andreas Eckert und Albert Wirz an die Herkunft dieses Begriffes. Er habe die deutsche Kolonialarmee bezeichnet, »jene Truppen also, welche die innere Eroberung der deutschen Kolonien erzwangen und – noch keine hundert Jahre ist es her – im Namen des Kaisers, des Fortschritts und des Deutschen Reiches genozidäre Kriege in Afrika führten.«[103]

Die ISAF ist ein Einsatz nach Kapitel VII der UN-Charta und basiert auf jeweils jährlich erneuerten und fortgeschriebenen Resolutionen des Weltsicherheitsrates, beginnend mit der Resolution 1386. Danach ist der Einsatz von Waffen nicht nur zur Selbstverteidigung erlaubt sowie zur Nothilfe für bedrohte Personen, sondern ausdrücklich auch der Kampfeinsatz gegen militante Gegner. Aber die Rechtmäßigkeit des ISAF-Einsatzes wird durchaus angezweifelt. Die Völkerrechtler sind gespalten. So verteidigt der Völkerrechtler Hans-Peter Folz in der *Stuttgarter Zeitung* Oberst Georg Klein und seinen Angriff auf die Tanklaster in Kundus, obwohl die große Mehrzahl der Opfer Zivilisten, manche sogar Kinder waren. »Es ist in einem nicht zwischenstaatlichen Konflikt absolut zulässig, nicht nur Selbstverteidigung zu üben, sondern auch den Gegner aktiv zu bekämpfen«. Aber das Völkerrecht zwingt auch dazu, die Verhältnismäßigkeit der Mittel zu berücksichtigen und die Zivilbevölkerung zu schonen, ja zu schützen. Und der Schutz der Zivilbevölkerung ist doch die medial formulierte Aufgabenstellung für die Bundeswehr bei diesem Einsatz. Welche Zivilbevölkerung soll durch den Tod von über 137 Zivilisten[104] geschützt werden?

---

103   Andreas Eckert, Albert Wirz: Wir nicht, die Anderen auch. Deutschland und der Kolonialismus, S. 373. In: Sebastian Conrad, Shalini Randeria (Hg.): Jenseits des Eurozentrismus. Postkoloniale Perspektiven und Kulturwissenschaften, Frankfurt/Main 2002

104   Diese Zahl nennt Karim Popal, der Rechtsanwalt der Hinterbliebenen, der auf gründliche Recherchen verweisen kann.

Spätestens seit OEF und ISAF unter gemeinsamer Führung stehen, die Einsatzfelder nicht mehr unterscheidbar sind und sich ihre militärische Praxis immer weiter annähert, färbt die völkerrechtliche Fragwürdigkeit von OEF auf ISAF ab. Angela Merkel aber bleibt von jedem Zweifel verschont: »Dieses (ISAF, d. V.) Mandat ist über jeden vernünftigen völkerrechtlichen oder verfassungsrechtlichen Zweifel erhaben.«[105] Es handelt sich nun offensichtlich nicht mehr um zwei getrennte Einsätze, einen kriegerischen und einen, der den Aufbau schützt, sondern in Afghanistan wird Krieg geführt von OEF und ISAF unter einem Kommando, mit gemeinsamen Zielen und mit ähnlichen Methoden. Wer OEF befiehlt, befiehlt auch ISAF. Deiseroth sieht das auch so: »Inzwischen spricht alles dafür, dass es bei der Unterscheidung zwischen OEF und ISAF eher um die Außenfirmierung geht.« In einem Interview mit der *Frankfurter Rundschau* im November 2009 erläutert er: »OEF und ISAF unterstehen seit Jahren demselben Kommando, an dessen Spitze heute der US-General Stanley A. McChrystal steht. Auf die ihm in einem *FAZ*-Interview dieser Tage gestellte Frage, warum Präsident Obama jetzt nur die Schutztruppe ISAF, nicht aber seine rund 30.000 Kräfte unter dem Antiterrormandat OEF verstärkt habe, hat der damalige Afghanistan-Beauftragte des US-Präsidenten, Richard Holbrooke, offen und ohne Scheu geantwortet: ›Das ist nur noch eine formale Frage, seit beide Truppen unter dem Kommando eines Kommandeurs stehen‹.«[106]

ISAF ist längst in der Aufstandsbekämpfung angekommen. Beide Einsätze operieren unter dem gleichen Befehl, in identischen Gebieten, manche Offiziere und Einheiten sind gleichzeitig beiden unterstellt.

Aufständische in Afghanistan wollen nicht erkannt werden, sind von der Zivilbevölkerung oft nicht zu unterscheiden oder sogar Teil von ihr. Gezielte Tötungen treffen in der Regel nicht nur den Gesuchten, sondern ganze Gruppen von Menschen, die vielleicht nur zufällig am Ort waren. Zwangsläufig steigen die zivilen Opferzahlen rasant.

---

105   17. WP, PP 17/37
106   Dieter Deiseroth: Jenseits des Rechts, Frankfurter Rundschau, 26.11.2009

Das wurde spätestens seit dem Angriff auf die Tanklaster von Kundus deutlich. Auch wenn die Bundesregierung keine Gesamtzahlen kennen will, so gibt es doch Schätzungen, allerdings ist mit einer hohen Dunkelziffer zu rechnen, wie die Informationsstelle Militarisierung (IMI) erklärt. Im *IMI-Fact-Sheet Afghanistan* vom Juli 2010 werden Zahlen der UNO-Unterstützungsmission UNAMA aufgeführt: »Zivilopfer 2006: 929; 2007: 1.423; 2008: 2.118; 2009: 2.259.«[107] Nach UNAMA gab es im ersten Halbjahr 2010 1.271 zivile Tote – ein Anstieg von 21% gegenüber dem vorangegangenen Jahr.[108] Und immer wieder wird betont, dass zwischen Zivilisten und Aufständischen kaum zu unterscheiden sei. Daraus und aus der Tatsache, dass die Zahl der Aufständischen und deren Angriffe zunehmen, ist zu schließen, dass es längst nicht mehr darum geht, eine friedliche Entwicklung Afghanistans abzusichern, sondern einen Aufstand zu bekämpfen, der sich gegen Invasoren und deren eingesetzte Regierung richtet.

Beim Einsatz von Killerdrohnen ist der Mord an Unbeteiligten geradezu zwangsläufig. Wenn wir feststellen müssten, dass in Afghanistan ein Bürgerkrieg wütet, dann wäre nach Artikel 2 der Charta der Vereinten Nationen (insbesondere Absatz 2 und 4) eine militärische Parteinahme für eine der Seiten ausdrücklich ausgeschlossen. Dann müsste sofort das geschehen, was die LINKE seit Anbeginn des Krieges fordert: Abzug aller ausländischen Truppen.

Der Afghanistankrieg widerspricht insgesamt dem Völkerrecht. Durch die Beschlüsse ihres Sicherheitsrats hat auch die UNO das Völkerrecht missachtet und gebrochen. Die Beschlüsse des Sicherheitsrats dürfen nicht als unanfechtbar gelten. Die Vollversammlung der UNO muss das internationale Völkerrecht wiederherstellen.

---

107   Informationsstelle Militarisierung e. V.: IMI-Fact-Sheet Afghanistan: Das Drama in Zahlen, Juli 2010, http://imi-online.de/download/Fact-Sheet-Afghanistan-Juli2010.pdf

108   http://www.oxfam.org/en/policy/nowhere-turn

3. Die Mystifizierung des Krieges

FRIEDE UND FREIHEIT SIND UNTRENNBAR,
HABE ICH SAGEN GEHÖRT...
ABER VORBEDINGUNG FÜR FRIEDEN
DARF FREIHEIT NICHT SEIN.
DENN ZUR NOT KANN FRIEDE
AUCH OHNE FREIHEIT BESTEHEN.
ABER KRIEG KANN KEINE FREIHEIT MEHR BRINGEN, NUR TOD.
Erich Fried,
Schmerzliche Überlegung in einem Machtblock

Light footprints – Fußstapfen der Propaganda

Im Verlaufe des Afghanistankrieges wurden die Aufgaben der ISAF
ständig erweitert und neuen Konzepten angepasst. Sie enthielten mi-
litärstrategische und entwicklungspolitische Komponenten und haben
die Gestalt zivil-militärischer Strategien angenommen. Konzepte und
Anträge der Regierung an das Parlament haben ebenso wie Plenar-
diskussionen und Mainstream-Publikationen solche zentralen Begriffe
aus der gängigen Entwicklungspolitik und Militärstrategie übernommen. Und es sieht nicht so aus, als hätten sich die Parlamentarier mit
der notwendigen Distanz darum bemüht, die Regierungsanträge und
-konzepte auf Inhalt und Angemessenheit zu überprüfen. Noch weniger wurden die lange unausgesprochenen strategischen Ziele der
Intervention, die Ziele der USA und Deutschlands hinterfragt. Was
nicht bedeutet, dass in der wissenschaftlichen und öffentlichen Diskussion solche kritischen Auseinandersetzungen gänzlich fehlten. Insbesondere die Friedensbewegung und einige humanitäre Hilfsorganisationen haben wichtige Impulse gegeben.

Die ständige Wiederholung der immer gleichen Argumente und Anschuldigungen und die weitgehende Deckungsgleichheit solcher Argumente bei Vertretern unterschiedlicher Parteien und Medien so zu interpretieren, als hätte sich die Wahrheit dort eben Bahn gebrochen, ist ein fataler Irrtum. Es wäre auch leichtfertig, es als spinnerte Verschwörungstheorie abzutun, wenn kritisch nach Herkunft und Absicht dieser Botschaften gefragt wird. Denn es geht um Meinungsmache und Meinungsmacht. Albrecht Müller, früher Leiter der Planungsabteilung im Bundeskanzleramt bei Willy Brandt und Helmut Schmidt, bezeichnete die Meinungsmacht als »die eleganteste Form der Diktatur«.[109] Unter anderem am Beispiel des Golfkrieges stellte er dar, wie Meinungsmache Kriege vorbereitet.[110] Die Geschichte kennt viele Beispiele, wo durch die geballte »Autorität« von Politik, Wissenschaft und Medien hartnäckig wirkende Geschichtslügen in die Welt gesetzt wurden. Dies belegte schon der Historiker Fritz Fischer am Beispiel des Ersten Weltkrieges: »Die deutschen Politiker vertraten in der Öffentlichkeit während des Krieges, sowie auch die deutsche Geschichtsschreibung nach dem Kriege, die These, dass der Krieg Deutschland aufgezwungen worden sei. Damit übernahmen die Zeitgenossen und fast alle späteren Betrachter ungeprüft die von der deutschen Reichsleitung systematisch inszenierte Überfallthese.«[111]

Permanente Wiederholung der Parolen auf allen Kanälen, in allen großen Medien, in Wissenschaft und Politik, Lügen und Verschweigen der Wahrheit waren dabei schon immer die entscheidenden Instrumente. Albrecht Müller zeigt, wie das heute auf nationaler Ebene funktioniert: »Wenn also richtig ist, dass das Prinzip Wiederholung für die Glaubwürdigkeit und den Transport von Meinung genauso wichtig ist wie der Umstand, dass die Botschaft von Absendern aus den unterschiedlichsten Richtungen verbreitet wird, dann kann man sich diese Voraussetzungen auch organisieren. Tatsächlich geschieht

---

109   Albrecht Müller: Meinungsmache. Wie Wirtschaft, Politik und Medien uns das Denken abgewöhnen wollen, München 2009, S. 126

110   Ebd., S. 80

111   Fritz Fischer, Griff nach der Weltmacht. Die Kriegszielpolitik des kaiserlichen Deutschland 1914/18, Düsseldorf 1977, S. 82

das im großen Stil. Man ›kauft‹ Wissenschaftler, die die gleiche Richtung vertreten, obwohl sie aus den verschiedensten Ecken kommen.
Man organisiert eine Lobby für die Verbreitung der Meinung bei den
politischen Entscheidungsträgern; im besten Fall erreicht man sogar,
diese Lobby in den entscheidenden Ministerien zu platzieren, wie es
in Berlin geschieht. Man beauftragt PR-Agenturen. Man stellt Journalisten und andere Fachleute an, die mit Medienschaffenden sprechen,
mit ihnen telefonieren, mit ihnen essen gehen.«[112] Man gründet Think
Tanks, als unabhängig auftretende Institute, Initiativen, gewinnt Stif-
tungen. Müller nennt konkrete Beispiele, er weiß, wovon er spricht.

»Von den Wörtern getäuscht...«

Jean Ziegler, von 2000 bis 2008 UN-Sonderberichterstatter für das
Recht auf Nahrung, beschreibt, wie das in der Gegenwart auf globaler Ebene funktioniert: »Jede unter den großen transkontinentalen
kapitalistischen Gesellschaften des Planeten besitzt ihr Propaganda-
ministerium, dessen offizieller Titel meist Department of Corporate
Communication lautet. Ihm fällt die Aufgabe zu, die Sicht der Dinge,
die die Fürsten der Öffentlichkeit aufdrängen wollen, zu formulieren,
zu verbreiten, zu verteidigen, zu erklären, zu loben und zu legitimieren.«[113] Die Wirkung dieser Propaganda wurde schon vor 200 Jahren
von dem französischen Revolutionär Jean Paul Marat anschaulich
beschrieben: »Von den Wörtern getäuscht, verabscheuen die Menschen die abscheulichsten, mit schönen Namen geschmückten Dinge nicht, und sie verabscheuen die löblichsten Dinge, die als häss-
lich verschrien sind. Deshalb besteht der gewöhnliche Kunstgriff der
Kabinette darin, die Völker in die Irre zu führen, indem sie den Sinn
der Wörter pervertieren.«[114] In der jüngsten Zeit wurden und werden
Begriffe wie Revolution, Reform, Solidarität, Menschenrechte, Freiheit umgedeutet oder gar in ihr Gegenteil verkehrt. Das funktioniert

---

112   Albrecht Müller, a. a. O., S. 143 f.
113   Jean Ziegler: Das Imperium der Schande. Der Kampf gegen Armut und
       Unterdrückung. München 2008, S. 241
114   Ebd.

heute noch besser als damals. Die heutigen Methoden sind technisch modernisiert und globalisiert worden. Ziegler: »Die Strategien des Lobbyismus, der Infiltration und Manipulation – der Regierungen, der Parlamente, der Presse und der Öffentlichkeit –, die von den neuen Feudalmächten entwickelt werden, sind außerordentlich raffiniert und – leider! – wirksam.«[115] Ziegler fragt sich natürlich, wieso es den Meinungsmachern gelingt, dass ihre Strategie weltweit akzeptiert wird. Seine Antwort: »Das Fundament ihrer Aktion bildet die unermüdlich wiederholte Gleichung: ›Streben nach Frieden‹ = ›Krieg gegen den Terrorismus‹.«[116] Barbara Tuchman beschrieb am Beispiel des Vietnamkriegs eben diesen Mechanismus der »unermüdlich wiederholten Gleichung«: »Wie sich die Fasern eines Gewebes mit Farbstoff vollsaugen, so waren die Washingtoner Politiker dank ständiger Wiederholungen derart erfüllt von der vitalen Notwendigkeit, Indochina vor dem Kommunismus zu retten, dass sie blind an diese These glaubten, sie nicht mehr überprüften und bereit waren, diesem Vorurteil gemäß zu handeln. Aus der Rhetorik war eine Doktrin geworden.«[117]

Die Wirksamkeit dieser Methoden wird nach Ziegler noch dadurch verstärkt, dass die transkontinentalen Gesellschaften auch über eigene Spionage- und Gegenspionagedienste und Handlangerteams auf allen Kontinenten verfügen. »Sie infiltrieren nicht nur die Hauptquartiere der konkurrierenden Kosmokraten, sondern auch die verschiedenen nationalen Regierungen – und die meisten großen internationalen Organisationen des Planeten, ob regierungsunabhängig oder nicht.« Dies betreffe auch die UNO und ihre Spezialorganisationen, wofür Ziegler etliche Beispiele gibt. Die Effizienz dieser Machenschaften sei von Robert Baer, dem ehemaligen Verantwortlichen der Abteilung für Operationen der CIA, mit großer Bewunderung kommentiert worden.[118]

---

115   Ebd.

116   Ebd., S. 63

117   Barbara Tuchman: Die Torheit der Mächtigen. Von Troja bis Vietnam. Frankfurt/Main 1984, S. 330

118   Ebd., S. 242

Müssen Bundestagsabgeordnete die Propaganda ihrer Parteifüh-
rungen hinterfragen? Darf man von ihnen erwarten, dass sie stutzig
werden, wenn plötzlich die gesamte Öffentlichkeit mit gleichlauten-
den Parolen überschwemmt wird? Gehört es zu ihrer Verantwortung,
die im Dunkeln liegenden Quellen solcher massiven Propaganda zu
erforschen?

Die in Bezug auf Afghanistan von der internationalen Gemeinschaft beschlossenen Programme und von der Regierung vorgelegten
Konzepte bedienen sich einer Begrifflichkeit, die sich nach wissen-
schaftlich ausgeklügelten Strategien anhört, wenn da die Rede ist von
Afghanistan Compact, Light Footprints, Benchmarks, Afghan Ownership, Good Governance, Nation Building, Aid Effectiveness, Lead-
nation und Key Partner Nation, Capacity Development, Monitoring,
Sicherheitskomponenten, Vernetzte Sicherheit usw. Und die wiederholten Hinweise auf die »traditionell guten Beziehungen« zwischen
Deutschland und Afghanistan oder auf die Unterdrückung der Frauen
und Missachtung der Menschenrechte durch die Taliban beschwören
die moralische Verpflichtung für deutsche Hilfeleistungen und militärisches Engagement. Im Folgenden soll das Augenmerk auf einige
zentrale Begriffe gerichtet werden, die immer wieder als die Ziele des
internationalen Engagements in Afghanistan in Diskussionen und Be-
schlüssen in Erscheinung treten.

Die Meister der Sprechblasen und hehren Worthülsen

Henning Hoff, internationaler Korrespondent, hat als Beobachter der
Afghanistan-Konferenz in London 2010 den angekündigten »Neu-
start« unter die Lupe genommen und kritisch angemerkt: »Zum zweiten Mal binnen vier Jahren schwirrten hehre Worthülsen aus dem
politisch-technokratischen Wörterbuch durch das prachtvolle Lancas-
ter House«, als die Vertreter von mehr als 70 Staaten über eine Lösung
für Afghanistan diskutierten. »Und was immer man sonst von ihm halten mag: In dieser Disziplin macht Afghanistans Präsidenten Hamid
Karsai niemand etwas vor. Frieden, Versöhnung, Good Governance,
Korruptionsbekämpfung, Wirtschaftsförderung. Und weiter: regionale Zusammenarbeit, Sicherheit dank mehr afghanischem Militär und

Polizei.« Außenminister Westerwelle habe Deutschlands Haltung als »ganzheitliche« beschrieben, »wie es geradezu heilkundlich heißt«, die »den neuen Ansatz in Reinkultur« darstelle. Nach Hoff unterscheidet sich dieser neue Ansatz nicht wesentlich von dem des »Afghanistan Compact«, der 2006 auf den Weg gebracht worden sei, und schon damals »sollten die Afghanen möglichst schnell das Heft in die Hand nehmen: ›Afghan Ownership‹ hieß das 2006, und so heißt es noch heute, wenn nicht gar ›Afghanization‹ – was an die Endphase des Vietnam-Kriegs erinnert. ›Ganzheitlich‹ war auch das ›Compact‹ schon, zumindest auf dem Papier.«

Den »reuigen Taliban«, so Karsai, wolle man die Hand ausstrecken. Auch das ist als Lippenbekenntnis nicht neu, ist vor allem aber eine Geste, die »an die Öffentlichkeiten des Westens« gerichtet ist, so Hoff. Und sie habe nur eine Funktion: »Sie soll beruhigen.«[119]

Die Fachleute, so wird durch diese verwirrende Begrifflichkeit suggeriert, haben alles bedacht, haben alles im Griff, und wenn die Strategie trotzdem (noch) nicht funktioniert, dann liegt das an der Unberechenbarkeit eines »feigen« Feindes[120], der mit einem asymmetrischen Krieg die Segnungen von Freiheit und Demokratie, Menschenrechten und Marktwirtschaft westlich-kapitalistischer Prägung zu hintertreiben versucht. Das ist die Botschaft, die von derartigen Konferenzen und Konzepten ausgesandt wird. Eine Botschaft, die nicht direkt an die Bevölkerung gerichtet ist, sondern an die Meinungsmacher und Multiplikatoren in den verschiedenen Politik erklärenden Institutionen und Publikationen.

Je kritischer die Situation in Afghanistan ist, um so mehr wird Afghanistan selbst für das Scheitern verantwortlich gemacht, seine rückständigen gesellschaftlichen Strukturen, die Korruption usw. – eben genau jene negativen Faktoren, die durch das zivil-militärische ISAF-

---

119   Zivil statt Courage. Verdrängte Wahrheiten: Die Afghanistan-Konferenz in London. In: »Internationale Politik«, 4.2.2010

120   So z.B. Außenminister Steinmeier über einen Anschlag der Taliban bei Kundus, den er als feige und heimtückisch bezeichnete (n-tv.de, 29.4.2009), aber auch Bundeskanzlerin Angela Merkel in ihrer Regierungserklärung vom 24.5.2007, 16. WP, PP 16/100

Engagement eigentlich behoben werden sollten. *FAZ.NET* wusste schon vor der Konferenz, dass Präsident Karsai versuchen werde, Lösungen zu verhindern, da er nicht an einem baldigen Abzug der internationalen Truppen interessiert sei. Beobachter der Londoner Afghanistan-Konferenz 2010 bemerkten den strengen Blick westlicher Politiker, die vom afghanischen Präsidenten Karsai härteres Durchgreifen verlangten. So hieß es zum Beispiel im Bericht von *ZEIT online* vom 28.1.2010: »Karsai spricht von Ownership, von Führung und gradueller Übertragung der Sicherheitsverantwortung an die Afghanen. Nur selten löst er seinen Blick vom Manuskript. In der ersten Reihe des Plenums sitzt US-Außenministerin Hillary Clinton und macht sich mit strenger Miene Notizen. Als gäbe es hinterher Noten zu verteilen. Karsai weiß, was von ihm erwartet wird. Unter Punkt drei seiner Agenda hakt er den Kampf gegen die Korruption ab, danach verspricht er faire und freie Parlamentswahlen im September.«

Die »hehren Worthülsen«, mit denen in der Politik jongliert und operiert wird, sollen nicht nur beruhigen, sondern haben vor allem auch die Funktion zu mystifizieren. Es wird ein Geheimnis um die wirklichen Ziele des deutschen Afghanistan-Engagements gemacht. Dies bemängelten auch die Stipendiatinnen und Stipendiaten der Stiftung der Deutschen Wirtschaft in einem Offenen Brief an Bundeskanzlerin Merkel vom 29. März 2010. Sie beschäftigten sich in dem Schreiben mit den Ursachen für die »ablehnende Haltung der großen Mehrheit der deutschen Bevölkerung (...) insbesondere gegenüber dem Einsatz der Bundeswehr in Afghanistan«. Nach ihrer Einschätzung liege eine »zentrale Ursache für die Diskrepanz zwischen öffentlicher Meinung und Regierungshandlung in der mangelnden Einbeziehung der Öffentlichkeit in die Diskussion und die Entscheidungsfindung«. Bemängelt wird also ausgerechnet das Fehlen von Transparenz, einem wesentlichen Kriterium von Good Governance, die die Bundesregierung nach Afghanistan exportieren will! Im Offenen Brief wird weiter als großer Mangel festgestellt, dass »in den mittlerweile neun Jahren (...) keine umfassende Diskussion über die deutschen Interessen und damit verbundene Ziele stattgefunden« habe. Doch was man exportieren will, muss man erst einmal selbst haben: Die noch keineswegs abgeschlossenen Auseinandersetzungen um das wenig transparente, selbstherrliche Projekt »Stuttgart 21« lassen ebenso wie die neun Jahre lang verschleppte Evaluierung des Afghanistan-Engagements gegenüber dem Parlament berechtigte Zweifel zu, ob Deutschland in dieser Frage das Exportgut Transparenz tatsächlich liefern kann.

Die genauere Sicht auf die »hehren Worthülsen« wird zeigen, dass sich zum einen Teil hinter ihnen doch Hinweise auf die wirklichen Interessen Deutschlands im Afghanistankrieg verstecken und dass sie zum anderen nur der Rechtfertigung und Beruhigung insbesondere jener Kräfte innerhalb der Bundestagsparteien und der Öffentlichkeit dienen, von denen Opposition zu erwarten war. Das Argument der Befreiung der afghanischen Frauen zielte zu Beginn des Krieges insbesondere auf die Grünen und Teile der SPD. Dieses Argument wurde und wird gebetsmühlenartig wiederholt – inzwischen in hohem Maße auch von Abgeordneten der CDU/CSU und der FDP. In der Parlamentsdebatte am 22.12.2001, die sich mit dem ersten Antrag der Bundesregierung zur Beteiligung der Bundeswehr an der ISAF befasste, zitierte Bundeskanzler Schröder den afghanischen Regierungschef Karsai, der vor seiner Vereidigung versprochen habe, den Frauen »ihre Rechte« zu geben. Den afghanischen Frauen und Mädchen »ihre Rechte« zu geben, diente auch Bundeskanzler Schröder, Außenminister Fischer, Rita Grießhaber von den Grünen, der sozialdemokratischen Ministerin für wirtschaftliche Zusammenarbeit, Heidemarie Wieczorek-Zeul, und Wolfgang Gerhardt von der FDP als Legitimation für die Entsendung der Bundeswehr. Anfang 2011, da das militärische Scheitern kaum noch bezweifelt werden kann, werden die Frauenrechte immer noch und wieder verstärkt für das »weiter so« instrumentalisiert.

Frieden, eine gerechte Weltordnung und Menschenrechte waren weitere, häufig strapazierte Kriegsziele, die zu Beginn – insbesondere für SPD und Grüne – als entscheidende Rechtfertigungen herhalten mussten. Hans-Christian Ströbele, der sich selbst als Gegner des Afghanistankrieges bezeichnet, begründete seine Zustimmung ausdrücklich und unter Beifall bei der SPD und dem Bündnis 90 / Die Grünen damit, dass ja nicht über Krieg, sondern darüber entschieden werde, »ob sich die Bundesrepublik Deutschland und somit die Bundeswehr an einem Einsatz beteiligt, der dem Frieden dienen soll und der helfen soll, die Chancen für einen dauerhaften Frieden zu sichern.« Später wird Ströbele immer wieder – im Widerspruch zur Mehrheit seiner Fraktion – gegen den Afghanistankrieg votieren. »Solange er nicht die Richtlinien ihrer Politik bestimmt, ist er wohlgeduldet«, so der Sozialwissenschaftler Arno Klönne über Ströbeles Rolle in der Fraktion.[121]

Die deutschen Soldaten im Afghanistan-Engagement hießen bei Kanzler Schröder anfangs »Friedenstruppe«. Außenminister Fischer und der Abgeordnete von Bündnis 90 / Die Grünen Rezzo Schlauch sprachen von »Friedensmission«, bei Verteidigungsminister Struck hieß es »Sicherung des Friedensprozesses«. Heidemarie Wieczorek-Zeul bemühte den blumig-orientalischen Polit-Kitsch des afghanischen Innenministers Yunus Qanuni: »Der Frieden in Afghanistan ist in Deutschland geboren worden. Jetzt müssen wir gemeinsam dafür sorgen, dass das neugeborene Kind groß und stark wird.«[122]

Es sollte nicht lange dauern, bis der Topos Frieden zu Gunsten der Sicherheit in die zweite Reihe zurücktreten musste. »Sicherheitskomponente« wurde dann der Euphemismus, hinter dem die kriegerischen Aktivitäten sich zunehmend entfalteten.

Frauenbefreiung und Menschenrechte

> JEDER HAT DAS RECHT
> AUF LEBEN, FREIHEIT UND SICHERHEIT DER PERSON.
> *Artikel 3 der Allgemeinen Erklärung der Menschenrechte*
> *der Vereinten Nationen, 10.12.1948*

Die in der UN-Erklärung definierten Menschenrechte haben in den wenigen Jahrzehnten seit ihrer Kodifizierung, in beschleunigtem Tempo seit dem Sieg der neoliberalen Globalisierung, eine dramatische inhaltliche Entwertung, ja bisweilen sogar Verkehrung in ihr Gegenteil

---

121   Arno Klönne: Ein grünes Wunder – die neue Volkspartei?, in: Neues Deutschland, 20./21.11.2010

122   14. WP, PP 141/210

erfahren. Und seit Ende des Kalten Krieges wurden die in der UN-Charta festgeschriebenen Einschränkungen des Rechts zu militärischer Gewaltanwendung immer stärker ausgehöhlt.[123] Sie wurden den Interessen des »Westens« und seiner imperialen Politik untergeordnet, dienten als Vorwand für Sanktionen und militärische Interventionen, wurden als doppelte Standards gehandhabt, die die Politik der Mächtigen, insbesondere die der USA, nicht nur der kritischen Beurteilung entzogen, sondern sie »als logisch, harmlos, natürlich, unausweichlich und ganz und gar im Dienste der Menschheit stehend legitimieren«, wie Jean Ziegler schreibt. Der Neoliberalismus bevorzuge die Worte Freiheit und Gleichheit der Chancen. Soziale Gerechtigkeit und Solidarität hingegen gelten ihm als »lauter alte Hüte! Archaisches Gestammel, über das die effizienten Jungmanager multinationaler Banken und anderer globalisierter Unternehmen nur lächeln können.«[124] Ziegler konstatiert, dass die von den Herrschenden geschaffene Realität sich »in flagrantem Widerspruch« zu ihrer Ideologie befinde. Kurz: »Die Dogmen der Gebieter produzieren unaufhörliche Lügen.«[125]

Diese Entwicklung gilt nach Jean Ziegler ausdrücklich und gerade auch für solche Länder, die vom christlichen, jüdischen oder einfach humanistischen Erbe geprägt sind. Das heißt, auch für Deutschland, dessen Regierung sich seit kurzem auf die christlich-jüdischen Traditionen beruft. Vor diesem Hintergrund sollen hier die menschenrechtlichen Begründungen des Afghanistankrieges betrachtet werden.

Der Schutz der Frauen- und Menschenrechte, der in den Diskussionen innerhalb und außerhalb des Bundestages eine immense, meinungsprägende Bedeutung für die Begründung des deutschen Afghanistan-Engagements hat, spielte in den Regierungsanträgen, die die sich verändernden ISAF-Einsätze definierten und begründeten, praktisch keine Rolle, obwohl doch der ISAF-Einsatz der »gute« war. Erst 2006 wurde im ISAF-Verlängerungsantrag der Bundesregierung

---

123   Jürgen Rose: Frieden schaffen mit aller Gewalt. In: der Freitag online, 12.7.2002

124   Jean Ziegler: Die neuen Herrscher der Welt. München 2005, S. 57 f.

125   Ebd., S. 69

unter anderem der Menschenrechtsauftrag genannt, und zwar in der Begründung und mit Hinweis auf den Afghanistan-Compact. In der Antragsbegründung von 2008 tauchten die Menschenrechte erneut auf und in der Begründung von 2010 sowohl Menschenrechte als auch Frauenrechte. In den parlamentarischen Aussprachen, Anträgen und Anfragen der Fraktionen bilden sie jedoch einen besonderen Schwerpunkt. Und dennoch sind sie als Begründung für das Afghanistan-Engagement nur ein vorgeschobenes Argument, »ein Feigenblatt für den Krieg«, wie die Journalistin Barbara Vorsamer[126] erläutert, und zwar am Beispiel eines Titelblattes des *Time Magazines*, das eine Afghanin mit abgeschnittener Nase abbildete. Daneben stand der Kommentar: »Das passiert, wenn wir abziehen.« Dazu Barbara Vorsamer: »Das ist ein einprägsames, emotionales und überzeugendes Argument für den Einsatz in Afghanistan. Allein: Es ist falsch. Bibi Aishas tragische Lebensgeschichte ereignete sich zwischen den Jahren 2003 und 2009 – zu einer Zeit, zu der die internationalen Truppen in Afghanistan waren. Kein NATO-Soldat hinderte die Taliban an ihrer grausamen Rechtsprechung.« Die Autorin zitiert Citha Maaß (SWP), die einräumt, dass »die Situation für manche Frauen« besser geworden, für viele »allerdings unverändert schlecht« sei. Die meisten Frauen – 85 Prozent der Bevölkerung leben in den Dörfern – haben nach Auffassung von Reinhard Erös, Gründer der Kinderhilfe Afghanistan, ganz andere Sorgen. Ihr Hauptproblem sei, wie sie ihre Kinder mit dem Nötigsten versorgen können. Kinder- und Müttersterblichkeit sei das größte gesundheitliche Problem, abgesehen davon, dass die Zivilbevölkerung nun seit Jahren unter den Auswirkungen des anhaltenden Krieges leide. Vorsamer zitiert Erös mit den Worten: »Amerikanische Bomben sorgen jede Woche dafür, dass afghanischen Frauen nicht nur die Nase fehlt.« Die Journalistin schloss ihren informativen, kritischen Bericht mit den harschen Worten: »Im Afghanistankrieg werden Frauen als Feigenblatt missbraucht. Gekämpft wird nicht wegen ihnen – und auch nicht für sie.« Malalai Joya, afghanische Politikerin,

---

126   Barbara Vorsamer: Ein Feigenblatt für den Krieg. Frauenrechte in Afghanistan. sueddeutsche.de, 12.8.2010

stellte Ende Januar 2011 erneut fest: »Um Frauenrechte und Freiheit ist es heute nicht besser bestellt als bei Invasionsbeginn 2001.«[127] Und die internationale Ärzteorganisation IPPNW weist darauf hin, dass die Kinder- und Müttersterblichkeit inzwischen eine der höchsten der Welt ist.[128]

In den OEF-Anträgen hingegen war niemals von Menschen- oder gar Frauenrechten die Rede. Hier ging und geht es um Terrorismus-Bekämpfung und dabei ist das Kriterium der Menschenrechte – sowohl der Terroristen als auch der afghanischen Zivilisten – nicht nur ausgesprochen sekundär, sondern auch kontraproduktiv im Hinblick auf die moralische Legitimation des Krieges; insbesondere wenn Afghaninnen und Afghanen durch OEF- oder ISAF-Operationen das Recht auf Leben genommen wurde, wenn gefangene mutmaßliche Terroristen gefoltert oder nach Guantanamo verschleppt wurden. Die blassen Auseinandersetzungen im Bundestag darüber spiegeln das bislang eher mäßige Risiko der in diesen Fällen entstandenen Legitimationskrisen. Mit der routinemäßigen Forderung nach Aufklärung glaubten die meisten Abgeordneten, ihre parlamentarisch-demokratische Pflicht erfüllt zu haben. Das hörte sich bisweilen harmlos und nicht viel anders als in den Demokratiespielchen einer Schülermitverwaltung an. Unabhängig davon, ob Aufklärung stattfand oder nicht, »zog die Karawane weiter« und das Hundegebell verstummte – bis zum nächsten Mal. Die konsequenten Nachfragen von Abgeordneten der PDS bzw. der LINKEN wurden häufig mit albernen, abwertenden und moralisch diskriminierenden (Gegen-) Angriffen kommentiert und abgewehrt. Besonders abwertenden Attacken war Monika Knoche in der 60. Sitzung des Deutschen Bundestages ausgesetzt. Sie hatte sich erlaubt, in ihrer Rede zur Mandatsverlängerung der KSK im Rahmen von OEF auf die »Totenkopfspiele« von Bundeswehrsoldaten einzugehen, um zu zeigen, »dass Gewalt, sexuelle Gewalt, Folter und andere Perversionen zum Wesen des Krieges gehören«. Dass es »das Training zum Töten (ist),

---

127   junge Welt, 28.1.2011
128   Ebd.

das diese Herabwürdigungen hervorbringt«. Sie bedauerte, dass es im Bundestag »keinerlei Nachdenken« darüber gebe, »dass Soldaten darauf gedrillt werden, die natürliche Hemmschwelle in Bezug auf Gewalt zu überwinden.«[129] Dies wiederum senkte die Hemmschwelle bei Karl-Theodor zu Guttenberg beachtlich, als er befand: »Was Sie heute draufgesetzt haben, spottet jeder Beschreibung.«[130] Und natürlich fehlte auch der Vorwurf der Hysterie so wenig wie das ebenfalls beliebte Vorurteil vom angeborenen Schwachsinn der Frauen, hier in der Variante des Abgeordneten der CDU/CSU, Hartmut Koschyk, der in einem Zwischenruf einwarf: »Bei Wortmeldungen von Frau Knoche von ›Niveau‹ zu reden, verbietet sich! Das ist kein Niveau!«[131]

Harte Kritik mögen die Kämpfer für die Frauenrechte nicht gerne hören, schon gar nicht von einer Frau und Linken.

Schon auf der 105. Interparlamentarischen Konferenz in Havanna (1.4. bis 7.4.2001), also noch vor den Anschlägen auf die Twin-Towers und das Pentagon, hatte Rita Süßmuth (CDU/CSU) den Grundton »Menschenrechtsverletzungen und Barbarei« angeschlagen, der Monate später den »Krieg gegen den Terrorismus« in Afghanistan in der Weltöffentlichkeit legitimieren helfen sollte. Sie brachte aus Anlass der Zerstörung der Bamiyan-Statuen einen »dringlichen Zusatzordnungspunkt« ein zum Thema Beendigung der Missachtung der Menschenrechte und der Zerstörung von Kulturgütern durch die Taliban in Afghanistan. Ihre Begründung: Wer eine solche Tat begehe, sei auch zu den schlimmsten Menschenrechtsverletzungen in der Lage.[132] Das ist sicher richtig, aber »in der Lage« zur Zerstörung des kulturellen Erbes und zu schlimmsten Menschenrechtsverletzungen dürften wohl nahezu alle Regierungen der Welt sein. Leider sind sie dazu nicht nur in der Lage, sondern viele praktizieren dies auch. Westliche Demokratien sind weder vor Zerstörungen von Kulturgütern noch

---

129   16. WP, PP 16/60
130   Ebd.
131   Ebd.
132   14. WP, DS 14/6847

vor Menschenrechtsverletzungen gefeit, wie die Berichte von Amnesty International und Human Rights Watch erkennen lassen, aber auch Archäologen, Institutionen des Denkmalschutzes und die UNESCO unschwer belegen können – und wie auch die »humanitäre« Intervention in Afghanistan gezeigt hat. Gerade die Kriegführung der westlichen Truppen, allen voran der USA, sowie der sich trotz internationaler Proteste auch unter der Obama-Regierung weiter hinziehende Guantanamo-Skandal sind dafür schändliche Beweise. Schändlich vor allem auch deshalb, weil durch die Inanspruchnahme doppelter Standards die allgemeine Verbindlichkeit der Menschen- und Völkerrechte desavouiert wurde.

»...aber den Balken, der in deinem Auge ist, den siehst du nicht«

Seit Beginn der deutschen Beteiligung am Afghanistankrieg hat es vor allem von den Krieg befürwortenden Fraktionen zahlreiche parlamentarische Initiativen zum Thema Frauenrechte und Menschenrechte in Afghanistan gegeben, um sich sozusagen in »Selbsthypnose« der eigenen edlen Motive zu vergewissern. Werner Hoyer (FDP) tat dies auch in edler Uneigennützigkeit für die deutschen Urlauber. Für ihn als Liberalen sei »die Bekämpfung des internationalen Terrorismus (...) in allererster Linie ein Freiheitsthema«, eine Freiheits- und Menschenrechtsfrage, die er groteskerweise auf ein Menschenrecht auf Auslandsurlaub ausdehnte. Er erklärte das mit dem Hinweis, dass damals aus Sicherheitsgründen deutsche Parlamentarier nicht nach Ostafrika fahren konnten, und stellte die Frage: »... was bedeutet denn das für Millionen von deutschen Staatsbürgerinnen und Staatsbürgern, die frei und sicher irgendwo in der Ferne ihren Urlaub verbringen wollen und auch ein Recht darauf haben?«[133]

Die Menschenrechtsverletzungen zunächst vonseiten der OEF-Truppen, später auch deutscher ISAF-Operationen und insbesondere der bis heute andauernde Guantanamo-Skandal, die die menschenrechtliche Motivation blamieren, wurden zwar im Bundestag

---

133   15. WP, PP 15/11

zur Sprache gebracht, aber zumeist erst, nachdem Medien sie bekannt gemacht und skandalisiert hatten. Insbesondere die Abgeordneten der PDS bzw. der LINKEN haben immer wieder versucht, klare Informationen über Völker- und Menschenrechtsverletzungen, Tötungen von Zivilisten sowie Folterungen von Gefangenen und mögliche Mitverantwortung der Bundeswehr zu erhalten. Auch Abgeordnete anderer Fraktionen haben im Einzelfall wegen Menschenrechtsverletzungen ihre Zustimmung insbesondere zum OEF-Einsatz, aber auch in wachsendem Maße zu ISAF verweigert. Konsequent und eindeutig verhielten sich jedoch nur die linken Abgeordneten, die Fraktionen der PDS und der LINKEN. Oskar Lafontaine hat den Grund für diese Konsequenz scharf formuliert: »Das Recht auf Leben steht vor allen anderen Rechten, die hier immer wieder beschworen werden.«[134]

CDU/CSU und FDP erkannten im US-Gefangenenlager auf Guantanamo lediglich »Tendenzen zur Relativierung menschenrechtlicher Standards.«[135] Mit diesem Euphemismus, der selbst schon ein Skandal ist, wurden in der Folgezeit auch von anderen Fraktionen die Menschenrechtsverletzungen der USA schöngefärbt. Den Balken im eigenen Auge mochte man nicht erkennen, wohl aber den Splitter im Auge des anderen: Winfried Nachtwei (Bündnis 90 / Die Grünen) sah zwar eine »beunruhigende Tendenz bei einigen Partnern« der Antiterrorkoalition, bei der Terrorismusbekämpfung die Menschenrechte zu relativieren, ja massiv zu verletzen«, bezog diese Kritik aber auf die Rolle Russlands im Tschetschenien-Konflikt.[136] Selbst im Jahr 2007 formulierte er nebulös und ohne auf Menschenrechtsverletzungen einzugehen, dass »die Art und Weise dieser (OEF-, d. V.) Operation im Laufe der Zeit »sich als kontraproduktiv« herausgestellt habe und »Dritte eben nicht dauerhaft von der Unterstützung terroristischer Aktivitäten« abhalte.[137]

---

134 16. WP, PP 16/86

135 15. WP, DS 15/2741

136 15. WP, PP 15/11

137 16. WP, PP 16/92

Die grüne Vorsitzende des Menschenrechtsausschusses Christa Nickels war auch 2004 in dieser Frage wesentlich eindeutiger als ihre grünen Fraktionskollegen; sie erkannte wohl den »Balken«, mochte ihn aber nicht beim Namen nennen: »Die Information über ein Massaker an kriegsgefangenen Taliban weist auf einen klaren Verstoß gegen geltendes Völkerrecht hin. In Teilen der Antiterrorkoalition ist die zunehmende Neigung festzustellen, doppelte Standards anzuwenden und Menschenrechte nur noch ihren eigenen Bürgerinnen und Bürgern sowie den Verbündeten zuzugestehen.« Schon 2003 warnte sie in der parlamentarischen Aussprache über den Bericht der Bundesregierung über ihre Menschenrechtspolitik in den auswärtigen Beziehungen vor der Aufweichung des Folterverbots. »Wenn unter dem Banner des Antiterrorkampfes Völkerrecht missachtet und gebrochen wird (...), dann macht sich die Antiterrorkoalition zum Erfüllungsgehilfen ihres Hauptfeindes und dann zerstört sie auf viele Jahre hinaus die Chance, die Quellen des Terrorismus auszutrocknen und dem Weltfrieden ein Stück näher zu kommen.«[138] Das Protokoll vermerkt hier: »Beifall beim Bündnis 90 / Die Grünen, bei der SPD sowie bei Abgeordneten der FDP.« Im Verlauf der Aussprache äußern sich aber nur wenige Abgeordnete kritisch zu den »doppelten Standards«, die von Bündnispartnern in Afghanistan angewendet werden, sondern überwiegend über die Menschenrechtsverletzungen in Tschetschenien; so Rainer Funke (FDP), Melanie Oßwald und Holger Haibach (CDU/CSU) sowie Kerstin Müller, Staatsministerin im Auswärtigen Amt. Die Beratung des Antrags der Fraktionen von SPD und Bündnis 90 / Die Grünen zu »Stärkung der Menschenrechte in Afghanistan« im Dezember 2003 zeigte ein ähnliches Bild: Im Plenum des Bundestags übte Christa Nickels deutliche Kritik an der völker- und menschenrechtswidrigen, anhaltenden Internierung von Hunderten von Gefangenen in Guantanamo.[139] Rainer Funke (FDP) unterstützte diese Kritik. Aber kein kritisches Wort, nicht einmal eine Erwähnung des Namens

---

138   15. WP, PP 15/31
139   15. WP, PP 15/82

»Afghanistan« war zu hören von Rudolf Binding (SPD), Hermann Gröhe (CDU/CSU), Melanie Oßwald (CDU/CSU), Claudia Roth (Bündnis 90 / Die Grünen), Holger Haibach (CDU/CSU), Irmgard Karwatzki (CDU/CSU) und Birgit Wimmer (SPD). So blieb die Kritik ohne Folgen für den deutschen Afghanistan-Einsatz und für das »transatlantische Bündnis«.

»In diesem Kontext wage ich, Guantanamo zu nennen.«

Am 25. März 2004 befasste sich das Parlament mit dem Antrag der Fraktionen von SPD und Bündnis 90 / Die Grünen zur »Stärkung der Menschenrechte in Afghanistan« sowie mit weiteren Anträgen zum Thema einschließlich zu Guantanamo Bay[140]. Angelika Graf (SPD) schilderte die großen Fortschritte der Menschen- und Frauenrechte in Afghanistan und beklagte, dass das Massaker von Sherbagan vom November/Dezember 2001 noch nicht aufgeklärt sei. Als Grund vermutete sie, dass der stellvertretende afghanische Verteidigungsminister Rachid Dostum, General der Nordallianz, in dieses Massaker verwickelt sei. Sie äußerte sich empört über Guantanamo und bedauerte, dass kein gemeinsamer Antrag im Parlament dazu möglich gewesen sei. Karl-Theodor Freiherr zu Guttenberg (CDU/CSU) versicherte, man liege in der Bewertung von Guantanamo nicht weit auseinander, wollte aber offenkundig eine dezentere Bewertung vornehmen, die dann so lautete: »Menschenrechten wird zwar grundsätzlich und inbrünstig eine überragende Bedeutung zugemessen – richtigerweise; sie bilden jedoch gerade im Hinblick auf die Asymmetrie der Bedrohungslagen oftmals ein allzu isoliertes Kernelement, obwohl sie angesichts der höchst aktuellen Sicherheitsdebatte (…) ein integraler und tragender Bestandteil eines strategischen Gerüstes sein müssten und sein sollten. Die großen Sicherheitsrisiken deuten dies an. Sie lassen jedoch das unverzichtbare Zusammenwirken unterschiedlicher Leitansätze nur erahnen. Menschenrechte definieren sich (…) über das Individuum.«[141]

---

140   15. WP, PP 15/100

141   15. WP, PP 15/100

ALLE ABENDLÄNDISCHEN WERTE, TRIUMPH DER
MENSCHENWÜRDE, DES WAHREN UND DES SCHÖNEN,
WERDEN ZU LEB- UND FARBLOSEN NIPPSACHEN. ALLE DIESE
REDEN ERSCHEINEN ALS ANHÄUFUNG LEERER WÖRTER (…)
DAS GILT VOR ALLEM FÜR DEN INDIVIDUALISMUS.
Frantz Fanon, Die Verdammten dieser Erde

Das ist die »westliche« Lesart. Ist sie die einzig richtige? In großen
Teilen der Welt wird bis heute »die vorrangige Stellung des Einzelnen
vor der Gemeinschaft« in Frage gestellt, weiß Emma C. Murphy vom
Institute for Middle Eastern and Islamic Studies.[142] Sie wären also unfähig zur Demokratie? Die Bedeutung des Individuums zu erkennen,
scheint den »unzivilisierten Völkern« wesensfremd zu sein, weshalb
ihnen die abendländische »Idee einer Gesellschaft von Individuen«
von den Kolonialherren »eingehämmert« werden musste.[143] Und
zwar bis in die Gegenwart. Margaret Thatcher brachte seinerzeit diese
Botschaft auf den Punkt: »Es gibt keine Gesellschaft, es gibt nur einzelne Menschen.« Eine Aussage, die Jean Ziegler treffend kommentierte:
»Selten wurde die neoliberale Hoffart mit so gelassener Arroganz formuliert wie hier.«[144]

Jetzt haben wir aber Karl-Theodor zu Guttenberg, der zwar nicht
so knapp wie Frau Thatcher, dafür aber mit geschraubter Eloquenz
verkündet: »Die Glaubwürdigkeit einer Demokratie erwächst letztlich
aus diesem Rückbezug auf das Individuum und auf Menschenrechte.« Wenn man Demokratie als Exportprodukt bezeichne, verpflichte
das zum behutsamen Umgang mit diesen Ausgangswerten. »In diesem Kontext wage ich Guantanamo zu nennen.« Ansonsten war zum
Guantanamo-Skandal und zu Menschenrechtsverletzungen der Antiterrorkoalition in Afghanistan wenig zu hören. Immerhin hat man
mutig gewagt, Guantanamo beim Namen zu nennen.

---

142   Emma C. Murphy: Good Governance. Ein universal anwendbares Kon-
       zept? In: IP – Internationale Politik 57, 8/2002
143   Frantz Fanon, a.a.O., Frankfurt/M. 1981, S. 38 ff.
144   Ziegler: Die neuen Herrscher der Welt, a.a.O., S. 59

Wie wenig die Menschenrechtsfrage als Auftrag im Sinne des Artikels 3 der UN-Menschenrechtscharta ernst genommen wird, wie wenig das Recht eines jeden Menschen, des Individuums, »auf Leben, Freiheit und Sicherheit« als schützenswert gilt, zeigt der Umgang von Parlament und Regierung mit den Skandalen, die sich mit den Stichworten »Fall Kurnaz« und »Kundus-Massaker« verbinden.

Die doppelten Standards, die die sog. Antiterrorkoalition[145] in Afghanistan und der Westen generell in der Menschenrechtsfrage anlegen, haben die Menschenrechte in den Augen großer Teile der Völker der Dritten Welt diskreditiert. Diese Erfahrung hat auch Jean Ziegler machen müssen: »Erniedrigung, Ausgrenzung, Furcht vor dem Morgen sind das Schicksal hunderter Millionen Menschen. Besonders in der südlichen Hemisphäre. Für ihre Völker sind die Allgemeine Erklärung der Menschenrechte und die Charta der Vereinten Nationen nur hohle Phrasen.«[146]

Bedenken hinsichtlich der realen Möglichkeit, westliche Werte nach Afghanistan zu exportieren, äußerte auch Egon Bahr (SPD). Dabei ging es ihm aber nicht in erster Linie um das Problem der Diskreditierung der Menschenrechte, deren Durchsetzung oft mit gesellschaftlicher Modernisierung in eins gesetzt werde. »Es könnte ja sein, dass die Aufgabe objektiv nicht lösbar ist. Ein Land mit traditionellen Strukturen, die sich der Modernisierung entziehen, vielleicht sogar widersetzen, wenn nach unserem Bilde modernisiert werden soll.«[147] Ein Gedanke, der ausbaufähig ist.

Wenn sich auch bislang nicht dokumentarisch nachweisen lässt, dass die Reizwörter Menschenrechte und Frauenrechte, als kriegslegitimierende Gründe von Think Tanks erdacht, vor allem auf das

---

145 Anti-Terror-Koalition – ist mit Absicht an die Anti-Hitler-Koalition angelehnt. Das war eine Koalition der »Guten«, die USA standen auf der moralisch richtigen Seite. Und diese Koalition brachte die Demokratie mit Mitteln des Krieges.

146 Jean Ziegler: Der Hass auf den Westen. Wie sich die armen Völker gegen den wirtschaftlichen Weltkrieg wehren. München 2009, S. 18

147 Rede von Egon Bahr zum 25. Jahrestag des »Darmstädter Signals«, der Freitag, 3.10.2008

grüne und sozialdemokratische Klientel zielten, mit den von Albrecht Müller beschriebenen Methoden verbreitet und im öffentlichen Bewusstsein verankert wurden, – sie haben sich in der politischen Praxis hervorragend bewährt. Wer kann sich solchen Zielen schon widersetzen, ohne sich politisch ins Abseits zu stellen oder schlimmstenfalls selbst der Nähe zum Terrorismus geziehen zu werden? Der Nachteil dieses im öffentlichen Raum wabernden menschenrechtlichen Nebels zeigte sich nur dann, wenn Menschenrechtsverletzungen seitens OEF und ISAF publik wurden: Menschenrechte mit Menschenrechtsverletzungen durchsetzen? Ein heikles Problem für die Vermittlung in der medialen Öffentlichkeit, das die noch heiklere Frage nach dem Verhältnis von hehren Zielen und eher schmutzigen Mitteln, taktischen und strategischen Militärkonzepten aufwerfen könnte; eine Frage, der sich die Abgeordneten bis heute mehrheitlich verschließen: Krieg für politische Stabilität? Krieg für mehr Sicherheit? Krieg für Staats- und Nationenbildung? Krieg für den Aufbau von Demokratie und Rechtsstaatlichkeit? Krieg für Menschen- und Frauenrechte?

Krieg ist das Gegenteil von alledem. Und auf Krieg sind die OEF- und ISAF-Mandate – nach und nach erkennbar und schließlich ganz offensichtlich – hinausgelaufen. Wenn der oft beschworene »ganzheitliche Ansatz« die Menschenrechte in der Praxis nicht umfasst, ist das Argument der Menschenrechte nichts anderes als eine propagandistische Nebelkerze. Wer das Zweck-Mittel-Verhältnis außer Acht lässt, kann schließlich jedes Verbrechen rechtfertigen.

Auch von deutschen Abgeordneten muss deshalb erwartet werden, dass sie zum Zwecke der Gewissenserforschung zwischen Propaganda und Wahrheit unterscheiden, dass sie sorgsam das Zweck-Mittel-Verhältnis prüfen, bevor sie deutsche Soldatinnen und Soldaten in wie auch immer bezeichnete Einsätze schicken.

Traditionell gute Beziehungen

»Wir haben traditionell gute Beziehungen zu Afghanistan. Wir haben keine koloniale Vergangenheit.« So Volker Rühe, CDU/CSU, in der Bundestagsdebatte zu Afghanistan 2001. Bei gleicher Gelegenheit Peter Struck, SPD: »Afghanische Repräsentanten haben nach der erfolgreichen Petersberg Konferenz eine wichtige Rolle unseres Landes beim Wiederaufbau erbeten; sicher auch wegen der guten historischen Beziehungen unserer Länder und wegen des guten Rufes, den die Deutschen in Afghanistan genießen.«[148] »Es gibt eine lange und beeindruckende Verbindung Deutschlands zu Afghanistan. Es ist kein Zufall, dass fast die Hälfte der Mitglieder des afghanischen Kabinetts fließend deutsch spricht. Es wird von uns ein besonderer Einsatz erwartet und es wird uns ein besonderes Vertrauen entgegengebracht.« Das sagte Eckart von Klaeden, CDU/CSU, in der Bundestagsdebatte zu Afghanistan 2006. In der gleichen Debatte betonte auch der SPD-Abgeordnete Rainer Arnold: »Ich denke, wir Deutschen haben wegen unserer guten Beziehungen zu Afghanistan eine ganz besondere Verantwortung.«[149]

Gert Weisskirchen (SPD) schwärmte von Karsai. Der habe laut *Süddeutscher Zeitung* gesagt: »Wir vertrauen den Deutschen blind.« Und als habe er noch nie das Sprichwort gehört: Wes' Brot ich ess', des' Lied ich sing, bezeichnet Weisskirchen Karsais dick aufgetragene, orientalische Schmeichelei als eine wunderbare Erklärung, die zeige, wie notwendig das dritte Mandat von ISAF sei. Er jubelte: »In der Tat: Es gibt ein Vertrauensverhältnis zwischen Afghanen und Deutschen. Es ist lange gewachsen.«[150]

Ja, es gibt »traditionelle Beziehungen« zwischen Deutschland und Afghanistan, die bis in die zweite Hälfte des 19. Jahrhunderts zurückreichen; ob sie als gute Beziehungen gewertet werden können, ist indessen eine Frage des Standpunktes. Selbst wenn hier nur die Beziehungen auf Wirtschafts- und Regierungsebene ins Auge gefasst werden, drängt sich schon bei oberflächlicher Untersuchung der deutsch-afghanischen Beziehungen der Eindruck auf, dass Afghanistan für die deutsche Außenpolitik in erster Linie Objekt statt Partner, also »Mittel zum Zweck«, gewesen ist.

---

148   14. WP, PP 14/210

149   16. WP, PP 16/54

150   15. WP, PP 15/17

Für das gesellschaftlich und wirtschaftlich extrem rückständige Afghanistan waren diese Beziehungen, die sie dem internationalen Konkurrenzkampf zwischen Deutschland und Großbritannien verdankten, jedoch durchaus nützlich. Die afghanischen Regierungen versuchten, in den Verträgen mit Deutschland Bedingungen auszuhandeln, die Neutralität und Unabhängigkeit von den Großmächten gestatten sollten. Das gelang auch weitgehend – und zwar entgegen den Interessen der deutschen Außenpolitik.

Zu fragen ist, ob der Verweis auf die »traditionell guten« deutsch-afghanischen Beziehungen nur dazu dient, gegenüber der Öffentlichkeit »moralische Verantwortung« für das gegenwärtige Afghanistan-Engagement zu suggerieren, oder ob nicht doch alte Interessen im neuen Gewand verfolgt werden oder ob gar beide Motive zutreffend sind. Auskunft über die »alten Interessen« können folgende historische Fakten geben:

1878. Auf dem Berliner Kongress trat Reichskanzler Otto von Bismarck als »ehrlicher Makler« auf, der die territorialen Ansprüche und kolonialen Interessenkonflikte zwischen den europäischen Großmächten auszugleichen versuchte. In Bezug auf Afghanistan gab es Konflikte zwischen dem Russischen Reich und Großbritannien, die – so der afghanische Politiker und Wissenschaftler Abdul Samad Hamed – »am Rande dieses Kongresses durch anglo-russische Arrangements« ausgehandelt wurden. Allerdings war der Erfolg des Arrangements, in dem Afghanistan lediglich Objekt imperialer Großmachtinteressen war, nur mäßig. Großbritannien, obwohl im ersten Afghanistankrieg (1839–42) vernichtend geschlagen, akzeptierte die taktische Hinwendung Scher Alis zum Zarenreich nicht und begann den zweiten Afghanistankrieg, um das Land seiner Vorherrschaft zu unterwerfen. Hamed datiert den Beginn deutsch-afghanischer Beziehungen auf den Zeitpunkt, als dieser Krieg dem Ende zuging. Es »brachte den ›eisernen‹ Amir Abdul Rahman auf den Thron Afghanistans, mit dem auch eine neue Ära für die afghanische Außenpolitik begann. Amir Abdul Rahman (1880–1901), der wegen seines erfolgreichen und zielstrebigen Einsatzes für die Schaffung eines geeinten Afghanistans gelegentlich auch als Bismarck Afghanistans bezeichnet wurde, konnte sich während seines langen Exils in Buchara und Samarkand auch eine gewisse Vorstellung über die Zusammenhänge der Vorgänge und das große Spiel der Politik in Europa verschaffen. Er empfand für die aufstrebende Vitalität des deutschen Reiches mit seinem Reichskanzler Bismarck große Achtung.« Nach Hamed wollte Abdul Rahman eine »Balance zwischen den beiden großen Nachbarn«, Russland und Britisch-Indien, schaffen und sie nach Möglichkeit von den »afghanischen Vorgängen« fernhalten. Außerdem versuchte er, ohne die großen Nachbarn zu provozieren, »das Waffenmonopol dieser beiden zu unterlaufen«. Dafür musste er »andere europäische Quellen für Waffen« erschließen. »Den ersten, wenn auch bescheidenen Schritt in dieser Richtung unternahm er im Jahre 1898, indem er Gottlieb Fleischer, einen deutschen Angestellten der Firma Krupp, anstellte.«[151]

Der Weltmachtanspruch, der im kaiserlichen Deutschland offen formuliert und im Ersten Weltkrieg verfolgt wurde, brachte Deutschland in eine unversöhnliche Frontstellung zu den großen europäischen Kolonialmächten Großbritannien, Frankreich und Russland. In Zusammenarbeit mit dem Generalstab entwickelte die deutsche Reichsleitung »ein weitgespanntes Revolutionierungsprogramm«[152]. »Mit dem Kampfmittel der Revolutionierung verquickte sich das Kriegsziel, das Britische und Russische Reich aufzubrechen. Frankreich und England schienen in ihren farbigen Kolonialvölkern am verwundbarsten zu sein, während Russland in den fremdstämmigen Nationalitäten Ansatzpunkte für die Insurgierung[153] bot.«[154] Im Rahmen dieser Revolutionierungs-Strategie gewann Afghanistan für die deutsche Außenpolitik und Militärstrategie gegenüber Großbritannien eine größere Bedeutung. Fischer: »Die gegen England gerichteten Aktionen des Auswärtigen Amtes und des Generalstabes zielten seit Kriegsausbruch vor allem gegen die zwei Schlüsselpositionen des Britischen Impe-

151 http://fa1.spd-berlin.de/Einladungen/afghbezg.pdf
152 Fischer: a. a. O., S. 109
153 Insurgierung – Aufstachelung zum Aufstand
154 Fischer, a. a. O., S. 109

riums: Ägypten und Indien.«[155] Von Afghanistan aus sollte in Indien
der Aufstand gegen die britische Kolonialherrschaft geschürt werden.
Der Emir von Afghanistan war von deutscher Seite aus dazu vorgesehen, diesen Aufstand auszulösen. »Um die Verbindung mit dem Emir
von Afghanistan herzustellen, wurden eine Reihe von Expeditionen
nach Persien entsandt, wie die schon legendär gewordene von Nieder-
mayer, Klein, Wassmuss und von Hentig.«[156] Michael Roeder beschrieb
den Sinn dieser Mission: »1915 traf die Hentig-Niedermayer-Mission in
Kabul ein. Das Deutsche Reich wollte eine weitere Front gegen Großbritannien eröffnen und damit die britischen Kräfte in Europa schwächen. Die dortigen Stämme sollten zu einem Angriff auf Britisch-Indien
bewegt werden, um so eine allgemeine Erhebung gegen die britische
Kolonialmacht auszulösen. Der Plan scheiterte, aber der Vertrag von
1916 enthielt einen Abschnitt, worin das Deutsche Reich in einer
wohlfeilen Geste Afghanistans Unabhängigkeit anerkannte.«

Dass Deutschland als »erste europäische Großmacht keine Herr-
schaftsansprüche erhob, vielmehr Afghanistan in seinem Kampf für
Unabhängigkeit von Großbritannien zu unterstützen bereit war«, wie
Roeder schrieb[157], darf bezweifelt werden. Wie sehr Afghanistan für
Deutschland lediglich ein Objekt blieb, ein Bauer, der im strategischen Schachspiel um Macht und Einflusssphären geopfert werden
konnte, zeigen die deutschen Vorstellungen von 1916, wie mit Russland ein Sonderfrieden zu erreichen sei. Wie Fischer darlegt, wollte
Deutschland Russland vom Balkan und aus der Türkei verdrängen
und England aus Persien. Über die Türkei wollte es »eine Erweiterung
seiner Interessensphäre im Orient gewinnen, zugleich eine Versiche-
rung für die aufkommenden Erdölfunde erhalten«. In der zweiten Fassung des Sonderfriedens-Vorschlags gestand Deutschland der Türkei
zu, sie dürfe »drei Provinzen annektieren«, während »Russland den
Rest Persiens und Afghanistan als Interessensphäre erhalten sollte.«[158]

---

155   Ebd., S. 113
156   Ebd.
157   Michael Roeder, Neues Deutschland, 30. Januar 2010
158   Fischer, a. a. O., S. 196

Dennoch hat Roeder Recht mit seinem Kommentar: »Seitdem gilt Deutschland als Freund...«, zumindest regierungsoffiziell. Deutschlands Großmacht-Ambitionen artikulierten sich gegenüber Afghanistan »modern«, d. h. ohne dass es territoriale Ansprüche stellte.

Am 28. Februar 1919 erklärte Afghanistan seine Unabhängigkeit. Großbritannien antwortete mit dem dritten britisch-afghanischen Krieg, musste jedoch im Präliminarfrieden von Rawalpindi, am 8. August 1919, Afghanistan als Halbkolonie verloren geben und die Unabhängigkeit des Landes anerkennen.[159] Amanullah, der 1919 seinem ermordeten Vater Habibullah auf den Thron folgte, suchte wie schon sein Großvater Abdul Rahman, außenpolitisch gleichberechtigte Beziehungen, vor allem mit den Nachbarstaaten, aber auch mit allen, die die Unabhängigkeit Afghanistans anerkannten. Um Frieden und Neutralität bemüht sowie um Abnabelung vom britischen Empire, schloss die Regierung Amanullah 1921 in Moskau den sowjetisch-afghanischen Freundschaftsvertrag. In Deutschland suchte Amanullah einen Partner, der seinem Land bei der Modernisierung helfen sollte. Er entsandte 1921 eine Delegation nach Deutschland, um dort bei Unternehmen das Interesse für Investitionen zu wecken und auch Fachleute anzuwerben. Das gelang. Schon im folgenden Jahr, so Roeder, »schickte Siemens eine Delegation, und bald waren mehr als hundert deutsche Ingenieure am Bau von Straßen, Staudämmen, Bewässerungsanlagen und E-Werken beteiligt. Im Laufe der 20er Jahre stieg die Weimarer Republik zum drittgrößten Handelspartner Afghanistans auf.«

Bei einem Staatsbesuch von König Amanullah in Deutschland im Jahr 1928, der dem Ziel des Ausbaus der afghanisch-deutschen Beziehungen dienen sollte, wurde ihm ein Kredit über sechs Millionen Reichsmark zugesagt. »Afghanistan (war) in der Zeit zwischen den Weltkriegen das einzige deutsche Standbein in Asien«, so Roeder. »Dazu trug auch die 1924 in Kabul gegründete deutschsprachige Amani-Oberrealschule bei. Für zahlreiche Absolventen schloss sich ein Studium an einer deutschen Universität an. Seit den 30er Jahren gibt es keine af-

---

159 Vgl. Johannes Glasneck, Inge Kircheisen: Türkei und Afghanistan. Brennpunkte der Orientpolitik im zweiten Weltkrieg, Berlin 1968, S. 161

ghanische Regierung, in der nicht wenigstens ein Mitglied aus diesem Bildungsgang hervorgegangen ist. So entstand bei Teilen der Elite eine enge emotionale Bindung an Deutschland, die bis heute wirksam ist.« Und das erklärt auch die bemerkenswerten Deutschkenntnisse afghanischer Minister, auf die deutsche Politiker heute so stolz verweisen.[160]

1923 war die deutsche Gesandtschaft in Kabul eröffnet worden; ihr Geschäftsträger war Fritz Grobba, der zuvor, während des Ersten Weltkrieges, als Sonderbeauftragter für Wirtschaftsfragen bei der deutschen Militärmission in Konstantinopel »mit aller Entschiedenheit die Interessen der deutschen Monopolbourgeoisie vertreten hatte«, so die Historikerin Inge Kircheisen. Grobba war es zu verdanken, dass schon ein Jahr später rund 40 Ingenieure, Chemiker, Architekten, Handwerker und natürlich auch Offiziere, unter ihnen »hochverdiente Afrikakrieger« und »bewährte deutsche Asienkämpfer«[161], in Kabul eintrafen. Ihre Zahl wuchs bis 1928 weiter an und unter ihrer führenden Mitwirkung wurden wichtige Wirtschafts- und Infrastrukturprojekte in Afghanistan verwirklicht. Deutsche Offiziere engagierten sich beim Aufbau einer afghanischen Luftwaffe. Doch der Warenaustausch blieb unbedeutend. Afghanistan bezog zunächst einseitig gegen Devisen alle Maschinen und Materialien für die Infrastrukturmaßnahmen, Chemikalien, Farben, Medikamente aus Deutschland – vermittelt durch die Deutsch-Afghanische Compagnie AG. Zum Unmut der deutschen Industrie bestand die afghanische Regierung auf Vertragsklauseln, die es ihr gestatteten, die wirtschaftliche Tätigkeit der deutschen Unternehmen zu kontrollieren. Durch die Unterzeichnung des deutsch-afghanischen Freundschaftsvertrages 1926 erhoffte sich die deutsche Wirtschaft günstigere Bedingungen. Die Weltwirtschaftskrise zog ihr zunächst einen Strich durch die Rechnung.

Zu den Modernisierungsvorstellungen Amanullahs gehörten auch die Bildung eines Staatsrates aus gewählten Mitgliedern, die Emanzipation der Frau, die Einführung der Monogamie, allgemeine Schulpflicht für Jungen und Mädchen sowie die Trennung von Staat und

---

160   Michael Roeder, a. a. O.

161   Glasneck, Kircheisen, a. a. O., S. 180

Religion. Für diese Vorhaben im Kontext bürgerlicher Reformen fand er keine gesellschaftliche Basis, die stark genug gewesen wäre, eine von Großbritannien unterstützte Aufstandsbewegung der konservativen Kräfte niederzuhalten. So wurde Amanullah 1929 gestürzt, nicht zuletzt auch im Interesse Großbritanniens, das »Indien von einem cordon sanitaire ruhiger und zurückgebliebener Feudalstaaten umgeben wissen« wollte.[162]

Deutschlands Interesse an Afghanistan blühte auf, als erneut ein Krieg um die Weltherrschaft zum Gegenstand innen- und außenpolitischer Planungen wurde: in der Zeit des deutschen Faschismus. »Die Bedeutung, die die deutschen Faschisten diesem Land beimaßen, erklärte sich aus seinen gemeinsamen Grenzen mit Britisch-Indien und der UdSSR.«[163] Es wurde zu einer strategischen Aufgabe, Afghanistan fest in die faschistische Einflusszone zu integrieren. Für das Ziel, »die Länder des Nahen und Mittleren Ostens« politisch und wirtschaftlich für Deutschland zu erschließen, stellte Afghanistan »gleichsam das Endstück dieser Expansionslinie dar«.[164] Nach Kircheisen haben wesentlich das Auswärtige Amt, das Reichswirtschafts- und das Reichskriegsministerium, die Organisation Todt von staatlicher Seite aus und das Außenpolitische Amt der NSDAP beim »Eindringen in Politik und Wirtschaft Afghanistans« zusammengewirkt. Von Seiten der deutschen Großindustrie waren es vornehmlich die Deutsche Bank, der Siemens-Konzern, die IG Farben und der Rüstungskonzern Rheinmetall-Borsig.

Deutsche Außenpolitik vor dem Internationalen Militärgerichtshof

Über das konkrete Vorgehen des Außenpolitischen Amtes der NSDAP wurde später vor dem Internationalen Militärgerichtshof in Nürnberg festgestellt, dass es »mit den verschiedensten dem Nationalsozialismus zuneigenden und den Bolschewismus bekämpfenden Gruppen in Ver-

---

162 Glasneck, Kircheisen, a. a. O., S. 181, 169
163 Ebd., S. 178
164 Ebd.

bindung« trat, »wobei es sein Hauptaugenmerk auf die an die Sowjetunion angrenzenden Völker und Staaten richtete, die einerseits einen Isolierungsring um den bolschewistischen Nachbarn, andererseits aber auch die Flügelstellung zum deutschen Lebensraum und eine Flankenstellung gegenüber den Westmächten, insbesondere Großbritannien einnahmen«.[165] Diese Interessenlage spiegelt sich auch in den sich allmählich entwickelnden wirtschaftlichen Beziehungen zu Deutschland. Die afghanische Minengesellschaft, eine deutsche Gesellschaft, an der u. a. die Deutsche Bank, Krupp, Siemens-Schuckert und Otto Wolff beteiligt waren, erhielt 1936 eine Konzession zur Erforschung und Ausbeutung von Mineralvorkommen und Gold in Afghanistan.[166] Deutschland gewährte einen Militärkredit in Höhe von 15 Mio. Reichsmark, mit dem die Ausrüstung einer »Musterdivision« nach deutschem Vorbild[167] vorgesehen war. Das Reichskriegsministerium überwachte die Zusammenstellung und Lieferung der Rüstungsgüter, die zum größten Teil von Rheinmetall-Borsig, aber auch vom Bochumer Verein, Siemens und Carl Zeiss, Jena, gestellt wurden. Außerdem entsandte das faschistische Deutschland Militärinstrukteure, die als Truppenausbilder und in den Stäben der Militärakademie in Kabul tätig waren.

Die Wirtschaftsbeziehungen zur Zeit des deutschen Faschismus können zu Recht als außerordentlich gut bezeichnet werden: Für Exporte nach Afghanistan gewährte die faschistische Regierung seit 1936 eine Ausfallbürgschaft von bis zu 92,5 Prozent – 70 Prozent waren die Regel. Von 1937 bis Kriegsbeginn stiegen die deutschen Exporte von 1,2 Mio. Reichsmark auf 7,6 Mio., die Importe aus Afghanistan von 0,7 auf 2,9 Mio. Reichsmark. 1938/39 kamen 69 Prozent aller von Afghanistan importierten Industriegüter aus Deutschland.[168] Die deutschen Unternehmen lieferten ihre Waren zu deutlich niedrigeren Preisen als die Konkurrenz und kauften die afghanischen Exportprodukte zu bis zu 40 Prozent höheren Preisen, als Afghanistan auf dem

---

165   Ebd., S. 178 f.
166   Ebd., S. 190
167   Ebd., S. 197
168   Ebd., S. 197, S. 187

Weltmarkt hätte erzielen können. Einziges Ziel war, eine »unange-
fochtene Stellung auf dem afghanischen Markt zu erreichen«.[169] Die
afghanischen Exporte von Wolle und Baumwolle gewannen in der
Phase der deutschen Aufrüstung und konkreten Kriegsvorbereitung
denn auch eine immer größere Bedeutung.

Nach Auffassung von Kircheisen blieb Afghanistan überzeugt,
»dass Deutschland auch (...) nach der Errichtung der faschistischen
Diktatur keine politischen Interessen in Mittelasien verfolge und Afghanistan deshalb die imperialistischen Gegensätze, besonders die
britisch-deutschen, zu seinem Vorteil ausnutzen könne.« Gleichwohl
war die Intensivierung der Wirtschaftsbeziehungen von deutscher
Seite mit Druck auf Afghanistan verbunden. In einem langfristigen
Kreditvertrag von 1939 wurde die afghanische Regierung verpflichtet, entgegen ihren bisherigen Prinzipien den am Warenaustausch beteiligten deutschen Unternehmen in Kabul ein Niederlassungsrecht
zu gewähren, um auf direkterem Wege, als durch die diplomatische
Vertretung möglich war, »die wirtschaftlichen Ziele der deutschen Im-
perialisten in Afghanistan« durchzusetzen.[170]

Insgesamt gesehen waren jedoch die ökonomischen Motive zweit-
rangig; im Vordergrund standen politische. Afghanistan war »nicht um
seiner selbst willen« von Interesse für Deutschland, »sondern als Sprung-
brett und Ausgangsbasis vor allem in der Auseinandersetzung mit dem
britischen Rivalen« und der Sowjetunion. Das faschistische Deutschland
entwickelte während des Krieges eine rege Spionagetätigkeit durch seine »Fünfte Kolonne«, d.h. getarnte Agenten, die sich aus »Medizinern
(...), Archäologen, Ethnologen und Naturwissenschaftlern« rekrutier-
ten. Nach Einschätzung des gesamten Engagements kommt Kircheisen
zu dem Ergebnis: »Damit hatten sich Staatsapparat und Monopolbourgeoisie Hitlerdeutschlands bereits solcher Formen der Kolonialpolitik
bedient, wie sie für das gesamte imperialistische System erst in der Zeit
nach dem zweiten Weltkrieg typisch geworden sind.«[171]

---

169   Ebd., S. 188
170   Ebd., S. 183, 189
171   Ebd., S. 202f.

»Ihr seid keine Nation, aber wir machen eine aus euch.«

Nation Building[172] als wesentliches Ziel der Afghanistan-Intervention war auf der Petersberg Konferenz nicht als Ziel formuliert worden, auch nicht bei der Definition des ISAF-Mandats 2001, denn zunächst ging es ja nur um einen Prozess der Stabilisierung einer afghanischen Übergangsregierung. Schon 2004 aber begründete die Bundesregierung ihren Antrag zur Fortsetzung des ISAF-Mandats mit dem »Aufbau eines neuen, demokratischen Staatswesens«. 2005 war dann von »einem stabilen und demokratischen Staatswesen« die Rede, das schon erfolgreich auf den Weg gebracht worden sei.[173] Nation Building und die daraus zu entwickelnde Good Governance (gute Regierung) sind in der Folgezeit gerade für die deutsche Bundesregierung vornehmlich propagierte Ziele ihres Afghanistan-Engagements geworden.

Im Afghanistan-Konzept der Bundesregierung vom 12.9.2006 wurde der Begriff des Nation Building nicht mehr erwähnt, wohl aber dessen Inhalte: »Nach der Abarbeitung des Bonn-Prozesses will der ›Compact‹ die entstandene afghanische Verfassungsstruktur stärken, sie zivilgesellschaftlich zuverlässig verankern, die staatlichen Institutionen weiter aufbauen und die in der afghanischen Verfassung niedergelegten Menschenrechte fördern. Dies ist eine anspruchsvolle Aufgabe, die auf die konkrete Projektebene heruntergebrochen werden muss. Sie kann nicht ohne ein sicheres Umfeld, sichtbare Aufbauresultate und verantwortliche Regierungsführung gelingen. Die jetzt demokratisch legitimierte afghanische Regierung ist besonders gefordert. Die Umsetzung des ›Afghanistan Compact‹ erfordert vor allem afghanisches Handeln (Stichwort: Afghan Ownership).«[174]

In der Plenardiskussion am 26. September 2006 über den neuerlichen Antrag der Bundesregierung, den ISAF-Einsatz der Bundeswehr zu verlängern, waren die Zweifel an der Wirksamkeit der ISAF-

---

172   Im englischen Sprachraum wird nation building als Staatsbildung verstanden, im deutschen Sprachraum auch als Nationenbildung.

173   15. WP, DS 15/5996

174   Auswärtiges Amt, Bundesministerium des Inneren, Bundesministerium der Verteidigung, Bundesministerium für wirtschaftliche Zusammenarbeit: Das Afghanistan-Konzept der Bundesregierung, 12. September 2006

Strategie zur Erreichung des Ziels von Nation Building innerhalb des Bundestages unverkennbar. So erklärte z. B. der FDP-Abgeordnete Hoyer unter dem Beifall seiner Fraktion sowie von Abgeordneten des Bündnisses 90/Die Grünen: »Bisweilen habe ich das Gefühl, dass Nation Building bei uns wie Blaupausen avantgardistischer Architektenbüros wahrgenommen wird. Ein bisschen mehr Rücksichtnahme auf kulturelle Gegebenheiten und Identitäten würde uns, wie ich glaube gut tun.« Hoyer zeigte sich jedoch davon überzeugt, dass Deutschland dabei gute Arbeit leiste, es aber im Bündnis noch etwas daran hapere. Seine Schlussfolgerungen liefen dennoch auf ein »weiter so!« hinaus.

Auch Jürgen Trittin vom Bündnis 90/Die Grünen hob in dieser Debatte den erfolgreichen, von den Deutschen bewirkten Prozess des Nation Building im Norden Afghanistans hervor. An diesem Konzept wurde weder von den Regierungsparteien, noch von den Oppositionsparteien gerüttelt – mit Ausnahme der PDS und der Linksfraktion.[175]

Der Begriff Nation Building war vielleicht nicht in aller Munde, aber ein als legitim ausgegebenes Ziel von Entwicklungs- und Sicherheitspolitik, das nicht zu hinterfragen war. Doch schon Ende 2002 hat der afghanische Historiker und Diplomat Assem Akram in seiner Analyse des internationalen Afghanistan-Engagements den Begriff des Nation Building als zweideutig und letztlich abwertend kritisiert, weil er beinhalte: »Ihr seid keine Nation, aber wir machen eine aus euch!« Kritik an der paternalistischen, kolonialen Attitüde, die in dem Ziel des Nation Building mitschwingt, wird von Akram nur indirekt geäußert.[176] Acht Jahre später hat der US-amerikanische Soziologe Amitai Etzioni[177] das Konzept des Nation Building einer detaillierten Kritik unterzogen. Der Aufbau eines Staates müsse nicht zwangsläufig »von oben«, mit dem Zentrum beginnen, sondern von den Rändern her. Der ehemalige Büroleiter der CIA in Islamabad, Howard Hart,

---

175   16. WP, PP 16/66

176   Assem Akram: A year later, Analyses and Perspectives of US Engagement in Afghanistan: Time for a Change, in: a-Ariana.com, 2.12.2002

177   Amitai Etzioni: Vom Stamm zum Staat. Masterplan mit Clanchefs: Wie man Afghanistan dauerhaft stabilisieren könnte, in: IP – Internationale Politik, März/April 2010

habe erklärt, dass man unter afghanisch »nur eine rein geografische Bezeichnung verstehen« dürfe und man »von einer gemeinsamen nationalen Identität (...) nicht einmal annähernd sprechen« könne. In einer Stammesgesellschaft wie Afghanistan, in der »die Loyalität zum Clan immer Vorrang« habe vor der Loyalität zum Staat, müsse Nation Building eben an der Peripherie ansetzen. Etzioni kritisierte das vorherrschende Konzept: »Wir glauben, aus vorhandenem Rohmaterial einen modernen Staat wie am Reißbrett formen zu können, inklusive einer durchsetzungsfähigen Polizei, eines schlagkräftigen Militärs, einer effizienten Korruptionsbekämpfung, einer integeren Beamtenschaft, eines vertrauenswürdigen Rechtssystems, demokratischer Institutionen und einer funktionierenden Marktwirtschaft.« Präsident Obama habe im März 2009 deutlich bescheidenere Ziele formuliert. Dennoch bestünden die Anhänger des »Nation Building Ansatzes« weiterhin darauf, »zunächst einmal die Köpfe und Herzen der afghanischen Bevölkerung zu gewinnen«. Das wiederum setze Sicherheit, eine funktionsfähige Regierung usw. voraus – also alle jene Ziele, die auch in den Afghanistan-Konzepten deutscher Regierungen zu finden sind. Etzioni dagegen: »Anstatt ein Design zu entwerfen, das wir wie eine Bauanleitung benützen, sollten wir lieber die Realitäten vor Ort genau studieren und verstehen, in welche Richtung sie sich entwickeln könnten – und zwar, bevor wir uns engagieren. Unsere Mittel und Möglichkeiten sind begrenzter als wir glauben; deshalb sollten wir uns nicht darin aufreiben, neue Strukturen zu schaffen, sondern vielmehr genau verstehen, welche Strukturen vorhanden sind und wie wir bestimmte Entwicklungen, die bereits absehbar sind, beeinflussen und steuern könnten.« Alle bislang neu geschaffenen Institutionen in Afghanistan wurden von den USA »designt«. Die Vorstellungen der afghanischen Bevölkerung spiegelten sich darin kaum wider, so Etzioni.[178]

Ein unabwendbares Scheitern des Konzeptes der Nation Building sah auch Norman Paech (DIE LINKE) in der Plenardiskussion am 28.9.2006. Er rief Bundesregierung und Abgeordnete auf: »Blicken

---

178   Ebd.

Sie doch endlich realistisch auf die tiefe Kluft zwischen der fortschrei-
tenden Verschlechterung der Sicherheitslage und Ihrem illusionären
Afghanistankonzept! Der Grundfehler ist, dass die Stabilisierung und
der Wiederaufbau Afghanistans als Nation Building, als eine grund-
legende Transformation von Gesellschaft und Institutionen begriffen
werden. Daran waren die Sowjets schon vor 20 Jahren gescheitert.
Erinnern Sie sich daran!« Paech verwies auf eine Studie der Carnegie-
Stiftung, die 18 von den USA militärisch herbeigeführte Regimewech-
sel untersuchte. »13-mal wurde das Ziel, eine Demokratie oder eine
ähnliche Regierungsform zu etablieren, verfehlt. Diese Art des Nation
Building hat im Irak schon mehr als 250 Milliarden US-Dollar gekostet und sich selbst widerlegt.«[179]

Die Politikwissenschaftler und Friedensforscher Hans J. Gießmann und Armin Wagner kamen 2009 zu dem vernichtenden Urteil:
»Afghanistan ist ein Lehrbeispiel dafür, was gerade nicht versucht
werden sollte: die militärische Absicherung der Einführung eines
Staatsmodells, das große Teile der dortigen Bevölkerung weder verstehen noch mittragen wollen.«[180] Aber weder diese Analyse, noch
die folgende Einschätzung von Helmut Schmidt konnten die Regierenden und die Mehrheit der Abgeordneten im Bundestag dazu bewegen, die Prämissen ihrer alljährlichen Entscheidung für den Krieg
zu hinterfragen. Altbundeskanzler Helmut Schmidt lehnte Anfang
2010 das Konzept der Nation Building kategorisch als irreal ab: »Afghanistan ist weder ein funktionstüchtiger Staat (es ist noch niemals
ein dauerhaft funktionstüchtiger Staat gewesen) noch eine Nation. Es
handelt sich vielmehr um eine Vielzahl von Völkern und Stämmen.
Deshalb bleibt auch pro futuro ein voll funktionsfähiger Staat sehr
unwahrscheinlich.«[181] Diese Gedanken wurden in einer Analyse des
Observers[182] vertieft. Verglichen werden die Fehler des »aktuellen Af-

---

179   16. WP, PP 16/54

180   Hans J. Gießmann, Armin Wagner: Auslandseinsätze der Bundeswehr, in:
       Aus Politik und Zeitgeschichte (APuZ) 48/2009, S. 9

181   Helmut Schmidt: Dieser Krieg ist nicht zu gewinnen, Zeit online, 28. Ja-
       nuar 2010.

182   www.guardian.co.uk, Übersetzung WI 1/1408-09

ghanistan-Feldzugs« mit denen des sowjetischen. In dem Artikel wird auf einen Beitrag von Artem Kalinovsky vom 4.9.2009 Bezug genommen, der die Gründe für den Rückzug der Sowjets aus Afghanistan analysiert. Die sowjetische Führung unter Leonid Breshnew sei »ebenso wie später amerikanische und britische Politiker« überzeugt gewesen, dass die afghanische Führung die Aufgabe erfüllen müsse, »einen neuen Staatsapparat zu schaffen, die Armee zu reorganisieren und zu stärken und praktische Erfahrungen im Hinblick auf den Aufbau eines Staates und einer Partei zu sammeln«. Genau dieser Wunsch, so *The Observer*, »– das Beharren auf einem modernen, zentralisierten Staat, also ähnlich dem, den sich die internationale Gemeinschaft vorstellt –, war nach den Erkenntnissen der Sowjets einer der entscheidenden Faktoren für ihr katastrophales Scheitern in Afghanistan.«[183] Ein differenzierterer Rückblick auf die Geschichte Afghanistans, insbesondere auf die Periode von Amanullah, zeigt, dass es Kräfte gab, die eine gesellschaftliche Modernisierung hätten in Gang setzen können. Es waren die ausländischen Einmischungen, beginnend mit dem Sturz Amanullahs durch die von Großbritannien gestützten Konservativen, die einen eigenständigen Modernisierungsprozess verhindert haben.

»Nation Building war die anmaßendste Illusion.«

Lesen die Parlamentarier und Minister sowie ihre Berater solche kritischen Einschätzungen nicht? Warum schenken sie nicht einmal den Warnungen eines gewieften Altbundeskanzlers Gehör? Oder lesen und hören sie, sagen aber nichts? Oder wollen sie nicht begreifen? Ist dies ein typischer Fall von »Torheit der Regierenden«?

Die US-amerikanische Historikerin Barbara Tuchman verwies schon zu Beginn der 80er Jahre des vergangenen Jahrhunderts am Beispiel der US-amerikanischen Vietnam-Politik mit einer einfachen, aber stichhaltigen Frage auf die »Vergeblichkeit des so genannten Nation Building. Welche Nation ist denn je von außen aufgebaut worden?« Tuchman: »In der Illusion der Allmacht hielten es die amerikanischen Politiker für selbstverständlich, dass Amerika angesichts

---

183   The Observer, a. a. O.

eines bestimmten Ziels seinen Willen durchsetzen konnte, zumal in
Asien (…) Wenn dies die ›Arroganz der Macht‹ war, von der Senator
Fulbright sprach, dann beruhte sie (…) auf einem Mangel an Verständnis dafür, dass es bei anderen Völkern Probleme und Konflikte gibt,
die sich durch den Einsatz amerikanischer Stärke oder amerikanischer
Techniken oder auch amerikanischen guten Willens nicht lösen lassen. Das ›Nation Building‹ war die anmaßendste Illusion.«[184]

Die Illusion der Allmacht, gepaart mit einem Mangel an Verständnis, hatte bei den US-Regierungen zu einer Realitätsblindheit geführt,
die Abertausende von Menschen, Soldaten und Zivilisten, mit dem
Leben bezahlt haben. Gibt es bei deutschen Politikern und Politikerinnen ebenfalls schon eine solche Realitätsblindheit? Können sie nicht
zugeben, dass sie einen Fehler gemacht haben? Wissen sie einfach
nicht, wie sie ohne Gesichtsverlust aussteigen können? Oder sind sie
Opfer ihrer eigenen Propaganda geworden? So wie zum Beispiel der
damalige SPD-Verteidigungsminister Struck, der im Oktober 2001 im
Bundestag mahnte: »Sie sollten nicht vergessen, meine Damen und
Herren, dass die Taliban Afghanistan okkupiert haben.«[185] Ein ver-
hängnisvoller Topos, der nicht nur die damalige afghanische Realität
verkannte, sondern auch dazu beitrug, das breite Spektrum von Geg-
nern der Karsai-Regierung und der ausländischen Intervention undif-
ferenziert »den Taliban« zuzurechnen und als vom afghanischen Volk
getrennt zu betrachten. Das hatte aber den kurzfristigen propagandistischen Vorteil, die Zustimmung des afghanischen Volkes für die
eigene Politik behaupten zu können. Wer nicht zustimmt, ist Taliban!

Tuchman sprach von Jahrzehnte währender »Selbsthypnose« der
US-amerikanischen Politiker, die plötzlich ihre »vitalen Interessen«
in Südostasien entdeckt hatten und deshalb glaubten, diese Region
vor dem »Sieg des Kommunismus« schützen zu müssen. Inzwischen
wurde in der Propaganda »Kommunismus« durch »Terrorismus« aus-
getauscht. Die Parolen gleichen sich ansonsten. Der späteren Bundeskanzlerin Angela Merkel ist es zu verdanken, diesen Zusammenhang

---

184   Barbara Tuchman, a. a. O., S. 411, S. 472 f.
185   14. WP, PP 14/192

im Bundestag offen ausgesprochen zu haben: »Für die Bekämpfung des Terrorismus brauchen wir eine Doppelstrategie wie die, die zum Untergang des Sozialismus und des Kommunismus geführt hat. Diese Strategie muss auf der einen Seite hart, unerbittlich und kompromisslos mit allen Mitteln, die uns zur Verfügung stehen, gegen bestimmte Wertverletzungen angehen. Auf der anderen Seite muss sie denjenigen Menschen eine Perspektive geben, die sich für die Werte von Freiheit und Demokratie einsetzen.«[186]

Bei Hypnose, so die Definition von Wikipedia, »verliert das Bewusstsein seine beherrschende Stellung, die Kritikfähigkeit wird eingeschränkt«. Im Vietnam-Krieg war und im Afghanistankrieg ist dieser Zustand nicht von vorübergehender Natur und nicht auf Individuen beschränkt. Die wachsende Zahl eigener Toter hat – wie einst auch im Vietnam-Krieg – jedoch schon einige wenige Regierungen aus der Hypnose »aufwachen« lassen. Sie haben beschlossen, ihre Soldaten aus Afghanistan abzuziehen. Die deutschen Politikerinnen und Politiker verharren noch im Zustand mangelnden Bewusstseins und eingeschränkter Kritikfähigkeit.

Failed States – was Staaten scheitern lässt

»Ihr seid keine Nation, aber wir machen eine aus euch!« Dieses neokoloniale Konzept bedarf, sozusagen als zweite Seite der Medaille, der Feststellung, dass ein Failed State vorhanden ist, der nun mit westlicher Hilfe und nach westlichen Maßstäben aufzubauen sei. Failed States, gescheiterte Staaten, werden als Gefahr für die internationale Sicherheit und den Frieden gesehen. Das gilt beispielsweise auch für ein so kleines, schwaches Land wie Haiti, dessen friedensgefährdende Dimension wohl darin gesehen wird, dass viele Einwohner nun versuchen, ihr Land zu verlassen.[187] Das Prädikat Failed State galt und gilt natürlich auch für Afghanistan, ganz besonders seit dem 11. September 2001. Bis zum Bruch zwischen den USA und den Taliban wa-

---

186   14. WP, PP 14/192

187   Hans-Joachim Heintze: Humanitäre Hilfe – Instrument zur Schaffung geordneter Staatlichkeit?«, in: Policy Paper 32, S. 5

ren »sowohl die USA als auch einige EU-Staaten (...) bereit, mit der Kandahar-Junta in gewissem Umfang zu kooperieren, wie nicht allein das von Washington betriebene Pipeline-Projekt zeigte.«[188] Die Konstruktion der Failed States, dieser Verdacht liegt nahe, und die von ihr ausgehenden »neuen Kriege«, sollen neues Völkerrecht setzen: das Recht, »die territoriale Integrität anderer Nationen zu verletzen, um dort geduldete nicht-staatliche Feinde zu bekämpfen«[189], so die Soziologin Sibylle Tönnies, die diese »Veränderungen« im Völkerrecht für gerechtfertigt hält. Auf Perspektive sei der »Aufbau eines legitimen Welt-Gewaltmonopols« notwendig, »um Nationen, die sich durch staatliche oder nicht-staatliche Gegner von außen bedroht sehen«, durch die UNO zu schützen. Die »globale Zentralisierung der militärischen Macht« sei eine weltgeschichtliche Tendenz. Und wenn man die gegenwärtige Weltlage unter diesem Blickwinkel betrachte, könne man nur feststellen: »Die Entscheidung ist gefallen – zugunsten der USA«. Und in deren Händen liege nun der »nächste Schritt im Prozess der Zivilisation«.[190] Das heißt: Die UNO soll künftig – ohne die bisherigen Verrenkungen – die Gewaltpolitik der USA mandatieren, absegnen.

Hans-Ernst Schiller erkennt diese Entwicklungstendenz ebenfalls, sieht darin aber eine große Gefahr: »Internationale Exekutivgewalt schränkt nicht einfach die Souveränität der Staaten ein, sondern beschränkt die Souveränität vieler zugunsten der souveränen Politik der wenigen wirklich Mächtigen. Dies ist zumindest die in der Natur der Dinge gelegene Gefahr und die Richtung der gegenwärtigen Entwicklung.«[191]

Aber was hat die Staaten scheitern lassen? Die Trägheit und Inkompetenz der »Unzivilisierten«? Jener, die noch immer nicht das Individuum und seine Freiheit und Chancengleichheit in den Mittelpunkt stellen wollen? Jean Ziegler lässt eine solche Begründung, die in der

---

188   Diethelm Weidemann: Der Konflikt in Afghanistan, in: Standpunkte
      02/2010, Rosa Luxemburg Stiftung, S. 2
189   Sibylle Tönnies: Die »neuen Kriege« und der alte Hobbes, in: APuZ
      46/2009; S. 29
190   Ebd., S. 30, 29
191   Hans-Ernst Schiller, a. a. O., S. 128

Tradition der Kolonialherren steht, nicht gelten: »Viele Länder Asiens, Afrikas, Lateinamerikas und der Karibik wurden durch die von den Handelsniederlassungen praktizierten Dreiecksgeschäfte, Tauschhandel, Kolonialbesatzung, Ausbeutung und Plünderungen ausgeblutet.« Diese Länder seien heute unfähig, »den Angriffen des transkontinentalen Kapitals zu widerstehen«, und zwar »aufgrund der in der Vergangenheit erlittenen Verwüstungen und der Ungleichheit der Entwicklung zwischen ihren Gesellschaften und denen der alten Kolonialmetropolen der nördlichen Hemisphäre«. Dies umso mehr, als die Globalisierung als einziges Wirtschafts- und Denkmodell gelte.[192] Daher erscheint der Gedanke nicht als zu weit hergeholt, dass zwischen dem Zustand eines Failed State und dem – sich herausbildenden – internationalen Gewaltmonopol der USA ein ursächlicher Zusammenhang besteht. Zudem muss die Frage gestellt werden, wer, wenn nicht die westlichen Staaten, die Maßstäbe dafür setzt, welche Staaten als stabil und welche als »failed« zu gelten haben. Der westlichen Welt gilt schon als Failed State und damit den Frieden in der Welt gefährdend, wenn ein Land zum Beispiel nur auf lokaler bzw. regionaler Ebene funktionierende Strukturen hat, aber nicht über einen zentralisierten Staat mit zentralisiertem Machtmonopol verfügt. Solche Länder widersetzen sich nicht nur dem westlichen Modell, sondern erschweren unter Umständen auch die neoliberale Durchdringung, weil es an zentralen Marionetten mangelt, die für die Auslieferung des Landes an die Global Players die Unterschrift unter die notwendigen Verträge und Gesetze leisten. Die Mehrheit der Failed States aber ist von der Schuldenpolitik des Westens, dessen anhaltender Ausplünderung der Rohstoffe sowie westlicher Einmischung und Interventionen geschwächt, »im Zerfall begriffen. Ganze Länder verschwinden so aus der Geschichte. Namentlich in Afrika«, so hebt Ziegler hervor, »sind Somalia, Sierra Leone, Guinea-Bissau und viele andere in Auflösung begriffene Länder kaum mehr als die Beschriftung auf einer Landkarte. Als organisierte nationale Gesellschaften haben diese Länder aufgehört zu existieren.«[193]

---

192   Jean Ziegler: Die neuen Herrscher der Welt, S. 25
193   Ziegler, a. a. O., S. 31

Die »Arroganz der Macht« verführt auch die herrschende deutsche Politik im Afghanistankrieg dazu, den Blick vor den realen gesellschaftlichen Verhältnissen und den wirklichen Bedürfnissen der Bevölkerung in ihrer ethnischen Differenziertheit und sozialen Unterschiedlichkeit zu verschließen. Und das Konzept der »vernetzten Sicherheit« orientiert sich eben nicht an den realen Ursachen von Krieg und Gewalt in Afghanistan, fragt nicht nach der Legitimität der Interessen der afghanischen Konfliktparteien, zu denen die Taliban natürlich auch gehören, und kann daher auch nicht zu den möglichen Kompromissen vordringen, die Voraussetzung für eine konstruktive Lösung sein könnten.

Good Governance – gute Regierungsführung für wen?

2003 erklärte sich die Bundesregierung bereit, die US-geführten »Provincial Reconstruction Teams« in Kundus als Teil der nunmehr beschlossenen erweiterten ISAF-Operation zu übernehmen. Die Wiederaufbauteams sollten »gemäß ISAF-Operationsplan (…) als Katalysatoren des Wandels« dienen[194] und Voraussetzungen für die Entwicklung von guter Regierungsführung schaffen. So hieß es in dem am 2. September 2003 vom Bundeskabinett verabschiedeten Afghanistan-Konzept.

2006 erinnerte die Bundesregierung an dieses Afghanistan-Konzept aus dem Jahr 2003. Damals hätten »drei große Afghanistan Konferenzen die Tür für einen politischen Neuanfang in Afghanistan aufgestoßen. Der Institutionenaufbau machte Fortschritte. Die Afghanen überwanden traditionelle Streitigkeiten. Sie nahmen die Zukunft ihres Landes selbst in die Hand (…)« Im Jahre 2006 konnte die Bundesregierung zwar keine so rosige Bilanz und keinen von Misserfolgen ungetrübten Fortschrittsbericht geben; doch der in ihren Augen nur relative Misserfolg ihrer eigenen und der internationalen Bemühungen führte nicht zu einer kritischen Überprüfung der Ziele ihres Engagements, sondern erneut zu einem »Weiter so« und »Noch mehr«

---

194   Michael Paul: Zivil-militärische Interaktion im Auslandseinsatz, in: Das Parlament, Nr. 48/23.11.2009

vom selben. Sie hielt daran fest, dass »von uns auch weiterhin schwerpunktmäßig Beiträge gefragt sind, die die afghanische Seite in die Lage versetzen, ihre Verantwortung tatsächlich auch wahrzunehmen; das sind etwa alle Beiträge zur Qualifizierung des afghanischen Regierungspersonals und zur Verbesserung der Regierungsführung.« Die Bundesregierung formulierte auch, was für die Stabilität Afghanistans von Nöten sei: nämlich verlässliche rechtliche und institutionelle Rahmenbedingungen, die individuelle Freiheiten schützen, die Mitwirkung an politischen Entscheidungen garantieren und den Menschen selbstbestimmte wirtschaftliche und soziale Entfaltungsmöglichkeiten eröffnen. Doch seien zum Beispiel für das Ziel der Rechtsstaatlichkeit bis 2006 »nur allererste Grundlagen gelegt worden«. Als Erfolg hingegen wertete sie den Entwurf der afghanischen Regierung für eine liberale Wirtschaftsgesetzgebung.[195]

2009: Außenminister Westerwelle, Innenminister Thomas de Maizière, Verteidigungsminister zu Guttenberg und Entwicklungsminister Dirk Niebel legten ein ressortübergreifendes Papier vor, das als Kabinettsbeschluss vom 18. November 2009 die Entscheidungsgrundlage für eine weitere Mandatsverlängerung war und als gemeinsame Regierungsposition bei der internationalen Afghanistan-Konferenz diente. Unter dem Stichwort »Gute Regierungsführung« wurden wieder die formalen Fortschritte aufgelistet, aber auch die Probleme beim Aufbau und der Festigung »demokratischer und rechtsstaatlicher Strukturen« aufgezählt. Als Ziele der Bundesregierung wurden genannt: Aufbau und Konsolidierung demokratischer Institutionen, konsequente Bekämpfung der Korruption, Unterstützung für den Kapazitätsaufbau in den staatlichen Verwaltungen, Stärkung der Rechtsstaatlichkeit und der Menschenrechte.

Diese Zitate zum Thema Good Governance mögen genügen, um jenes Bild von Afghanistan entstehen zu lassen, das für die deutsche Wirtschaft Attraktivität besitzen könnte: ein Afghanistan nach »irgendwie« deutschem Muster; ein Staat mit demokratischen Institutionen,

---

195   Das Afghanistan-Konzept der Bundesregierung. Auswärtiges Amt 12. September 2006, S. 13, 15

innerhalb derer – nimmt man Deutschland als Maßstab, das ja keineswegs korruptionsfrei ist – die Korruption in Grenzen gehalten und gelegentlich auch juristisch verfolgt wird. Vor allem soll er mit einer stabilen liberalen Wirtschaftsgesetzgebung ausgestattet sein, die ausländische Investoren vor Verstaatlichungen sichert und ihnen günstige Anlage- und Ausbeutungsmöglichkeiten garantiert. Im Wesentlichen entspricht das dem Kooperationsmuster, das die deutschen Unternehmen während der Zeit des deutschen Faschismus in Afghanistan durchsetzen konnten.

Dies nämlich ist der tiefste Sinn aller Good-Governance-Konzepte, die seit Beginn der 1990er Jahre auch die Grundlage der internationalen »Entwicklungspolitik« darstellen und die von der Weltbank und dem Internationalen Währungsfonds (IWF) propagiert wurden, nachdem die früheren so genannten Entwicklungskonzepte gescheitert waren. Mit besonders gravierenden Folgen in Afrika. Der IWF pflegte seine »Hilfe« an Bedingungen zu knüpfen, die die Krisen der Empfängerländer verschärften. Zum Beispiel in Sierra Leone, wo sich durch die vom IWF geforderte Einstellung staatlicher Dienstleistungen die Situation der verarmten Landbevölkerung dramatisch verschlechterte, – eine der Voraussetzungen für den Zusammenbruch staatlicher Strukturen des Landes mit allen schrecklichen Folgen.[196] Auch auf diese Weise entstehen Failed States.

»Wenn die Zahlungsunfähigkeit droht, werden die Daumenschrauben angezogen.«

So, wie Jean Ziegler die jetzigen Praktiken des IWF gegenüber zahlungsunfähigen Ländern der »Dritten Welt« schildert, hat das neue Konzept nicht an Brutalität verloren: »Wenn die Zahlungsunfähigkeit droht, werden die Daumenschrauben angezogen. Die Gläubiger machen Druck. Die Schergen des IWF kommen aus Washington. Sie prüfen die wirtschaftliche Lage des Landes und verfassen einen Letter of Intent (den sogenannten ›Absichtsbrief‹). Die Regierung des geknebelten Landes muss aus ›freien Stücken‹ akzeptieren, dass der Gürtel

---

196   Vgl. Rita Schäfer: Kriegerische Männlichkeit, in: APuZ 46/2009, S. 23

enger geschnallt wird. Neue Haushaltskürzungen müssen vorgenommen werden. Wo wird man kürzen? Niemals im Budget der Armee, der Geheimdienste oder der Polizei. Diese Institutionen sind deshalb äußerst wichtig, weil sie Sicherheit der ausländischen Investitionen garantieren.«[197]

Der Begriff Good Governance provoziert ein naives Bild: Durch Implantation, bei der der »Westen« die Rolle des Chirurgen übernimmt, wird in Afghanistan eine demokratisch verfasste Gesellschaft hergestellt, in der die Stämme friedlich und mit rechtsstaatlichen Methoden ihre Konflikte lösen. Feudale und religiöse Traditionen, die ein gleichberechtigtes Zusammenleben von Männern und Frauen behindern, werden fortan durch ein modernes Bildungssystem überwunden. Und mit westlicher »Wirtschaftshilfe« wird die darniederliegende, rückständige afghanische Wirtschaft zum Erblühen gebracht – zum Schaden der Taliban und anderer Terroristen und zum Nutzen aller anderen und für einen stabilen Frieden in der Region und der Welt.

Eine versteckte Form von Neokolonialismus

Aber Good Governance als Hebel westlicher Entwicklungspolitik muss in den Rahmen der realen globalisierten neoliberalen Wirtschaftspolitik gestellt werden. Und da läuft sie Gefahr, sich als bloße Mystifikation, als Fata Morgana, Trugbild zu desavouieren. Natürlich war Entwicklungspolitik auch zuvor schon kein humanitäres Projekt, sondern diente außenwirtschaftlichen Interessen der so genannten Geberländer. Doch nachdem die Vergabebedingungen von Weltbank und IWF wegen des Charakters unmittelbarer Einmischung in innerstaatliche Verhältnisse zunehmend kritisiert worden waren, musste ein Konzept her, das sich als legitim, human und menschenrechtsorientiert ausgab. 1993 machte der Entwicklungshilfe-Ausschuss (DAC) der OECD die »Orientierungen für eine partizipative Entwicklung und gute Staatsführung« zu einem wesentlichen Kriterium für die Gewährung entwicklungspolitischer Leistungen. Im Jahr 2000 wur-

---

197   Jean Ziegler, Das Imperium der Schande, a. a. O., S. 93 f.

de in Artikel 9 Abs. 3 des AKP-EG-Partnerschaftsabkommens von Cotonou/Benin/Afrika »Good Governance« definiert: »In einem politischen und institutionellen Umfeld, in dem die Menschenrechte, die demokratischen Grundsätze und das Rechtsstaatsprinzip geachtet werden, ist verantwortungsvolle Staatsführung die transparente und verantwortungsbewusste Verwaltung der menschlichen, natürlichen, wirtschaftlichen und finanziellen Ressourcen und ihr Einsatz für eine ausgewogene und nachhaltige Entwicklung. Sie beinhaltet klare Beschlussfassungsverfahren für Behörden, transparente und verantwortungsvolle Institutionen, den Vorrang des Gesetzes bei der Verwaltung und Verteilung der Ressourcen und Qualifizierung zur Ausarbeitung und Durchführung von Maßnahmen insbesondere zur Verhinderung und Bekämpfung der Korruption.«[198] Der Westen macht es vor und setzt die Maßstäbe?

Gleiche Maßstäbe sind es aber nicht. Denn während hier der Kampf gegen die Korruption gefordert wird, haben die transkontinentalen Gesellschaften der USA ebenso wie die Europas – über die Jungferninseln, die Bahamas, Curacao oder Jersey – legale Umwege geschaffen, um die OECD-Konventionen gegen Korruption zu umgehen.[199]

Das Konzept von Good Governance, das die Bundesregierung vertritt, unterscheidet sich von dem der Weltbank und des IWF vor allem dadurch, dass es die Förderung von Menschenrechten, Demokratie und Rechtsstaatlichkeit deutlicher in den Vordergrund stellt. Dazu merkte der Soziologe Roland Czada an: »Das mit einem umfassenden Reformanspruch eingeführte Konzept wurde mit dem Ausdruck ›gute Regierungsführung‹ nicht nur begrifflich eingedeutscht. Die fünf BMZ-Kriterien transportieren ein besonderes Verständnis der Voraussetzungen ›nachhaltigen Regierens‹.«[200]

---

198 Wikipedia zu Good Governance

199 Jean Ziegler, Die neuen Herrscher der Welt, a. a. O., S. 129 f.

200 Roland Czada in: Benz, Arthur/Dose, Nicolai (Hg): Governance – Regieren in komplexen Regelsystemen, Wiesbaden 2009, www.politik.uni-osnabrueck.de/.../good_governance.pdf

Laut Bundesministerium für Entwicklung und wirtschaftliche Zusammenarbeit (BMZ) sind diese fünf Kriterien:

»1. Beachtung der Menschenrechte, 2. Beteiligung der Bevölkerung
an politischen Entscheidungen, 3. Rechtsstaatlichkeit und Gewährleis-
tung von Rechtssicherheit, 4. Einführung einer sozialen Marktwirtschaft sowie 5. Entwicklungsorientierung staatlichen Handelns«.

Diese Kriterien, so Czada, »bestimmen mit kleineren redaktionel-
len Änderungen – so ist der Begriff ›Soziale Marktwirtschaft‹ zwi-
schenzeitlich durch ›marktorientierte soziale Wirtschaftsordnung‹
ersetzt worden – bis heute nicht nur die Entwicklungspolitik, sondern zunehmend auch die Außenpolitik Deutschlands.« Die Kritik
am Good Governance-Konzept fasst Czada in folgenden Punkten zusammen:

- »Good Governance-Prinzipien sind nur schwer operationalisier-
  bar. Die bislang erhobenen Indikatoren guten Regierens basieren
  auf zumeist von Wirtschaftsexperten geäußerten, subjektiven Einschätzungen der Qualität von Institutionen.«
- »Good Governance ist ein universalistisches Konzept, das die nationale Souveränität und demokratische Selbstbestimmung der
  adressierten Staaten schmälert. Als eine versteckte Form von Neo-
  Kolonialismus wirkt es kontraproduktiv.«
- »Bad Governance wird zum ›Sündenbock‹ aller fortbestehenden
  Fehlleistungen globaler und regionaler Entwicklungs- und Integra-
  tionspolitiken. Die Industrieländer und internationalen Regime
  immunisierten sich auf diese Weise im Verein mit willfährigen
  Nichtregierungsorganisationen (NGOs) gegen Selbst- und Fremd-
  kritik.«

Die Einwände Czadas sind u. a. »methodologisch begründet, wenn
etwa die Validität der Messkonzepte und Indikatoren kritisiert wird.
Weiterhin ist die auf den westlichen Wertehorizont beschränkte, uni-
versalistische Ausrichtung des Programms umstritten: Sozio-kulturelle
und historische Eigenheiten der Empfängerländer bleiben weitgehend
unberücksichtigt.«[201]

---

201 Ebd.

»Demokratie ist völlig mit Unfrieden vereinbar!«

Wenn Deutschland von Afghanistan die Herstellung demokratischer Strukturen verlangt, so ist das nicht nur fragwürdig vor dem Hintergrund nicht vergleichbarer sozioökonomischer Voraussetzungen und der historisch entstandenen politischen Strukturen. Es ist auch angesichts der ethnischen Vielfalt kontraproduktiv, denn Demokratie als Herrschaft der Mehrheit wäre nicht in der Lage, die Wünsche und Interessen der Minderheiten angemessen zu berücksichtigen. Der Konfliktforscher Johan Galtung: »Demokratie ist eine Entscheidungstheorie für den Staat, sie ist ein Teil der Staatstheorie. Und das hat etwas mit Majoritäten zu tun. Man kann Demokratie haben und trotzdem Gewalt haben. Demokratie ist völlig mit Unfrieden vereinbar!« In Afghanistan ist aber die Überwindung von Krieg und Gewalt vonnöten, unter den Afghanen, aber auch zwischen Afghanen und den westlichen Invasoren, die Entwicklungshelfer eingeschlossen, die – so Galtung – überwiegend als »Träger des Imperialismus, des Unglaubens, des Christentums, des Judentums« gesehen würden.[202]

In der aktuellen politischen und entwicklungspolitischen Diskussion über »neue Kriege«, zu denen auch der in Afghanistan zu zählen ist, wird dem Aufbau von stabilen staatlichen und Regierungs-Strukturen die entscheidende Rolle für die Beendigung des Krieges beigemessen. »Der Kampf um Governance-Strukturen (...) (wird) zum strategischen Hebel solcher unkonventionellen, gesellschaftlichen Kriege.« Sie dürften nicht nur symbolisch und z.B. auf die Hauptstadt beschränkt bleiben. Vor allem aber seien solche Strukturen, »die Willkür, ›Ungerechtigkeit‹ oder Fremdherrschaft verkörpern«, zu vermeiden, da sie »das Ziel der Stabilisierung und Beendigung von Gewaltkonflikten nicht erreichen«. Vielmehr würden sie in der Bevölkerung als »illegitim« angesehen und seien daher »in der Regel konfliktfördernd«, so der Friedensforscher Jochen Hippler von Institut für Entwicklung und Frieden.[203]

---

202   Johan Galtung: Gewaltfrei Aktiv 37, http://www.wfga.de/index.html?/Informationen/GewaltfreiAktiv/index.html

203   Jochen Hippler: Wie »Neue Kriege« beenden?, in: APuZ 46/2009, S. 5-8

Wenn der Zusammenhang von Governance-Strukturen und Frieden wirklich so eindeutig ist, dann muss für Afghanistans Zukunft schwarz gesehen werden, da die ausländischen Truppen, auch die der Bundesrepublik, in wachsendem Maße als Besatzer angesehen werden. Die Etablierung der Prinzipien von Good Governance mit Hilfe von inneren Kräften, die »auf fatale Weise mit Kriegsherren, Drogenbaronen und islamistischen Eiferern durchsetzt«[204]sind, einer Regierung, die von der eigenen Bevölkerung als korrupt angesehen wird, deren demokratische Legitimation zweifelhaft ist und die sich zudem auf ausländisches Militär stützen muss, ist ein offenkundiger circulus vitiosus, der vermutlich dennoch der Bundesregierung verborgen geblieben ist. »Große Teile der Bevölkerung verachten die Regierung Karsai als durch und durch korrupt und als Marionette der USA, die nicht einmal den Großraum Kabul tatsächlich kontrolliert. Die seinerzeit außerhalb der paschtunischen Provinzen durchaus als Befreier von der Taliban-Herrschaft begrüßten ausländischen Streitkräfte werden seit 2005/06 fortschreitend primär als Besatzungstruppe wahrgenommen.«[205] Wie auch immer der Erfolg oder Misserfolg der Governance-Strategie bewertet werden mag, schon das bloße Ziel von Good Governance wirft ein Licht auf die verborgenen Absichten der Intervention: Es ist ein neokoloniales Projekt im Rahmen eines globalen neoliberalen Konzeptes.

Die Forderung nach Einhaltung der Menschenrechte hört sich in westlichen Ohren ebenso berechtigt und selbstverständlich an wie die nach Demokratie und Beseitigung der Korruption. Unvorstellbar ist offenkundig für die Mehrheit der deutschen Bundestagsabgeordneten die Vorstellung, dass die Völker der ehemaligen kolonialen Welt, die »Völker des Südens«, einen überaus kritischen Blick auf diese Forderung richten, wenn sie vom Westen erhoben wird. Und zwar nicht, weil sie so rückständig sind (früher: »Barbaren«, heute: »die Moslems«), eine andere Kultur mit anderen Werten haben, sondern wegen der »doppelten Standards«, dem Messen mit zweierlei Maß,

---

204   Friedhelm Weidemann, a. a. O., S. 3
205   Ebd.

das jeder westlichen Regierung jede Menschenrechtsmissachtung im Interesse der Sicherung ihrer globalen Interessen erlaubt, wenn diese Regierung nur mächtig genug ist. Jean Ziegler, seit 2008 Mitglied des Beratenden Ausschusses des UNO-Menschenrechtsrats, versucht in seinem Buch *Der Hass auf den Westen*, seinen Lesern die Sicht des Westens mit den Augen der Völker des Südens zu ermöglichen: »Seit Jahrhunderten versucht der Westen, das Wort ›Humanität‹ zu seinem alleinigen Vorteil in Beschlag zu nehmen (…)«. Und weiter: »Ob bei Abrüstung, Menschenrechten, Kontrolle von Atomwaffen, globaler soziale Gerechtigkeit – der Westen spricht fortwährend mit gespaltener Zunge. Und der Süden reagiert mit abgrundtiefem Misstrauen. Er hält diesen Westen, der in seiner Praxis ständig die von ihm verkündeten Werte Lügen straft, für schizophren.«[206] Etwa ein halbes Jahrhundert vor Ziegler hatte Frantz Fanon auf den Zusammenhang von Gewalt und westlichen Werten aufmerksam gemacht: »Die Gewalt, mit der sich die Überlegenheit der weißen Werte behauptet hat, die Aggressivität, die die siegreiche Konfrontation dieser Werte mit den Lebens- oder Denkweisen der Kolonisierten gezeichnet hat, führt durch eine legitime Umkehr der Dinge dazu, dass der Kolonisierte grinst, wenn man diese Werte vor ihm heraufbeschwört.«[207]

---

206   Jean Ziegler: Der Hass auf den Westen, a. a. O., S. 15 f.
207   Frantz Fanon, a. a. O., S. 36

4. Lügen, tarnen, die Wahrheit verschweigen

DAS WORT KLINGT NICHT SCHLECHTER
ALS IRGENDEIN ANDERES WORT,
NUR DIE MEHRZAHL, DIE VERRATE (ODER VERRÄTE?)
HÖRT SICH NICHT GUT AN.
WIE KANN MAN DIE MEHRZAHL RICHTIG
UND SCHÖN KLINGEN MACHEN?
MAN BRAUCHT SIE.
DIE GESCHICHTE LEHRT UNS:
VERRATEN WIRD NICHT NUR EINMAL.

Erich Fried, Verrat

Operation Anaconda[208] – die Würgeschlange für Afghanistan

23. November 2010: Termin im Auswärtigen Ausschuss und im Verteidigungsausschuss mit großem Andrang von Kolleginnen und Kollegen. ISAF-Kommandeur David Petraeus, 4-Sterne-General der US-Army, ist zu Gast. Ob eingeladen oder selbst eingeladen, er will den deutschen Abgeordneten die aktuelle Kriegführung erklären. Er stellt die Operation Anaconda vor. Rasch geht das Licht »Geheim« an. Es soll nicht öffentlich darüber geredet werden, was die ISAF in Afghanistan betreibt,

---

208 Der Streit um die Ausbeutung des Kupfers war einer der wichtigsten Gründe für den Putsch der chilenischen Generäle mit Unterstützung der CIA gegen die rechtmäßige Linksregierung von Präsident Allende. Anaconda war eine der beiden größten US-amerikanischen Minengesellschaften und machte enorme Gewinne in Chile. In der chilenischen Gesellschaft galt Anaconda als Symbol der Auspressung Lateinamerikas durch die USA.

nämlich Aufstandsbekämpfung. Das aber war laut ISAF-Legende nicht ihr Auftrag. Die Anaconda ist bekanntlich eine Würgeschlange, die ihr Opfer solange umwindet, bis es erstickt. Mit solchen tödlichen Umwindungen wollen die USA, die ISAF und damit auch die Bundeswehr den Aufstand erwürgen. Petraeus trägt dies gelassen, ruhig und überlegt vor. Da spricht kein Cowboy, kein Fanatiker, sondern ein eiskalter Mathematiker des Krieges. »He is a good guy«, lobt der US-Botschafter den General sichtbar zufrieden nach der Sitzung gegenüber Wolfgang Gehrcke. Dessen aufgebrachten Blick missdeutend, besänftigt er: »You are also a good left guy.« Ja, gezielte Tötungen gehören zur Anaconda-Strategie, bestätigt Petraeus in aller Ruhe Gehrckes diesbezügliche empörte Frage. Ja, man sei damit sehr erfolgreich. Andere Abgeordnete erkundigen sich nach dem Stand der Kriegsführung, engagiert und interessiert, zweifelnd und hoffend. Noch vor Wochen hatten sie protestiert, wenn linke Abgeordnete von Krieg sprachen. Alles sollte es sein, nur kein Krieg. Und jetzt heißt es Krieg.

Der Afghanistankrieg war von Anfang an so unpopulär, dass die rot-grüne Regierung den Krieg nicht Krieg nennen durfte. Die Akrobatik, um das Wort Krieg zu umgehen, erinnert an die satirische Kurzgeschichte von Heinrich Böll *Dr. Murkes gesammeltes Schweigen.* »Jenes höhere Wesen, das wir verehren« – mit dieser Umschreibung lässt Murke in seinem Hörspiel das Wort Gott ersetzen. Es hätte Bölls Spott herausgefordert, wenn er die Not der versammelten Regierungsriege erlebt hätte, wann immer sie sich bemühte, das Wort *Krieg* zu umschreiben oder zu ersetzen. Bölls Murke hatte es geschafft, »jenes höhere Wesen, das wir verehren« einzufügen. Die Bundesregierung, inzwischen schwarz-gelb, ist nicht umhin gekommen, Krieg schließlich doch Krieg zu nennen.

Die Regierungen, ob rot-grün, rot-schwarz oder schwarz-gelb, haben mit mehr oder weniger Geschick in Sachen Afghanistankrieg Fakten geschönt, geleugnet oder gefälscht, Ziele vertuscht, Begriffe besetzt und ihre Inhalte den eigenen Interessen angepasst. Bis heute verweigern sie die Aussage, reden um den heißen Brei herum und signalisieren damit der Öffentlichkeit: Bitte die Augen und Ohren geschlossen halten! Kurz: Sie ziehen alle Register, um zu verhindern, dass die Wahrheit ans Licht kommt.

Der Krieg, der nicht Krieg genannt werden durfte

Bundeskanzler Gerhard Schröder hatte in seiner Rede vor dem Bundestag am 11. September 2001 erklärt, er habe der Regierung von US-Präsident Bush jedwede Unterstützung zugesagt: »Ich habe ihm auch die uneingeschränkte – ich betone: die uneingeschränkte – Solidarität Deutschlands zugesichert.« Dies sollte auf zweierlei Weise geschehen: zum einen mit der Teilnahme an der Operation Enduring Freedom (OEF), das heißt mit Krieg, was in Deutschland wenig populär ist, zum anderen mit Beteiligung an ISAF, die zwar auch militärisch war, aber als Aufbauhilfe deklariert wurde: Soldaten bohren Brunnen, schützen Mädchenschulen – ein scheinbar friedliches Bild. Beide Mandate mussten als strikt getrennt dargestellt werden. Doch beide Mandate sind immer verbunden gewesen.

Bundeskanzler Schröder: »Mir ist besonders wichtig festzuhalten: Es geht weder um eine deutsche Beteiligung an Luftangriffen, noch um die Bereitstellung von Kampftruppen am Boden.«[209] Und Außenminister Fischer wusste festzuhalten: »Niemand, meine Damen und Herren, führt Krieg in Afghanistan.«[210]

Auch nicht die USA im Rahmen der OEF? Und beteiligte sich Deutschland nicht auch am OEF-Mandat, in dessen Rahmen – wie später zugegeben wurde – 100 deutsche Spezialkräfte der KSK in Afghanistan eingesetzt wurden? Citha D. Maaß: »Allerdings entsandte Deutschland – ohne dies öffentlich bekannt zu geben – zeitweise auch Einheiten des Kommandos Spezialkräfte (KSK) in den Südosten Afghanistans, die dort dem US-geführten OEF-Kommando unterstanden.« Maaß gibt eine Aussage von Winfried Nachtwei, damals Mitglied des Verteidigungsausschusses, wieder, wonach sich »KSK-Mitglieder nicht an Kampfhandlungen« beteiligten.[211] Das ist allerdings eher unwahrscheinlich, da sogar die deutschen ISAF-Soldaten – im Widerspruch zu ihrer Legende als brunnenbohrende Friedensen-

---

209   14. WP, PP 14/198

210   Ebd.

211   Citha D. Maaß: Die Afghanistan-Mission der Bundeswehr, in: SWP-Berlin, Auslandseinsätze der Bundeswehr, September 2007, S. 79

gel – von Anfang an mit einem »robusten Mandat« nach Artikel VII UN-Charta dazu autorisiert waren, »alle erforderlichen Maßnahmen einschließlich der Anwendung militärischer Gewalt zu ergreifen.«[212]

Die Leugnung des Krieges und der Teilnahme Deutschlands daran ist mittlerweile überholt; es war ein deutscher Oberst, der jenen verhängnisvollen Befehl zu den Luftangriffen in Kundus gab, und Bundeswehrsoldaten sind beinahe täglich in Kämpfe verwickelt. Weshalb auch Verteidigungsminister zu Guttenberg im Jahr 2009 endlich einräumte: »In Teilen von Afghanistan herrscht (...) ein Zustand (...), der in der Sprache des Völkerrechts durchaus als ein nicht-internationaler bewaffneter Konflikt beschrieben werden könnte.«[213] Als nicht-internationalen bewaffneten Konflikt bezeichnet das Völkerrecht militärische Auseinandersetzungen zwischen staatlichen Streitkräften und internen Aufständischen.[214] Diese Definition auf den Afghanistankrieg anzuwenden, bedeutet zu ignorieren, dass die staatlichen Streitkräfte zu Beginn des Krieges praktisch nicht existierten; noch weniger eine afghanische Regierung, die internationale Truppen im Rahmen von OEF und ISAF ins Land rufen konnte.

Nun also zu Guttenbergs Eingeständnis. Aber wer alles hatte nicht zuvor geschworen: Nein, einen Krieg führen wir nicht!?

Doch im Jahr 2010 war schon die nächste Hürde genommen, als Außenminister Westerwelle die »neue Offenheit« des Verteidigungsministers übernahm und erklärte: »Zu einer ehrlichen Bestandsaufnahme gehört auch, die Realitäten in Afghanistan so zu benennen, wie sie sind (...) Die Intensität der mit Waffengewalt ausgetragenen Auseinandersetzung mit Aufständischen und deren militärischer Organisation führt uns zu der Bewertung, die Einsatzsituation von ISAF auch im Norden Afghanistans als bewaffneten Konflikt im Sinne des humanitären Völkerrechts zu qualifizieren.«[215] Was Steinmeier postwendend zurückwies.

---

212   14. WP, DS 14/7930

213   17. WP, PP 17/3

214   Wissenschaftlicher Dienst des Deutschen Bundestages: Aktueller Begriff. Zur Völkerrechtlichen Kategorisierung von Konflikten, Nr. 46/10

215   17. WP, PP 17/22

Bleibt aber die Frage, warum der Krieg so lange nicht Krieg genannte wurde. Die Bundesregierung hatte dafür eine ganz simple Antwort, zumindest im Jahr 2010: »Der Begriff ›Krieg‹ ist heute im Völkerrecht nicht mehr gebräuchlich.«[216] Gemeint seien bewaffnete Auseinandersetzungen, die früher, wenn sie zwischen Staaten stattfanden, Krieg genannt wurden. Dass in Bezug auf Afghanistan »dennoch umgangssprachlich von Krieg gesprochen wird, hat keinen Einfluss auf die rechtliche Beurteilung als nicht internationaler bewaffneter Konflikt«.

Bleiben wir beim unmodernen Wort Krieg, das die Regierung so viele Jahre in Erklärungsnot brachte, was hier als freundlicher Euphemismus für Lüge, Vertuschung oder Umdeutung von Begriffen gemeint ist. Immerhin hatte die Regierung an die acht Jahre gebraucht, um wenigsten von »kriegsähnlichen Zuständen« zu sprechen. Ging es bei der Vermeidung des K-Wortes nur um Völkerrechtsfragen oder um Rücksichtnahme darauf, dass große Teile der Welt unter Einschluss der deutschen Bevölkerung der Auffassung sein könnten, Deutschland möge sich nach zwei von ihm zu verantwortenden Weltkriegen mit einem weiteren Krieg zurückhalten? Was unter Rot-Grün als angebliche Friedensmission begann, hat sich unter Schwarz-Gelb als Krieg entpuppt.

Nachdenklich stimmen sollte indessen die Reaktion deutscher Politiker auf kritische Stimmen, die den Afghanistankrieg mit neokolonialen Interessen in Verbindung bringen. So schwang sich Holger Haibach (CDU/CSU) eilfertig zum ritterlichen Beschützer seines Verteidigungsministers auf, dem der Abgeordnete Gehrcke einen »kolonialen Ansatz« im Umgang mit Karsai bescheinigt hatte, und beteuerte: »In Kenntnis des Charakters des Kollegen Guttenberg kann ich den Begriff ›kolonial‹ sofort zurückweisen.«[217] Ach ja: Wir sind doch die Guten, deshalb ist ein »kolonialer Ansatz« per se und als Frage eines möglichen charakterlichen Defizits ohnehin ausgeschlossen. Zu

---

216   Die Bundesregierung: Fragen zu Afghanistan. Ein Fragen- und Antworten-katalog, August 2010

217   17. WP, PP 17/7

den Guten gehört selbstredend der SPD-Abgeordnete Gert Weisskirchen. Der hatte 2005 in der Plenaraussprache über die Verlängerung
des OEF-Mandats ausgeführt: »Die Herrscher Persiens und die Ge-
waltherrscher anderswo haben immer wieder ein Auge auf dieses
kleine Land geworfen.«[218] Da Afghanistan fast doppelt so groß ist wie
die Bundesrepublik, kann sich »klein« nicht auf die territoriale Ausdehnung beziehen. Was also ist mit »klein« gemeint? Klein sind Kinder, unmündig, hilfebedürftig wie Afghanistan. Da wird ein Kindchen-
schema bedient, das an die Hilfsbereitschaft der »guten Deutschen« für
die Kleinen und Unmündigen appelliert. Der zivilisatorischen Aufgabe
des Kolonialismus sah sich die rechte SPD schon vor hundert Jahren
verpflichtet. Sprache ist oft verräterisch – und kindische Abwehrreak-
tionen sind verdächtig. Getroffener Hund bellt. Übrigens erinnert der
italienische Philosoph Domenico Losurdo zu Recht daran, dass die
Kolonialmächte, aber auch die USA, einst ihre bewaffneten Aktionen
gegen Völker, die sie als minderwertig ansahen, grundsätzlich nicht
als Krieg bezeichnet hatten, eine Praxis, die nach seiner Auffassung
in der postkolonialen Epoche fortgesetzt wird.[219] Solche unzivilisierten Völker waren einfach nicht satisfaktionsfähig, keine Kriegsgegner
»auf Augenhöhe«. Conrad Schetter vom Zentrum für Entwicklungs-
forschung der Universität Bonn beobachtet, dass im jetzigen Krieg
selten gefragt werde, was die Afghanen sich selbst wünschen. Sie würden »wie Objekte und nicht wie gleichwertige und gleichberechtigte
Subjekte behandelt«. Seine Interpretation: »So durchzieht die gesamte
Intervention von der politischen Entscheidungsebene bis hin zum einfachen Bundeswehrsoldaten der Habitus einer zivilisatorischen Überlegenheit und die Ignoranz gegenüber afghanischen Lebenswirklich-
keiten.«[220] Ist es da falsch, sich an deutsche Kolonialpolitik und ihre
öffentliche Rechtfertigung durch den zivilisatorischen Auftrag der
Deutschen zu erinnern?

---

218   16. WP, PP 16/2

219   Domenico Losurdo: Die Deutschen. Sonderweg eines unverbesserlichen
       Volkes?, Berlin 2010. S. 77

220   Conrad Schetter: Es geht keinem um Afghanistan, in: Wissenschaft und
       Frieden, 4/2009, S. 43

Nach neunjährigem Test der Bundeswehr auf Kriegstauglichkeit, der zweifellos für die jetzt herrschenden »kriegsähnlichen Zustände« in Afghanistan mit verantwortlich ist, hat die einstige Verteidigungsarmee einen beachtlichen Schritt auf dem Weg zur globalen Interventionstruppe zurückgelegt, auch wenn Bellizisten wie Marc Lindemann mit den Leistungen der Bundeswehr noch sehr unzufrieden sind, nun aber auf eine Wende unter Führung von Verteidigungsminister zu Guttenberg hoffen dürfen.[221] Das Bild vom Brunnen bohrenden Friedensengel hat jedenfalls seine Schuldigkeit getan. Oder wie die *taz* am 27.11.2010 über den Sinn der neuen Gefechtsmedaille aus dem Verteidigungsministerium schrieb: »Es geht darum, den Kampf unter Einsatz des Lebens wieder als die eigentliche Quintessenz des soldatischen Lebens zu etablieren. Endlich sich von der haltlosen Ideologie zu verabschieden, wonach der Einsatz deutscher Soldaten in Afghanistan und anderswo dem Brunnenbohren, der Errichtung von Krankenhäusern und deren militärischer Absicherung diene. Es geht um Krieg, ums Töten und Getötetwerden.«

Mitgegangen, mitgehangen

An dieser Legende vom guten ISAF- und bösen OEF-Mandat haben alle Mainstream-Parteien mit gestrickt, besonders effektiv, weil auf die Friedensbewegung zielend, die Abgeordneten von Bündnis 90 / Die Grünen und der SPD, die einst selbst Teile der Friedensbewegung waren. Die Spaltung in ein gutes und ein böses Mandat war notwendig, um schrittweise den grundlegenden »Paradigmenwechsel der deutschen Außen- und Sicherheitspolitik« zu vollziehen, wie Jürgen Rose, Oberstleutnant der Bundeswehr, in aller Schärfe kritisierte. Die »Enttabuisierung des Militärischen« sei »unter Federführung der USA« durch »rot-grüne Politiker in geradezu atemberaubender Weise« durchgezogen worden.[222] Rudolf Scharping (SPD) bagatellisierte

---

221   Marc Lindemann: Unter Beschuss. Warum Deutschland in Afghanistan scheitert, Berlin 2010. Lindemanns Kritik an den Weicheiern in der militärischen Führung und den kriegsunwilligen Parlamentariern, ganz besonders den linken Abgeordneten, durchzieht wie ein roter Faden das ganze Buch.

222   Der Freitag, Online-Ausgabe 29/2002

als Verteidigungsminister die Aufgabe von ISAF: »Es ist richtig, dass wir von einer Unterstützungsleistung sprechen. Es ist genauso richtig, dass diese Unterstützungsleistung auf den Raum Kabul und Umgebung begrenzt ist und begrenzt bleiben muss.«[223] Mit dem Wunsch, die Frieden schaffende Kraft der UNO zu stärken, begründete 2001 Hans-Christian Ströbele (Bündnis 90 / Die Grünen) sein Ja für die ISAF und verstärkte damit – gewollt oder ungewollt – die Legendenbildung.[224] Ströbele hat sich von dieser Position distanziert.

Im November 2005 wurde im Regierungsantrag erneut die strikte Trennung von ISAF und OEF behauptet: »Deshalb bleibt ein umfassendes Engagement der internationalen Gemeinschaft erforderlich, um auszuschließen, dass Afghanistan nicht wieder zum sicheren Hafen des internationalen Terrorismus werden kann. OEF und die Internationale Sicherheitsunterstützungstruppe in Afghanistan (ISAF) bleiben dabei getrennte Missionen.«[225] Mit der Übernahme der ISAF-Führung durch die NATO war das Gewicht der USA innerhalb der ISAF gewachsen. Zwar blieb formal die alte Aufgabenstellung der Stabilisierung der Karsai-Regierung erhalten, »faktisch jedoch verwischten die Grenzen zwischen dem ISAF- und OEF-Mandat zunehmend, weil die NATO begann, ihre Aktivitäten auf das gesamte afghanische Territorium auszuweiten.«[226] Man könne dort von einer »OEFisierung der NATO-geführten ISAF-Operationen sprechen«, so Maaß. SPD und Bündnis 90 / Die Grünen haben das inzwischen auch erkannt, wobei vermutlich ihr Status als Opposition ihre Erkenntnisleistung befördert hat. Dass im Laufe des Krieges das Gesamtkonzept der ISAF und das der deutschen Streitkräfte sich ändern, von einer Unterstützungsleistung zum Krieg mutieren würde, war vielleicht nicht von Anfang an allen Abgeordneten klar. Irgendwann musste ihnen aber deutlich werden, dass nicht Deutschland dabei das Heft in der Hand hatte.

223 14. WP, PP 14/210

224 Ebd.

225 16. WP, DS 16/26

226 Citha D. Maaß: Die Afghanistan-Mission der Bundeswehr. In: Stefan Mair (Hg.): Auslandseinsätze der Bundeswehr. SWP-Studien September 2007, S. 81

Denn das »Aufgaben- und Einsatzgebiet des deutschen Kontingents« wurde stets im Nachhinein den Strategiewechseln der ISAF insgesamt angepasst. »Treibende Kraft hinter den Strategiewechseln (…) waren die USA.«[227]

Wofür hält sich eine Regierung eigentlich einen Think Tank wie die Stiftung Wissenschaft und Politik, von der diese Zitate veröffentlicht wurden, wenn sie ihn nicht gelegentlich zum Erkenntnisgewinn nutzt? Sie nutzte ihn aber nicht, sondern erwies sich »bei jeder Verschärfung der Gangart« gegenüber ihren Alliierten als »ein fügsamer Partner. Meist wider bessere Einsicht vollzog sie nach, was das Bündnis vorgab.«[228] Das Ergebnis der OEFisierung der ISAF hatte denn auch nicht lange auf sich warten lassen. Da die OEF-geführten Operationen insbesondere im Süden Afghanistans dem Stabilisierungsauftrag ISAF zuwiderliefen, war »das Misstrauen der dortigen Bevölkerung (…) inzwischen so groß geworden, dass sie kaum noch zwischen OEF- und ISAF-Truppen unterschied«.[229] Diese Entwicklung hat sich bis heute fortgesetzt und gilt auch für die deutschen ISAF-Truppen. Mitgegangen, mitgehangen. Deutschland ist aus dem Mandat OEF in Afghanistan inzwischen ausgestiegen. Dessen Aufgaben wurden zum großen Teil aber auf die ISAF übertragen.

Die Bundesregierungen –
Meister und Meisterinnen der Salamitaktik

Informationen über Planungen und Strategien des Militäreinsatzes wurden stets scheibchenweise und nur auf drängende Nachfrage gegeben, zumeist im Nachhinein. So sollte beispielsweise die Bundeswehr sechs Monate in Afghanistan bleiben. Dann hieß es, wir nennen kein Datum, und jetzt heißt es: 2014.

Außenminister Westerwelle: »Ende des Jahres 2011 wollen wir so weit sein, unser eigenes Bundeswehrkontingent reduzieren zu kön-

---

227   Ebd.

228   Reinhard Mutz: Afghanistan: Feuern auf Verdacht? In: Blätter für deutsche und internationale Politik 4/2010

229   Maaß, Die Afghanistan-Mission…, a. a. O., S. 85

nen. Im Jahr 2014 wollen wir Präsident Karsais Zielmarke erreichen, dass die Afghanen die Verantwortung für ihre Sicherheit im ganzen Land selbst übernehmen. (Beifall bei Abgeordneten der FDP) Das ist eine realistische Perspektive (...) Aber es ist kein konkretes Abzugsdatum. Ein solches zu nennen, wäre eine Ermutigung der Terroristen, also ein Fehler.«[230] Ähnlich verhielt es sich mit der Entwicklung der Personalstärke. Was mit 1.200 Soldaten und Soldatinnen der Bundeswehr im ISAF-Einsatz begann, liegt jetzt bei 5.300. Insgesamt sind 2010 rund 135.000 Soldaten und Soldatinnen aus westlichen Ländern im Einsatz. Hinzu kommt eine nicht bekannte Anzahl von privaten Sicherheitsdienstleuten, Experten rechnen mit 100.000 bis 160.000. Das sind mehr Soldaten, als die Sowjetunion in Afghanistan hatte. Sie verfügen über modernere, das heißt furchtbarere Waffen – und doch sagen alle Experten, der Krieg sei nicht zu gewinnen. Selbst Michael Steiner, Sonderbeauftragter der Bundesregierung für Afghanistan und Pakistan, unter Gerhard Schröder kurzzeitig im Kanzleramt für die Außenpolitik zuständig und dann Beauftragter im Kosovo, kommt zu dem Urteil, der Westen habe sich zu lange Illusionen hingegeben. »Es kann keine militärische Lösung geben.«[231] Die Analyse stimmt, nur die Schlussfolgerungen bleiben aus. Zu diesem Ergebnis hätte die Bundesregierung weit früher kommen müssen. Nachfragen Wolfgang Gehrckes bei russischen Generälen, die in Afghanistan während des Krieges kommandierten, bestätigten diese Erkenntnis. Er hat es der Bundesregierung und im Bundestag immer wieder vorgetragen, als Antwort gab es nur antikommunistische Ausfälle.

Wer ist der Feind?

Bis heute ist nicht klar, gegen wen in Afghanistan Krieg geführt wird. Gemeinhin wird in den Bundestagsdebatten und in den Medien der Begriff Taliban benutzt. Die Bundesregierung spricht in ihren Papieren von »Opposition Militant Forces« (OMF), also von militanten op-

---

230   17. WP, PP 17/22
231   Welt online, 19.11.2010

positionellen Kräften. Andreas Schockenhoff (CDU/CSU) sah 2009 den Feind in einer »radikale(n) Allianz aus religiösen Fanatikern, regionalen Aufständischen und Terroristen«.[232] In den Unterrichtungen des Deutschen Bundestages blieb der Feind oft undefiniert. Im Jahr 2010 hieß er dann »RKF«- das sind regierungsfeindliche Kräfte, deren »IED's (Improvised Explosive Device)[233] (...) um 160 % gestiegen« sind – allein im ersten Halbjahr 2010![234] Fast zehn Jahre Krieg am Hindukusch, die Bundesregierung stellt fast 5.300 Soldaten und Soldatinnen bereit, die Geheimdienste – nicht nur der USA, auch der BND – spionierten und recherchierten, aber die deutsche Regierung ahnt nur, wer der Feind ist. Dafür gebe es objektive Gründe, weiß der ehemalige Nachrichtenoffizier der Bundeswehr, Marc Lindemann, denn die Motive der Aufständischen seien heterogen. Deshalb definiere die NATO als »Aufständischen«, wer »die internationalen Schutztruppen oder die afghanischen Sicherheitskräfte angreift.«[235]

Nach zehn Jahren Krieg legte die Bundesregierung am 16. Dezember 2010 einen *Fortschrittsbericht Afghanistan* vor – 108 Seiten, namentlich gezeichnet von Michael Steiner. Wenn man bescheidene Ansprüche stellt, ist der Seufzer: »Endlich mal eine Bilanz!« zulässig. Ansonsten wird in diesem Bericht, angeblich der kritischste, den je eine Bundesregierung vorgelegt hat, geglättet und geschönt, was das Zeug hält. Das beginnt schon mit dem Titel *Fortschrittsbericht*. Wo bitte ist der Fortschritt?

Das Steiner-Team vermag trotz Wahlbetrugs, Amtsmissbrauchs und Unterdrückung der Meinungsfreiheit »Fortschritte als greifbar und sichtbar« zu erkennen. Doch ist auch eine kritische Bemerkung nicht zu überlesen, wonach die Menschenrechte »noch nicht internationalen Standards entsprechen«.[236] Zwar kann Afghanistan sich noch nicht

232 17. WP, PP 17/9

233 Improvisierte Sprengstoffanschläge

234 Unterrichtung des Deutschen Bundestages durch das Auswärtige Amt über die relevanten Fragen der Entwicklung und des Wiederaufbaus in Afghanistan, Stand: 27. September 2010

235 Mac Lindemann, a. a. O., S. 90

236 Die Bundesregierung: a. a. O., S. 6

selbst versorgen, es sei aber »dennoch stetiger Fortschritt bei der Entwicklung des ländlichen Raumes« zu konstatieren. Besonders grotesk
ist die Schilderung der afghanischen Staatseinnahmen als Erfolgsge-
schichte des Wiederaufbaues. Selbige wären von 131 Mio. US-Dollar
2002/3 auf 1,8 Mrd. 2010/11 gestiegen. Ein kurzer Abgleich mit den
2010 allein aus Deutschland nach Afghanistan geflossenen Geldern
– nämlich 430 Mio. Euro[237] – trägt umgehend zur Ernüchterung bei.
Dennoch gibt es im *Fortschrittsbericht* die »regierungsamtliche« Feststellung, die bisher verschwiegen wurden: Die Sicherheitslage hat sich
»stetig verschlechtert« und 2010 sei für die ISAF das »verlustreichste
Jahr seit Beginn der Mission 2001«.[238]

   Im *Fortschrittsbericht* bleiben viele Fragen offen, – Fragen, die DIE
LINKE seit Jahren im Parlament stellt, Fragen, die wir auch in diesem
Buch aufgegriffen haben. Es ist eine Schande, wenn eine Regierung
sich für diese Fragen nicht interessiert. Es ist eine Schande, wie sie
mit dem Parlament umgeht und eine Schande für ein Parlament, das
diesen Umgang duldet.

   »Nichts ist gut in Afghanistan« – mit dieser Feststellung brachte die
damalige Vorsitzende des Rates der Evangelischen Kirche in Deutschland (EKD), Margot Käßmann, ihre Wahrnehmung auf den Punkt.
Nach dieser klaren Feststellung teilte sich die Öffentlichkeit in viel Zustimmung hier und harschen Widerspruch dort. Margot Käßmann be-
hielt Recht. »Nichts ist gut in Afghanistan«, meint nicht, dass nicht in
einzelnen Bereichen Verbesserungen erreicht worden wären. »Nichts
ist gut in Afghanistan« widerspricht allen, die sich und der Öffentlichkeit die Lage schönreden wollen. Solche Propagandamärchen werden
jeden Tag durch Meldungen über die Verschlechterung der Sicherheitslage, durch Nachrichten über Wahlfälschungen und Korruption,
durch Statistiken über Drogenanbau und Waffenhandel widerlegt.
Die Polizistinnen und Polizisten rund um den deutschen Bundestag,
die auch für die Sicherheit der Abgeordneten dahin beordert worden
sind, sind ein Ausdruck dafür, dass nichts gut ist in Afghanistan.

---

237   Ebd., S. 83
238   Ebd., S. 9

Vertuschung der Kriegsziele und -gründe

KALLE:

JA, EIN ZIEL BRAUCHENS IMMER.

ZIEL IST, WORAUF MAN SCHIESST.

Bertolt Brecht: Flüchtlingsgespräche

Je länger der Krieg dauerte, umso undeutlicher wurde das Ziel. Anfangs schien es glasklar: den Terrorismus bekämpfen und ihm in Afghanistan keinen sicheren Rückzugsraum lassen. Im Jahr 2010 ist selbst kriegsbefürwortenden Abgeordneten der Grünen unklar geworden, worum es geht, insbesondere nachdem der afghanische Präsident Karsai erklärt hat, er wolle mit den Taliban verhandeln. Frithjof Schmidt (Bündnis 90 / Die Grünen) fragt die Bundesregierung: »Worum geht es in Afghanistan? Geht es um einen militärischen Sieg über die Taliban? Geht es noch um unverzichtbare Menschen- und Frauenrechte oder nur noch um Stabilität um fast jeden Preis? Geht es also darum, die Taliban, und zwar jeder Couleur, im Rahmen einer politischen Lösung an der Regierung zu beteiligen? Geht es jetzt um den militärischen Versuch, die Taliban an den Verhandlungstisch zu bomben? Schenken Sie der Öffentlichkeit reinen Wein über die Ziele der Bundesregierung ein!«[239]

Da fragt man sich: Hingen vielleicht die Trauben zu hoch? Hat man den namenlosen Feind unterschätzt – wie früher schon die Briten und die Sowjets? Oder wusste man vor lauter Eilfertigkeit, die Bündnistreue unter Beweis zu stellen, gar nicht, worauf man sich eingelassen hat? Ist man Opfer der eigenen Propaganda geworden, die den Krieg nicht Krieg nennen durfte? Wenn man als Kriegsziel den afghanischen Frauen ihre Rechte sichern will, wer ist da eigentlich Freund und wer Feind? Wo doch insbesondere im Krieg die Gefahr, dass Frauen Opfer männlicher Gewalt werden, noch höher als im Frieden ist.

Es ist mehr als zynisch, wenn der heutige außenpolitische Sprecher der FDP-Fraktion Rainer Stinner von sich gibt: »Wir werden aus

---

239   17. WP, PP 17/22

Afghanistan nicht die Schweiz machen können. Das wollten wir auch gar nicht.«[240] Wenn aus Afghanistan nicht die Schweiz werden soll, sollten wir uns die genannten Kriegsziele genauer ansehen – immer im Bewusstsein, dass die offenbarten Ziele nicht die tatsächlichen sind. In der Hitliste der Ziele noch immer ganz oben: Der Krieg gegen den Terrorismus. Gebetsmühlenartig wird dieser Satz in Variationen quer durch die Mainstream-Parteien wiederholt. Aber der Krieg gegen den Terror hat dem Terrorismus jeden Tag neue Mitkämpfer in die Arme getrieben und die Gefahr des Terrorismus ins eigene Land geholt. DIE LINKE hat immer daran erinnert, dass der Kampf gegen den Terror nur mit zivilen Mitteln gewonnen werden kann, mit Krieg niemals.

Und wenn es nicht der »Krieg gegen den Terror« ist, der die Deutschen nach Afghanistan treibt, dann müssen die Bündnistreue, die Freundschaft zu den Vereinigten Staaten von Amerika und die westlichen Werte bemüht werden: »Damals hat der Vater des heutigen amerikanischen Präsidenten dem Bundeskanzler Helmut Kohl ›Partnership in Leadership‹ angeboten. Heute ist die Zeit da, in der wir diese Verantwortung einlösen müssen«[241], so die damalige Fraktionsvorsitzende der CDU/CSU Angela Merkel. Bundeskanzler Schröder bemühte die Werte: »Wir haben gemeinsam immer wieder darauf hingewiesen, dass insbesondere die Angriffe auf New York und Washington, also die Angriffe auf die Vereinigten Staaten von Amerika, nicht nur Angriffe auf die Werte waren, nach denen sich die Amerikaner politisch konstituieren, sondern auch Angriffe auf jene Werte, die für uns politisch konstitutiv sind, nämlich die Werte des Grundgesetzes.«[242] Hans-Ulrich Klose (SPD): »Ich will, dass die NATO-Länder in Afghanistan erfolgreich sind, damit Afghanistan gewinnt und die NATO ihre Glaubwürdigkeit behält. Die NATO darf nicht scheitern. Im Interesse unserer Sicherheit darf die NATO nicht scheitern.«[243] Wo es um die USA und die NATO geht, darf Deutschland nicht zu-

---

240   16. WP, PP 16/51
241   14. WP, PP 14/196
242   14. WP, PP 14/198
243   16. WP, PP 16/54

rückstehen. Hinter dieser Rhetorik löst sich das reale Afghanistan in Nebel auf und die Befreiung der afghanischen Frauen verschwindet vom Monitor. Wer die deutsche Rolle in der Welt an der Möglichkeit des militärischen Einsatzes festmachte, musste sich unweigerlich in Sprechblasen flüchten, wie der damalige Verteidigungsminister Scharping: »Hier steht nicht nur der Erfolg des Kampfes gegen den Terrorismus auf dem Spiel, sondern hier steht auch die Rolle der Bundesrepublik Deutschland in einer sich entwickelnden, auf multilateraler Verantwortung beruhenden Politik innerhalb der NATO und der Europäischen Union zur Debatte.«[244]

Die Begründungen des Bundeswehreinsatzes in Afghanistan wechselten – je nach Bedarf und Debattenlage. Logischer sind sie nicht geworden. Die bisher letzte Begründung lautete: »Die NATO darf nicht als geschlagene Allianz vom Hindukusch abziehen, es muss zumindest der Eindruck gewahrt bleiben, dass dieser Einsatz nicht umsonst war.«[245] Nur für DIE LINKE war der Afghanistankrieg von Anfang an völkerrechtswidrig, politisch falsch und moralisch schädlich.

Märchenstunden –
die Legende von der Bundeswehr als Parlamentsarmee

An Legenden mangelt es nicht, um den Krieg zu rechtfertigen. Eine wichtige Legende ist die, dass die Bundeswehr eine Parlamentsarmee sei. Das Selbstverständnis zu Zeiten der Blockspaltung war – übrigens in Ost und West gleichermaßen –, dass beide Armeen »Nicht-Einsatz-Armeen« seien. Helmut Kohl wollte in einem Bundestagswahlkampf »Frieden schaffen mit immer weniger Waffen« als Antwort auf die Losung der Friedensbewegung »Frieden schaffen ohne Waffen«. Aus der »Nicht-Einsatz-Armee« Bundeswehr wurde eine »Armee im Einsatz«, die nun von Verteidigungsminister zu Guttenberg zu einer schlagkräftigen Berufsarmee Out of Area umgebaut wird – wie es in der Losung der Division Spezielle Operationen (DSO) heißt: »einsatz-

---

244   14. WP, PP 14/198
245   FAZ, 17.12.2010

bereit – jederzeit – weltweit«. Aus dem Umstand, dass der Bundestag über die Einsätze Out of Area entscheiden muss, wurde die Legende von der Parlamentsarmee. Außer dass die Abgeordneten Fragen stellen dürfen, die oft auch noch schlecht und ausweichend beantwortet werden, passiert gar nichts, wenn nicht DIE LINKE im Parlament sitzt. In den Jahren 2002 bis 2005 mit nur zwei Abgeordneten der PDS ging die Zahl der Debatten und Anfragen über die Afghanistan-Einsätze schlagartig zurück.

Tatsache aber ist, Abgeordnete erfahren wenig über den Krieg, über die eingesetzten Formationen, über das Kommando Spezialkräfte oder – wie sie heute heißen – »Task Force 47«, über Verhandlungen und über das militärisch-zivile Zusammenspiel. Daran ändern auch die unregelmäßigen Unterrichtungen durch das Verteidigungsministerium nichts, die für die Obleute im Außen- und im Verteidigungsausschuss im so genannten »U-Boot«, der abhörsicheren Kommandozentrale des Bendler-Blocks, abgehalten werden. Alles, was gesagt wird, ist geheim. Und nichts davon ist wirklich wichtig. Aber das ganze Geheimhaltungstheater hat einen Sinn. Was die Parlamentsarmee im Einzelnen tut, soll der Bundestag, der sie entsendet, nicht wissen.

Die Einschränkung der Kontrollmöglichkeiten bemängelt in erster Linie die Opposition, vor allem jene Fraktionen und Abgeordneten, die dem Krieg kritisch gegenüberstehen. Die Parlamentarier der Mehrheitsfraktionen – sofern sie nicht von der Regierung zusätzliche Informationen erhalten – finden sich hingegen mit der fehlenden Kontrolle ab und winken die Anträge der Regierung durch. Wer seine Kontrollfunktion ernst nimmt, bekommt Knüppel zwischen die Beine geworfen. So gingen die bösen Worte über Gehrckes (DIE LINKE) »Geheimnisverrat« und »üble(n) Vertrauensmissbrauch« durch die Presse. Verteidigungsminister Scharping war aufgebracht, weil Gehrcke öffentlich machte, dass die KSK in Afghanistan unter US-Oberbefehl »Spezialaufklärung und Zugriff auf Taliban und Al Qaida, deren Infrastruktur sowie Versorgungs- und Fluchtwege« betrieben. Gehrcke hielt dem Vorwurf des »eklatanten Bruchs parlamentarischer Regeln« entgegen, dass er es »satt habe, mit Allgemeinheiten abgefüttert zu werden«. Er hatte zuvor alle parlamentarischen Möglichkeiten genutzt, um die Bundesregierung im Verteidigungsausschuss und im Parlament zu einer öffentlichen Stellungnahme zu bewegen. Ohne Erfolg. Amerikanische Militärsprecher hätten sich mehrfach lobend über das Engagement deutscher Spezialkräfte geäußert. Es dürfe nicht sein, dass ein Abgeordneter des Deutschen Bundestages weniger sagen darf als ein amerikanischer Militärsprecher, befand Gehrcke. Leider war nicht zu erwarten, dass die Bundesregierung ihre Informationspolitik ändern würde. Der Krieg ist im Bewusstsein der Bevölkerung weit weg und er muss auch weit weg bleiben.

Uneingeschränkte Solidarität gegen Völker- und Menschenrecht?

Die Regierung der USA verstößt seit 2001 auf verschiedenen Feldern in ihrem Krieg gegen den Terror massiv gegen das Völkerrecht. Und die Bundesregierung hat ihr gesamtes Handeln der Bündnissolidarität untergeordnet. »Die von Gerhard Schröder im September 2001 dem US-Präsidenten George W. Bush zugesicherte uneingeschränkte Solidarität wurde für die deutsche Regierung zum Programm, gegenüber dem alle politischen, moralischen und rechtlichen Bedenken hintan stehen mussten«, so formuliert es der Minderheitsbericht der Fraktion DIE LINKE im Anschluss an den Bericht des Untersuchungsausschusses zum Fall Kurnaz.[246]

Das KSK agierte mit Billigung oder Nichtwissen der zuständigen Ministerien »in einer Kontrolllücke«[247] und die Bundesregierung war bestenfalls rudimentär über Aktivitäten der KSK informiert. Folter-

---

246   16. WP, DS16/10650 S. 143. Deutscher Bundestag: Beschlussempfehlung und Bericht des Verteidigungsausschusses als 1. Untersuchungsausschuss gemäß Artikel 45 a Abs. 2 des Grundgesetzes zu dem auf Antrag der Fraktionen der CDU/CSU und SPD am 25. Oktober 2006 gefassten Beschluss des Verteidigungsausschusses, sich zum Misshandlungsvorwurf des ehemaligen Guantanamo-Häftlings Murat Kurnaz gegenüber Angehörigen des Kommandos Spezialkräfte im US-Gefangenenlager Kandahar, Afghanistan, als Untersuchungsausschuss gemäß Artikel 45 a Abs. 2 des Grundgesetzes zu konstituieren.

247   Ebd., S. 144

vorwürfe gegen Mitglieder der KSK, unzulässige Übergabe von Gefangenen ins Foltergefängnis Guantanamo, Duldung und Teilnahme an völkerrechtswidriger Behandlung der Gefangenen im Gefangenenlager in Kandahar – das waren die Vorwürfe, mit denen sich der 1. Untersuchungsausschuss des Bundestages in der 16. Legislaturperiode beschäftigte. In ihrem Minderheitsbericht sieht die Fraktion DIE LINKE die Vorwürfe von Murat Kurnaz bestätigt. Der Bericht stellt fest: »Bei den im Ausschuss vernommenen KSK-Soldaten konnte man sich des Eindrucks nicht erwehren, dass ihr Aussageverhalten aufeinander abgestimmt worden war.« Alle vernommenen Soldaten hätten in gleicher Weise sogar Nebensächlichkeiten dargestellt. Sie bestritten, was Kurnaz beschrieben hatte: zum Beispiel das Vorhandensein eines großen Tores oder von Lastwagen auf dem Gelände des Lagers. So versuchten sie, Murat Kurnaz unglaubwürdig zu machen.[248] Bei der Vernehmung weiterer Zeugen verstrickten sich die Soldaten in so große Widersprüche, dass nach Auffassung der Abgeordneten der Linksfraktion die Aussagen von Kurnaz bestätigt wurden. Das Mehrheitsvotum des Untersuchungsausschusses konnte sich zu einer solchen Erkenntnis aber nicht durchringen.

Dem Bundesverteidigungsministerium wirft das Minderheitsvotum vor, die Arbeit des Untersuchungsausschusses erheblich behindert zu haben. So hatten Mitarbeiter die Erinnerung an »dienstliches tätig Werden« verloren. Oder sie waren angeblich mit aufklärungsbedürftigen Vorhaben nicht beschäftigt, obwohl dies aufgrund der Entscheidungsprozesse und Organisationsstrukturen anzunehmen war. Beweismittel wurden unvollständig übergeben. Das Ganze gipfelte in einem mysteriösen »Datenschwund erheblichen Ausmaßes«, der bei Archivierungsmaßnahmen aufgetreten sein soll[249] – ein Vorgang, der in den Medien als unglaubwürdig skandalisiert worden war, aber längst in Vergessenheit geraten ist.

In der 17. Legislaturperiode musste sich ein weiterer Untersuchungsausschuss mit dem Bombenangriff auf die Tanklastzüge bei

---

248   Ebd., S. 148
249   Ebd., S. 145

Kundus beschäftigen, bei dem über 140 Menschen, in ihrer Mehrheit Zivilisten, getötet wurden. Oberst Klein, der die Bombardierung angefordert hatte, fürchtete angeblich, dass die Tanklastzüge zu einem Standort der westlichen Truppen gefahren und dort als Bombe in die Luft gesprengt werden könnten. Man habe 67 Taliban-Kämpfer gezählt. Obwohl die Besatzung des Kampfflugzeugs wegen der unklaren Lage Bedenken anmeldete und anbot, die Personen an den Tanklastern vor der Bombardierung durch einen Tiefflug zu vertreiben, bestand Oberst Klein auf der sofortigen Bombardierung. Auf die Frage: »Wollen Sie die Fahrzeuge oder die Leute treffen?«, antwortete der Flugleitoffizier: »Negativ. Das Ziel soll sofort angegriffen werden«.[250] Oberst Klein wurde freigesprochen, der Ausschuss arbeitet noch.

Kosten des Krieges

Die Kosten des Krieges werden von der Bundesregierung systematisch verschleiert. Sie beschränken sich keineswegs auf die im Bundestag genannten Summen. Eine Studie des Deutschen Instituts für Wirtschaftsforschung (DIW) kam im Frühjahr 2010 zu dem Ergebnis, dass die Fortsetzung des Bundeswehreinsatzes in Afghanistan jährlich ca. 3 Mrd. Euro kosten werde. Die Gesamtkosten der deutschen Beteiligung am Krieg in Afghanistan beliefen sich bei einem Abzug im Jahr 2010 auf etwa 36 Mrd. Euro. Die Ökonomen des DIW errechneten damit eine wesentlich höhere Zahl als die Bundesregierung. Die Kosten seien etwa dreimal so hoch wie die offiziellen Angaben. »Unsere Schätzung ist bei aller Vorsicht relevant und angemessen und bewegt sich eher noch am unteren Rand der Möglichkeiten«, sagte DIW-Experte Tilman Brück.[251] Im *manager magazin,* in dem Christian Rickens die DIW-Studie vorab präsentierte, hieß es: »Dabei unterstellen die DIW-Forscher ein vergleichsweise optimistisches Kernszenario: Die derzeitige deutsche Truppenstärke

---

250   US-Kampfpiloten warnten schärfer vor Luftangriff als bisher bekannt, Spiegel online, 5.12.2009

251   Pressemitteilung, 21.5.2010. www.diw.de

von bis zu 5.350 Mann genügt danach, um das Land so weit zu stabilisieren, dass die Bundeswehr 2013 mit dem Abzug beginnen kann.
Auch ein pessimistisches Szenario hat das DIW durchgerechnet: In
diesem Fall müssten die deutschen Truppen in Afghanistan verdop-
pelt werden, der Abzug könnte erst 2020 beginnen. Unter diesen Bedingungen würden sich auch die volkswirtschaftlichen Kriegskosten
in den kommenden Jahren rund verdoppeln. In ihrer Studie haben
die DIW-Forscher neben den unmittelbaren Verteidigungsausgaben
auch die Afghanistan-bezogenen Kosten in anderen Ministerien berücksichtigt, ferner die langfristigen Kosten, die durch verwundete
und gefallene Soldaten verursacht werden. Zudem haben sie die
Zinskosten für die Finanzierung des Afghanistan-Einsatzes in ihre
Kalkulation aufgenommen: Im Kernszenario summieren sich die Fi-
nanzierungs- und die Opportunitätskosten durch unterbliebene Investitionen in anderen Bereichen der Volkswirtschaft allein auf 10,4
Milliarden Euro.«[252]

Die Verschleierung der wirklichen Lage

Immer wieder fliegen Abgeordnete des Bundestages, Mitglieder der
Regierung oder auch ein Bundespräsident nach Afghanistan, um mit
ausgesuchten Gesprächspartnern die Lage zu erkunden. Anschlie-
ßend fühlen sie sich bestens informiert, meistens in ihrer Haltung
bestärkt.

So wie Kriegsziel und Kriegsgründe unklar bleiben und vertuscht
werden, verhält es sich auch mit der Analyse und Darstellung der
realen Situation in Afghanistan.

Egon Bahr im *Welt online*-Interview vom 1. August 2007: »Ich habe
eher den Eindruck, dass die Afghanistan-Diskussion in Deutschland
an einem Mangel an Realitätsbewusstsein krankt. Die westliche Strategie einer Teilung der Verantwortung zwischen Friedenserhaltung
und Entwicklungshilfe im Norden und aktiver Kampfführung gegen
die Taliban unter amerikanischer Führung im Süden ist gescheitert. In
Afghanistan herrscht de facto Krieg (…) zu den kriegführenden Natio-

---

nen dort gehören eben auch die Deutschen.« Wir sollten gemeinsam mit den Verbündeten klären: »Was sind eigentlich unsere Ziele, in welcher Zeit wollen wir was erreichen, und können wir das schaffen? (...) Man wird nämlich staatliche Stabilität in Afghanistan auf Dauer nicht ohne Beteiligung der Taliban erreichen können.«

Bahrs Eindruck ist alles andere als falsch. Mangel an Realitätsbewusstsein trübte von Anfang an den Blick der Befürworter des Afghanistankrieges. Ihre Prognosen änderten sich seit Kriegsbeginn, blieben aber im Wesentlichen optimistisch: »Die aktuelle Lage in Afghanistan stimmt vorsichtig optimistisch«, findet Kerstin Müller (Bündnis 90 / Die Grünen) im Jahr 2001.[253] Genau so Bundeskanzler Schröder: »Die jüngsten Entwicklungen in Afghanistan sind ermutigende Erfolge im Kampf gegen den internationalen Terrorismus.«[254] 2006 erklärt die Bundesregierung, die NATO-geführte ISAF »trug wesentlich dazu bei, dass die Sicherheitslage in weiten Teilen des Landes nachhaltig stabilisiert werden konnte«.[255] Aber im Oktober desselben Jahres war dieser Optimismus bei Außenminister Steinmeier nur mehr gedämpft. Sei's um die Verlängerung des OEF-Mandats zu erreichen, sei's aus unerwarteter Einsicht, äußerte er sich besorgt: Man befinde sich in einer schwierigen Phase des Kampfes gegen den internationalen Terrorismus. Die Bilanz sei durchwachsen, militärische Mittel unverzichtbar.[256] Dann aber, im Jahr 2007, war es Karl-Theodor zu Guttenberg, der eine Nebelbombe warf: »Im Norden Afghanistans hat sich die Lage alles andere als verschlechtert, und zwar gerade auf Grund der Tatsache, dass wir dort einem vernetzten Konzept nachgegangen sind.«[257]

Und heute? Afghanistan ist in der Entwicklungstabelle der UNO seit 2001 um sechs Plätze auf den vorletzten Platz zurückgefallen.[258]

---

253   14. WP, PP 14/202

254   Ebd.

255   16. WP, DS 16/1809

256   16. WP, PP 16/60

257   16. WP, PP 16/81

258   junge Welt, 28.1.2011

Wir in unserem Afghanistan: Fördern und Fordern

Eckart von Klaeden (CDU/CSU) fand im Jahr 2008 schon die richtige Zeit gekommen, Afghanistan einem gestrengen Hartz-IV-Regime zu unterwerfen: »Vielleicht liegt der schwierige Teil der Arbeit in Afghanistan noch vor uns, nämlich der, der mit dem Aufbau der Staatlichkeit verbunden ist (…) Wir sind jetzt an dem Punkt angelangt, wo wir die Balance zwischen Fördern und Fordern finden müssen.«[259] Ein Jahr später wurde Gernot Erler (SPD) immerhin schon von Sorgen umgetrieben. Er sah eine »drückende Verantwortung bei der Aufgabe, ein Scheitern in Afghanistan zu verhindern«, während Holger Haibach (CDU/CSU) noch frohgemut die alten Lieder auf Kolonialherrenart wiederholte: »Natürlich wissen wir, dass wir noch einiges zu tun haben, wenn wir zu einem Aufbau staatlicher Strukturen kommen wollen (…)«.[260] Wir in unserem Afghanistan. Oder ist es das Chefarzt-Wir? Sein Fraktionskollege Christian Ruck war auch im Jahr 2010 von unverwüstlichem Wunschdenken erfüllt: »Wir haben gesehen: Wo rund um die Uhr ausreichend Sicherheitskräfte vorhanden sind und alternative Produkte angebaut werden, kommen der Drogenanbau und mit ihm all die staatszersetzenden Auswirkungen zum Erliegen.« Er warnte davor, bei den militärischen und polizeilichen Anstrengungen nachzulassen. Anderenfalls werde die »Bereitschaft zur Abgabe von Waffen und zur Reintegration« seitens der Taliban zur Illusion.[261] Die unterschiedlichen Lagebewertungen im jeweiligen Kontext betrachtet, erweisen sich stets als von Interessen diktiert.

Während es am Tatbestand des »Mangels an Realitätsbewusstsein« wohl nichts zu deuteln gibt, stellt sich die Frage, was Borniertheit und Unkenntnis, was bewusste Verschleierung bzw. Täuschung ist oder gar ein verzweifeltes »Augen zu und durch«. Dass die Mahnungen, Fragen und Informationen von Seiten der LINKEN in den Wind geschlagen wurden, – sei's drum bei so viel antikommunistischer Verblendung. Aber die zwar vereinzelten, aber dennoch deut-

---

259   16. WP, PP 16/166

260   17. WP, PP 17/7

261   17. WP, PP 17/22

lichen Stimmen aus SPD und Bündnis 90 / Die Grünen zu ignorieren, kann nicht mit Antikommunismus erklärt werden. Doch die
eigenen Fachleute aus der Stiftung Wissenschaft und Politik nicht
ernst zu nehmen, dazu gehört ein großes Maß an Bewusstseinstrü-
bung, verursacht durch jene Selbsthypnose, die der Arroganz der
Macht und der uneingestandenen Sehnsucht nach Weltgeltung geschuldet ist.

Nachgefragt. Doch der Bundesregierung liegen keine Erkenntnisse vor

> TOTE MENSCHEN SIND TOTE MENSCHEN,
> WER IMMER SIE WAREN.
> WER NICHT NACHFRAGT, WIE MENSCHEN STERBEN,
> DER HILFT SIE TÖTEN.
> *Erich Fried, Jemand anderer*

Dieser Arroganz der Macht entspricht auch die geringe Bereitschaft
der Regierenden, Abgeordneten wahrheitsgemäß Rede und Antwort
zu stehen, wenn diese ihr demokratisches Recht und ihre Pflicht zur
Kontrolle der Exekutive ernst nehmen und kritische Fragen an die
Regierung stellen. Dafür seien im Folgenden einige Beispiele aufgeführt.

Das Instrument der Kleinen Anfragen wurde insbesondere von
der PDS/Die Linksfraktion eifrig genutzt in der Hoffnung, Aufklärung über die tatsächlichen Aufgaben und Praktiken der deutschen
Truppen in Afghanistan zu erhalten.

In der Anfrage 14/7713 vom 30. November 2001 will die PDS Einzelheiten über militär-strategische Veränderungen wissen, nachdem
über die Berichterstattung von Medien, hier: *Die Welt* vom 16.11.2001,
zu erfahren war, dass die US-Regierung es für richtig halte, Ver-
dächtige und »feindliche Kräfte« an Straßensperren zu erschießen.
US-Verteidigungsminister Rumsfeld hatte auf eine Journalistenfrage
geantwortet: »Wenn es die Sorte ist, die man erschießen will, dann
erschießen wir sie.«

Die Fragen, ob die deutschen Spezialeinheiten nach demselben Prinzip verfahren und die NATO das auch tun solle und ob ein solches Vorgehen mit dem Völkerrecht und Kriegsvölkerrecht vereinbar sei, bejahte die Bundesregierung am 21. Dezember 2001 mit dem Hinweis auf das Recht auf individuelle und kollektive Selbstverteidigung.[262] Dieser pauschale Hinweis wird bei einer Vielzahl späterer Anfragen regelmäßig herangezogen werden.

Mit einem detaillierten Fragenkatalog versuchte die PDS[263], Aufklärung über frühere Kontakte der Bundesregierung zu islamischen Milizen und Terrororganisationen in Afghanistan zu erreichen. In ihrer Antwort vom 15. Februar 2002 wertete die Regierung belustigt die Anfrage als »Forschungsauftrag« ab und erklärte, dass ihr keine Erkenntnisse vorlägen. Auf die Kleine Anfrage der PDS[264] nach der Zahl der im Rahmen des OEF-Einsatzes getöteten Taliban, Al Qaida-Kämpfer und Zivilpersonen konnte die Regierung keine genauen Angaben machen. Immerhin wusste sie, dass deutsche Soldaten nicht an Festnahmen beteiligt waren. Sie bejahte die Frage, ob sie bedauere, dass die Kriegsführung der USA zu »unangemessen vielen zivilen Opfern« führe, wie die UN-Hochkommissarin für Menschenrechte, Mary Robinson, festgestellt hatte.

Die Regierung weiß die Zahl der zivilen Opfer nicht, ist sich aber sicher, dass deutsche Soldaten »keine Übergriffe gegen die Zivilbevölkerung begangen« haben.

In der 194. Sitzung des Bundestags am 17. Oktober 2001 fragt die PDS-Abgeordnete Heidi Lippmann nach konkreten militärischen Beiträgen der Bundeswehr im Rahmen des OEF-Engagements. Die überaus erhellende Antwort: »Die Bundeswehr verfügt über ein breites Spektrum an Fähigkeiten der Land-, Luft- und Seestreitkräfte. Inwieweit diese eingebracht werden können, ist im Lichte konkreter Anfragen zu entscheiden.« Der PDS-Abgeordnete Wolfgang Gehrcke wollte mit Bezug auf einen Brief der US-Regierung an den

---

262   14. WP, DS 14/7929

263   14. WP, DS 14/7851

264   14. WP, DS 14/8252

UN-Sicherheitsrat vom 8. Oktober 2001 wissen, ob der Bundesregie-rung bekannt sei, gegen welche Organisationen und Staaten sich die »Selbstverteidigung der USA« richten müsse. Eine berechtigte Frage, wer denn alles zu den Feinden zähle, gegen die deutsche Soldaten kämpfen sollen. Aber der Bundesregierung liegen wie so oft keine Erkenntnisse vor.

Die Fragestunde am 27. Februar 2002 in der 220. Sitzung enthüllt dank der Fragen von PDS-Abgeordneten erneut die Vertuschungs- und Desinformationspolitik der Regierung. Carsten Hübner (PDS) kritisiert: Ein US-Oberbefehlshaber in Afghanistan habe einen Monat früher als die Bundesregierung gegenüber dem Parlament öffentlich gemacht, dass deutsche Spezialeinheiten in Afghanistan tätig seien. Brigitte Schulte (SPD), seinerzeit Parlamentarische Staatssekretärin, reagierte verärgert: Diese Truppe habe Aufgaben wahrzunehmen, »über die nicht unbedingt die Diskussion in der Öffentlichkeit geführt werden muss.«

Und wenn die Regierung meint, das müsse »nicht unbedingt« sein, dann tut sie es nicht, handelt am Parlament vorbei.

Mehrfach bezog sich Wolfgang Gehrcke (PDS) in seinen Fragen auf eine Äußerung von Bundeskanzler Schröder vom 8. November 2001, wonach keine Kampfeinsätze am Boden vorgesehen seien. Gehrcke wollte wissen, ob die KSK nun eine Kampftruppe sei oder nicht. Bri-gitte Schulte bestätigte in einer ersten Antwort, dass laut Beschluss des Bundestages am 16.11.2001 die deutschen Truppen im Rahmen der OEF »die gesamte Palette der Aufgaben wahrnehmen müssen.« Auf eine weitere Nachfrage des Abgeordneten Gehrcke nahm sie diese Aussage scheinbar zurück, indem sie die KSK nachgerade als Me-diator darstellte: »Die KSK haben wir (…) nach den Erkenntnissen internationaler Einsätze aufgestellt. Sie hat in erster Linie die Aufga-be, Konflikte möglichst ohne Kampfeinsätze zu lösen. Sie soll Men-schen retten. Sie ist aber in der Lage, auch militärische Kampfeinsätze wahrzunehmen; sie ist wirklich keine Caritas-Einrichtung.« Gehrckes Schlussfolgerung: »Sie haben mir jetzt bestätigt: Es ist eine Kampf-truppe, sie operiert am Boden, in der Luft und im Wasser. Kann ich jetzt festhalten, dass die Aussage des Bundeskanzlers in seiner Regie-

4. LÜGEN, TARNEN, DIE WAHRHEIT VERSCHWEIGEN 143

rungserklärung am 8. November, die für viele Abgeordnete für ihre Entscheidung, ob sie zustimmen oder nicht, wichtig war, falsch gewesen ist?« Schulte: »Nein, das können Sie nicht feststellen.«

Warum eigentlich nicht? Kanzler Schröder hatte genau dies gesagt, jeder Mann und jede Frau können das nachlesen. Auch die anderen Abgeordneten im Bundestag, falls sie die Regierungserklärung vergessen haben sollten. Aber es interessierte sie nicht. Sie wollten den Krieg.

Um die Unwilligkeit der Regierung zu bemänteln, insbesondere den linken Abgeordneten wahrheitsgemäß Rede und Antwort zu stehen, waren sich Regierungsvertreter nicht zu schade, eigene Unwissenheit vorzutäuschen – oder sollten sie wirklich nichts gewusst haben? In der Fragestunde am 23.1.2002[265] bezog sich Heidi Lippmann (PDS) auf einen Artikel der *New York Times*, eine immerhin nicht ganz unbedeutende Zeitung, und fragte, ob es stimme, dass nach Osama Bin Laden, Mullah Omar und anderen Al Qaida-Kämpfern nur mehr in zwölf Regionen gesucht werde? Dem für die Bundesregierung antwortenden grünen Staatsminister im Auswärtigen Amt, Christian Zöpel, war das »persönlich« nicht bekannt. Seine Regierung nahm er vorsorglich in Schutz: »Sie können ja nicht voraussetzen, dass die Bundesregierung alle Artikel der internationalen Presse jederzeit kennt.«

Nein, alle und jederzeit nicht. Aber zur Vorbereitung einer Fragestunde und zur Beantwortung der vorher schriftlich eingereichten Fragen könnte sie es vielleicht doch tun, vorausgesetzt, sie nähme die Kontrollfunktion des Parlaments ernst.

Noch erbärmlicher ist die Antwort des Staatsministers auf die Frage Heidi Lippmanns (PDS), ob deutsche Spezialeinheiten an der Inhaftierung und Verbringung afghanischer und Al Qaida-Gefangener nach Guantanamo beteiligt seien. Christian Zöpel: »Das kann ich nach meinem Wissensstand nicht bestätigen (…) Herr Präsident, ich erlaube mir diesen Hinweis, weil mir sehr daran gelegen ist, in dieser Angelegenheit nichts zu sagen, was nicht stimmt.«

Sicher ist er aber nur, dass »wir uns« ans Völkerrecht halten.

---

265   14. WP, PP 14/211

Sich ebenfalls auf die *New York Times* stützend fragte der PDS-Abgeordnete Wolfgang Gehrcke (PDS) die Bundesregierung, ob sich, was neu wäre, deutsche Kräfte an Bodenoperationen beteiligen. Christian Zöpel wand sich in immer neuen Verrenkungen, um einer Antwort auszuweichen. Etwa weil er Vorbehalte gegenüber der eigenen Regierungspolitik hatte? Oder wäre ihm das Eingeständnis der Wahrheit peinlich gewesen? Unwahrscheinlich ist, dass er nicht wusste, welche Zeitungen von den Ministern und ihrem großen MitarbeiterInnenstab gelesen werden. – Wollte man ihm glauben, wäre die *New York Times* nicht dabei. Zöpels weitere Auslassungen zum Thema waren ausgesprochen arabesk: Nach seiner Auffassung »gehört es zur Normalität des Zusammenlebens von Menschen in einem politischen System, dass nicht jeder Befragte, der der Bundesregierung angehört, wissen kann, was alles gelesen wurde. Meiner Antwort, die auf meiner Auffassung über einen mir bisher nicht bekannten Zusammenhang beruhte, können Sie in keiner Weise entnehmen, dass ich gesagt habe, deutsche Bodentruppen seien in Afghanistan militärisch tätig.«

Nichts gehört, nichts gesehen, nichts gesagt – das war auch im Wesentlichen die Haltung der Regierungsvertreter vor den Untersuchungsausschüssen im Fall Kurnaz und im laufenden Untersuchungsausschuss zu Kundus. Die Regierung gibt nur zu, was sie nicht mehr leugnen kann.

Nicht wir, die anderen foltern und töten.

Oftmals agiert die Bundesregierung wie der berühmte Hehler, von dem der Volksmund sagt, er sei genauso schlimm, wenn nicht gar schlimmer als der Stehler. Dazu zwei Beispiele: Bei der Entsendung der Tornado-Aufklärungsflugzeuge war das Standardargument der Bundesregierung, es ginge »nur« um Aufklärungsluftbilder. Dass den Aufklärungsflugzeugen die Bombenflugzeuge folgen würden, sollte möglichst unerwähnt bleiben.

Die Bundesregierung hat auf Anfragen der LINKEN und von Bündnis 90 / Die Grünen bestätigt, dass nach ihrer Auffassung das gezielte Töten von Aufständischen durch das ISAF-Mandat gedeckt sei. Jedoch, so die Bundesregierung, sei die Bundeswehr daran nicht direkt beteiligt.[266] Aber: Selbst wenn Deutschland für diese ISAF-Liste »nur« Personen zur Festnahme vorschlägt, ist nicht sichergestellt, dass sich andere Staaten nicht doch für andere »Lösungen« entscheiden. Gerade bei den gezielten Tötungen – derzeit eines der Hauptmittel im Krieg – wird die Verantwortung fast vollständig auf die USA geschoben. Nicht dass die USA etwa »unschuldig« seien, aber Deutschland und der Verteidigungsminister persönlich tragen Mitschuld. Denn die Benennung für die »Joint Priority Effect List« steht unter Ministervorbehalt. Das heißt: Vorschläge von Personen, die offensichtlich vom BND oder anderen Spezialkräften ausgekundschaftet werden, dürfen nur mit Genehmigung des Ministers auf die Liste gesetzt werden. Was bleibt vom deutschen Recht? Was weiß die Öffentlichkeit davon? Tatsache ist: Deutschland ist an gezielten Tötungen beteiligt. Ob die bislang behauptete »Selbstbeschränkung« der Realität standhält, wird allerdings erst die Zukunft erweisen.

---

266 Vergleiche dazu Kapitel 1

5. Trotz Meinungspluralismus – klare Linien

Wie *BILD, taz* und *DIE ZEIT* den Krieg in Afghanistan erklärten.

Um einer Bevölkerung die Notwendigkeit eines Krieges zu erklären, den ein Staat führen bzw. fortführen will, genügen die offiziellen Verlautbarungen der Regierungsbulletins nicht. Erforderlich ist die Unterstützung durch einen relevanten Teil der Medien. Weil die Mehrheit der Deutschen ihr Land weiterhin lieber aus Kriegen heraushalten würde, ist das gerade im Falle Afghanistans nicht einfach. Um Verluste bei den Zuschauerquoten und bei Abonnements zu verhindern, müssen Sender und Zeitungen vermeiden, ganz einseitig für die deutsche Teilnahme zu plädieren. Wie bei anderen Themen ist auch hier Meinungspluralismus notwendig. Bei genauerer Analyse aller Artikel über bestimmte Zeiträume des Krieges lässt sich allerdings doch eine Position der jeweiligen Redaktion herausfiltern und auch eine Strategie, den Lesern diese Position zu suggerieren.

Hier wird untersucht, wie in drei bedeutenden Zeitungen der Afghanistankrieg und insbesondere die deutsche Beteiligung dargestellt wurde. Die Wahl fiel auf *BILD, tageszeitung* und *DIE ZEIT*, weil sie Lesergruppen mit unterschiedlichem sozialem und intellektuellem Profil ansprechen.

Obwohl die Invasionspläne für Afghanistan seit April 2001 im Pentagon bereitlagen, ist der Terroranschlag vom 11.9.2001 das Datum, von dem ab die Öffentlichkeit auf Bombardierung und Besetzung vorbereitet wurde.[267]

Franz Josef Wagner: »Schießt schneller!«

Charakteristisch für *BILD* ist, dass die Hauptaussage eines Artikels zumeist schon treffend im Titel zusammengefasst wird. Damit wendet sie sich an ein breites, mäßig gebildetes Publikum, das keine längeren Texte oder Analysen lesen möchte. Sein Interesse an der Politik tritt offenbar weit hinter dem an Sport und Sexualität zurück. Letzteres wird durch das rituell-obligatorische Foto eines Pin-up-Girls auf der ersten Seite bedient sowie durch etliche Seiten mit Liebes- und Familienkonflikten Prominenter, die oft serienmäßig über viele Ausgaben portioniert werden. Politischen Nachrichten und Kommentaren sind meist nur Klein- und Kleinstspalten vorbehalten, außer, wenn es um spektakuläre Großereignisse wie die Attentate vom 11. September geht, die die von *BILD* nie hinterfragte westliche Zivilisation angeblich ins Herz treffen. Aus Gründen der Pietät wurde das Pin-up auf der Titelseite für acht Tage weggelassen und Bilder und Berichte über das New Yorker Horrorszenario beherrschten die ersten Seiten.

Wir wollen uns aber nicht auf die Berichterstattung über diese Katastrophe konzentrieren, sondern auf die Artikel, die zum kommenden Krieg hinführen. Bei der Durchsicht der Einzelnummern ab dem 12. September offenbart sich eine redaktionelle Konzeption von

---

267 Jürgen Rose: Das ist Schreibstuben-Bellizismus. In: Der Freitag, 2.6.2010

geschickt inszenierten Wechselbädern. Es werden nicht nur verschiedene Ansichten über Angemessenheit, Chancen und Gefahren des künftigen Krieges geboten, sondern auch scheinbar sorgsam gegeneinander abgewogene Dosierungen von Katastrophenstimmung und Beruhigungspillen. Aus diesem Grunde empfahl es sich, besonders für die ersten Tage und Wochen nach den New Yorker Terroranschlägen sämtliche Beiträge zu erfassen. Für spätere Zeiträume wurden thematische Zusammenfassungen erstellt.

Schon am 12. September wird auf Seite 4 unter Berufung auf den Chefradakteur der in London erscheinenden Zeitung *Al Quds al Arabi* als wahrscheinlicher Drahtzieher Osama Bin Laden genannt, der ihm drei Wochen zuvor angeblich von der Planung eines größeren Anschlags erzählt habe. Auf die Frage »Gibt es jetzt Krieg, Herr Scholl-Latour?« antwortet der in der *BILD* mit einer eigenen Kolumne[268] vertretene Spezialist für islamische Länder auf Seite 5 mit der ihm eigenen Zurückhaltung, dass seiner Ansicht nach die Geheimdienste geschlampt hätten. Krieg hielt er für wahrscheinlich, aber nicht für besonders geraten. Er setzte auch einen Kontrast zu den im Fernsehen gezeigten, später als Inszenierung israelischer Geheimdienste entlarvten Bildern palästinensischer Jugendlicher, die bei der Nachricht über die Attentate Freudentänze aufführten. Scholl-Latour betonte, dass sich »die palästinensischen Kampforganisationen sofort distanziert haben«.

Am 13. September, zwei Tage nach den Anschlägen, wird auf Seite 2 allerdings schon zum Angriff geblasen: *Jetzt entbrennt der Kampf gegen das Böse. Die Bürger fordern Vergeltung!* – freilich nicht, ohne dass *Auch in Berlin* für die Opfer gebetet wird. Zweifelsfrei scheint festzustehen, dass Osama Bin Laden der Drahtzieher war, denn auf Seite 4 wird berichtet, dass er den Attentätern gratuliert habe. Auf Seite 9 findet man etwas Nachdenklichkeit. In Hinblick auf vier Entwicklungshelfer, die sich in der Hand der Taliban befinden, wird gefragt: *Was wird aus den vier deutschen Geiseln?*, wenn es tatsächlich zum Angriff käme: *Menschliche Schutzschilde?* Ein anderer Titel auf Seite 9 fragt: *Kommt jetzt der*

---

268   Peter Scholl-Latour erklärt die Welt

Terror auch zu uns? Dazu wird ein Foto des Frankfurter Messeturms gezeigt, dem damals höchsten Wolkenkratzer Deutschlands, bei dem eine Bombendrohung eingelaufen war.

Dass Deutschland unfreiwillig Verantwortung für die Anschläge trage, wird den Lesern am 14. September klar gemacht. *BILD* bringt auf Seite 1 ein großes Foto von Mohamed Atta, des vermutlichen Anführers der Attentäter mit der Überschrift: *Terrorbestie lebte acht Jahre in Deutschland.* Auf Seite 6 wird der Verteidigungsminister gefragt: *Muss Deutschland jetzt in einen Krieg ziehen?* Rudolf Scharping antwortet: »Wir werden die USA unterstützen« und teilt mit, dass die Bereitschaft der Bundeswehr bereits erhöht wurde.

BILD liefert kein einseitiges »Feindbild Islam«. Seite 6 zeigt das Foto einer in den USA lebenden Muslimin, die an der öffentlichen Trauer für die Terroropfer teilnimmt. Ähnliche Solidarisierungen von Muslimen mit den Opfern fanden auch in Deutschland statt.

Die Ausgabe vom 15. September berichtet auf Seite 6, dass Paul Spiegel, der damalige Präsident des Zentralrats der Juden, »Seite an Seite mit Muslimen für Frieden gebetet« habe. Auch auf Seite 4 wurde vor generalisierenden Schuldzuweisungen gewarnt: »Es gibt keine Einteilung in gute Völker und in böse«. Brigitte Blobel betont, dass eine solche Einteilung »rassistisch und zynisch« sei. »Wir dürfen nicht Gefangene unserer eigenen irrationalen Angst werden.« In dieser Frage bleibt die Ausgabe vom 15. September 2001 konsequent: die Schuld tragen einzelne Extremisten. Auf Seite 1 wird über die »geheime Zentrale« der »Terrorpiloten« in Deutschland spekuliert und auf Seite 5 erstmals das Hauptquartier Bin Ladens in einem Bergbunker bei Kandahar beschrieben, das als mögliches erstes Angriffsziel der Amerikaner in Frage käme.

Dass Deutschland »an der Seite der Amerikaner stehen« müsse, wird auf Seite 1 der Ausgabe vom 17. September in den Fokus gerückt. Schließlich würden 270 Deutsche unter den Trümmern des World Trade Center vermutet. Während auf Seite 2 ein Artikel mit dem Titel *Krieg gegen die Taliban: Amerikas Elite-Vergeltungsschlag* zu lesen ist, finden sich in derselben Nummer auch Warnungen davor. Auf S. 4 ist ein Brief des ehemaligen CDU-Abgeordneten Jürgen Todenhöfer an Präsident Bush abgedruckt: »Mr. President, treffen Sie die Schuldigen, nicht die Unschuldigen!« Todenhöfer befürchtet, dass vor allem Frauen und Kinder Afghanistans unter den immer wahrscheinlicher werdenden Kriegshandlungen leiden werden. Und er warnt vor der Zunahme von Hass und Terror, sollte der Westen zuschlagen. Ähnlich argumentiert Oskar Lafontaine (damals SPD) in seiner Kolumne[269]. Gräueltaten von Terroristen sollten nicht neue Gräueltaten hervorbringen. »Amerika darf nicht allein losschlagen: NATO, Russland, China und arabische Staaten sollten im Kampf gegen Terror zusammenarbeiten.« Daneben fordert allerdings Peter Gauweiler (CSU) in seiner Gegenkolumne[270], dass in Konsequenz der Attentate »58.000 extremistische Ausländer« aus Deutschland ausgewiesen werden müssten. Außerdem stellt er die Behauptung auf: »Wer keinen Atomkrieg will, muss wieder kämpfen lernen.« Er meint die Bundeswehr, die eine Berufsarmee werden müsse. Ob Peter Gauweiler heute erneut eine solche Kolumne schreiben würde, scheint seiner Klage gegen den Tornado-Einsatz wegen wenig wahrscheinlich.[271]

BILD vom 18. September fragt auf Seite 1: *Ist der Krieg noch zu verhindern?* Und auf Seite 4 wird unter dem Titel *Kommt der Terror nach Deutschland?* berichtet, »Sicherheitskreise« seien überzeugt, dass auch wir ins Fadenkreuz von Terroristen rücken werden. Milzbrandsporen könnten vom Flugzeug über einer deutschen Großstadt versprüht werden, wobei mit rund 95.000 Toten gerechnet werden müsse. Auch bestehe Gefahr von Koffer-Atombomben. Der BND warnt, dass Deutschland in die Reichweite von Langstreckenraketen der »Schurkenstaaten« gerate. Saddam Hussein sei dabei, aus Scud-Raketen eine Rakete mit Flüssigtreibstoff zu entwickeln, die 3.000 km weit fliegen könne.

Zwischen Bagdad und Berlin liegen nur knapp 300 km mehr. Der Leser soll schließen, dass Saddam seine Raketen nur bis an seine Grenzen transportieren müsse, um Berlin anzugreifen.

Selbst wenn diese schlimmsten Prognosen nicht einträten, müssten

---

269   Mein Herz schlägt links
270   Mein Herz schlägt auf dem rechten Fleck
271   Siehe auch Kapitel 1

sich die Deutschen wohl auf Veränderungen in ihren Lebensgewohn-
heiten einstellen: *Urlaub bald ganz ohne Flugzeuge?* wird auf Seite 7 spekuliert.

Deutschlands fatales Helfersyndrom

BILD vom 19. September weist die Leser auf Seite 2 auf die abendliche
Ansprache an die Nation von Bundeskanzler Schröder hin. Außenmi-
nister Joseph Fischer – für *BILD* immer »Joschka Fischer« – erzählt
besorgt, dass seine Geheimdienste vor »unmittelbarer Gefahr« eines
Terroranschlags in Deutschland gewarnt hätten. Und auf derselben
Seite wird gefragt: *Wie könnte Deutschland* (den USA, d. V.) *helfen?* Ein
Spektrum militärischer Angebote wird aufgezählt: Fallschirmjäger,
Gebirgsjäger, KSK und Kampfflugzeuge. Etwas bang klingt noch die
Frage: »Müssen deutsche Soldaten in den Krieg?«

Und nachdem auf Seite 4 die Bundesregierung die »schockierend
hohe Zahl« deutscher Toter im World Trade Center (nun auf etwa 100
geschätzt) beklagt hat, wird auf Seite 5 unter dem Titel *Besiegen sie
das Böse?* fest davon ausgegangen, dass die Amerikaner in den Krieg
gehen werden. *BILD* stellt hier US-Spezialeinheiten vor, die auch für
Sabotageakte und Entführungen ausgebildet sind. Unreflektiert bleibt,
dass diese Kampfformen, von anderen Völkern angewandt, nicht als
faire Kriegsführung gelten würden.

Am nächsten Tag, dem 20. September, steht groß auf der Titelseite:
Der Kanzler beruhigt die Deutschen. Er wird mit dem fettgedruckten Satz
zitiert: »Wir befinden uns nicht im Krieg gegen einen Staat.« Obwohl
noch nicht einmal der Bündnisfall durch die NATO ausgerufen ist und
die entscheidenden Abstimmungen im Bundestag noch ausstehen,
wird bereits mitgeteilt: »Der Bundestag macht mit überwältigender
Mehrheit den Weg für deutsche Militärhilfe für einen Vergeltungsschlag gegen die Terroristen frei.«

Es wird so getan, als ob nun auch von »unserer« Seite die Würfel
gefallen seien, was aber erst am 16. November geschah. *BILD* war
schon vorher im Bilde. Welche Pläne kannte *BILD*? Wie auch immer
– am 20. September kehrte man zu einer gewissen Normalität zurück:
Ab diesem Tage posierte wieder auf Seite 1 das tägliche Pin-up.

Die Perspektive deutscher Beteiligung verführt *BILD* auf Seite 2 zu kühnen Spekulationen: *Greifen sich deutsche Elite-Soldaten Osama Bin Laden?* Zutrauen könnte man es dem martialischen KSK-Soldaten auf dem daneben abgebildeten Foto schon. Der Leser darf sich aber fragen, ob sich die Amerikaner diese Aufgabe nehmen lassen. Auf Seite 4 lesen wir über Aktiengeschäfte der Terroristen und über das Netz des Bösen in Deutschland. Auf derselben Seite dann ein Kontrastprogramm: *Was können wir gegen den Hass tun? Dichter und Denker antworten.* Der Literaturkritiker Marcel Reich-Ranicki sagt: »Romane lesen; Musik hören!« Das habe er auch im Warschauer Ghetto gemacht, »in der schlimmsten Zeit meines Lebens«. Der Schriftsteller Siegfried Lenz warnt, dass man jetzt nicht 200 Millionen Araber verdächtigen solle. Der Autor Rolf Hochhuth äußert den Wunsch, »dass die Amerikaner nicht in Afghanistan einmarschieren, um ein Dutzend Gangster auszuheben«, die man doch nie bekäme. Der Politologe Iring Fetscher berichtet, dass ihm ein »stilles Gebet« helfen würde. Er mahnt Gelassenheit an bei den angedachten künftigen Sicherheitsmaßnahmen an Flughäfen. Wir sollten nicht vergessen, »dass der überwiegende Teil der Menschheit friedlich ist.« Der Autor Lothar Buchheim hofft noch, dass auf Rache verzichtet würde.

Seite 5 zeigt, was die multinationalen Truppen in Afghanistan, dem »Land der Finsternis«, angeblich erwartet: ein Foto, auf dem Taliban »eigene Leute wegen Korruption« aufhängen. Weitere Fotos präsentieren eine verschleierte weibliche Kämpferin und Kindersoldaten.

Analysen, die über das »Böse« hinausgehen, das Afghanistan im Griff hat, sind rar in *BILD*. Es wirkt wie Zufall, dass auf derselben Seite 5 ein kleines Interview mit der damaligen pakistanischen Oppositionspolitikerin Benazir Bhutto[272] steht, die zweimal Mordanschlägen »von Bin Ladens Leuten« entrann. Sie beleuchtete Zusammenhänge,

---

272   Benazir Bhutto (1953–2007) war 1988–1990 und 1993–1996 Premierministerin von Pakistan. 2007 wurde die aussichtsreiche Kandidatin zwei Wochen vor den Parlamentswahlen ermordet. Al Qaida hat die Verantwortung dafür bestritten und Bhuttos Partei schreibt das Attentat eher Kreisen der Regierung, der Geheimdienste und der Armee zu, deren Macht sie während ihrer Zeit als Premierministerin zu beschneiden versuchte.

von denen die *BILD*-Leser wohl noch nie gehört haben. Auf die Frage, wer Bin Laden finanziere, antwortete sie: »Prowestliche islamische Länder; die auch den afghanischen Volksaufstand organisiert haben, sowie einige Geldgeber aus Europa und den USA. Doch die konkrete Unterstützung vor Ort leisten pensionierte pakistanische Offiziere, die enormen Einfluss auf unser Militär und den Sicherheitsapparat gewonnen haben.«

Auch die Seite 6 bietet einen interessanten Beitrag. Unter dem Titel *Was sich zwei Menschen aus Amerika und Afghanistan zu sagen haben* wird ein freundschaftliches Gespräch zwischen dem jungen Amerikaner Timothy Gibbons und Tereschkowa Obaid aus Afghanistan wiedergegeben, eine gut Deutsch sprechende, moderne junge Frau, die im deutsch-afghanischen Kommunikationszentrum in Berlin-Neukölln arbeitet. Ihr Vater, früher ein modern denkender Diplomat, lebt heute in Afghanistan in stiller Opposition. Das Mädchen hat einen Asylantrag gestellt.

Gibbons sagt: »Sie müssen mir Recht geben; irgendjemand muss für diese Verbrechen bezahlen?« Entsetzt über die Ausdrucksweise antwortet die junge Frau: »Aber doch nicht irgendjemand!« Sie ist besorgt, dass »Unschuldige büßen« werden. »Aber im Westen gelten offenbar verschiedene Maßstäbe für Menschenleben.«

»Weißt du; Terry«, sagt Timothy ernst, »ich fürchte, es wird keine Lösung dafür geben, Bin Laden zu kriegen, ohne Afghanistan anzugreifen. Gegen dich persönlich habe ich gar nichts (…) Wenn alle Afghanen wären wie du, wären die Taliban niemals an die Macht gekommen.«

Dem Leser wird suggeriert, dass am Krieg kein Weg mehr vorbei führt, weil nicht alle Afghanen moderne Töchter von Diplomaten sein können.

Wie im kommentarlosen Interview von Benazir Bhutto stecken auch in diesem Beitrag noch journalistische Möglichkeiten, die dem Leser tiefere Schichten des Afghanistan-Problems erschließen könnten, die aber verschenkt werden. So greift die Zeitung nicht den merkwürdigen, russisch klingen Vornamen des Mädchens auf. Vermutlich weiß man bei *BILD* gar nicht, dass sie nach Valentina Tereschkowa

benannt wurde, der ersten Kosmonautin der Welt, die aus der Sowjetunion stammte.[273] Das zeigt an, dass die Eltern der jungen Afghanin
zu den einst keineswegs schmalen städtischen Schichten gehörten, die
jene Moderne bewunderten, die von der Sowjetunion nach Afghanistan strahlte.

BILD vom 21. September enthält ein ganzes Panorama von Afgha-
nistan-Themen, die auch in den folgenden Wochen und Monaten in
immer neuen Variationen angeboten wurden. Nachdem auf Seite 2 und
3 gefragt wird *Hat Bush Fischer in die Angriffspläne eingeweiht?*, *Steckt
Saddam hinter den Terroranschlägen?*, *Bringt Osama Bin Laden die Atom-
bombe in seine Gewalt?*, wird versichert: *Amerika bereitet den Krieg gegen den
Terror vor.* Und auf Seite 3 bekommen die Leser erneut Ratschläge zum
Thema: *Wie gehe ich mit meiner Angst um?* Laut einer Allensbach-Um-
frage leiden über 60% der Deutschen an Angst. Kirchen- und/oder
Theaterbesuche sollen helfen, Gespräche mit anderen, Entspannungs-
übungen. Wie nötig die Empfehlungen sind, offenbart Seite 4, wo über
einen neuen Stressfaktor spekuliert wird: *Macht der Terror alles teurer?*

Am 22. September wird von Seite 1 die frohe Botschaft verkündet: *Putin unterstützt einen möglichen US-Militärschlag.* Im Interview auf
Seite 4 und 5 verrät der russische Präsident gar: »Ich wollte weinen«.
Auf Seite 2 kommentiert der *BILD*-Journalist Einar Koch eine von
Präsident Bush tags zuvor gehaltene Rede, in der dieser versicherte: »Gegen den Terror setzen wir jedes Mittel ein.« Aus Sicht Kochs
war die Rede überzeugend. Der Mann aus Texas sei kein »schieß-
wütiger Cowboy«, sondern habe mit »Besonnenheit, aber auch [mit]
Entschlossenheit« auf die Herausforderung reagiert, die nicht nur dem
amerikanischen Volk, sondern uns allen aufgezwungen wurde«. Seine
Rede gebe »allen friedliebenden Völkern Kraft«.

Auf Seite 2 wurde die Frage untersucht: *Ist Bin Laden schon aus
Afghanistan geflohen? BILD* weiß schon wieder mehr, mehr jedenfalls
als der Bundestag. Es bringt schon die Kompetenz des deutschen Mi-

---

273   Valentina Tereschkowa (geb. 1937) startete am 16. Juni 1963 als erste und
      bis 1982 auch einzige Frau zu einer dreitägigen Reise ins All und umkreis-
      te die Erde 49mal.

litärs ins Spiel. Auf derselben Seite warnt Brigadegeneral Reinhard
Günzel vor erheblichen Verlusten im Anti-Terrorkampf. Insbesondere
dürfe man sich die Verhaftung Bin Ladens nicht zu einfach vorstellen.
Selbst wenn diese mit einer Fallschirmaktion gelingen würde, bliebe
sein Abtransport aus dem (militärisch gar nicht zu kontrollierenden)
Gebirge ein kaum lösbares Problem.

Auf Seite 6 wird vermeldet: *Abschiedsbilder tapferer GIs überzeugen
jetzt immer mehr junge Berliner.* Daneben steht das Foto eines jungen
Mannes vor seinem Kreiswehramt, der sich zur Bundeswehr meldet:
»Ich will mit den Amis gegen den Terror kämpfen.«

BILD empfiehlt: Sissi-Filme gegen Terror-Panik

Und auf Seite 11 gibt es wieder Empfehlungen gegen terrorbedingte
Schwermut. Diesmal werden zur Ablenkung Romy Schneiders Sissi-
Filme empfohlen und für andere Geschmäcker Marilyn Monroes
Manche mögen's heiß. Auf Seite 18 warnt Peter Scholl-Latour, der hier
als der »Weise der bitteren Wahrheit« vorgestellt wird: »Angst bewegt
nichts: Aber wenn deutsche Truppen reingehen, ist unser Land viel
verwundbarer als Amerika.«

Monatelang wird *BILD* nun täglich über die erfolglose Jagd auf
Bin Laden berichten, die redaktionell offenbar als eine spannende
Fortsetzungsgeschichte betrachtet wird. Wir verlassen von nun an das
Prinzip der vollständigen Erfassung des Themas Afghanistankrieg
und nehmen aus der Nummer vom 24. September zum letzten Mal
eine Nachricht auf, die sich auf den Chef von Al Qaida bezieht. Auf
Seite 1 wird gefragt: *Sogar den Bart abrasiert?* »Bin Laden spurlos ver-
schwunden. Spezial-Kommando jagt ihn. Er hat Millionen-Konto in
Deutschland. Neue Attentat-Welle befürchtet.«

Ebenfalls auf Seite 1 gibt es im Kleingedruckten eine Nachricht,
die sich für die Zukunft als bedeutsamer herausstellen wird und rückblickend deutlich ihren Zusammenhang mit dem Afghanistankonflikt
offenbart: Unter dem Titel »Israel sagt Friedensgespräche ab« heißt
es: »Regierungschef Ariel Scharon hat Außenminister Schimon Peres
gestern verboten, Friedensgespräche mit Palästinenserführer Arafat
zu führen.« Ob vom Krieg oder vom Kampf gegen den Terror die

Rede ist – er soll zum Clash of Civilizations eskalieren. Verblüffend, dass auf derselben Seite berichtet wird: *Christen und Moslems beten mit dem Papst für Frieden.*

Am 25. September wird die Seite 1 erstmals nicht mehr vom 11. September und seinen Folgen dominiert, sondern von Ronald Schill, dem Hamburger »Richter Gnadenlos«, der in die Politik will: »Mischt er ganz Deutschland auf?«

In einer recht kleinen Nachricht ruft der Papst die Katholiken zum Respekt vor dem Islam auf, etwas größer wird ein Video von Bin Laden angekündigt. Auf Seite 3 schließlich erfahren wir etwas über die Traurigkeit der Rettungshunde, die bei den Bergungsarbeiten am World Trade Center (WTC) eingesetzt wurden. Und auf derselben Seite wird ein Thema eröffnet, das in den folgenden Wochen immer wieder Schlagzeilen macht: *Wurden Killer-Viren mit Flugzeugen verteilt?*

Seite 2 der Ausgabe vom 27. September informiert über eine Demonstration zehntausender Afghanen gegen die erwarteten Angriffe der USA: *Afghanen verbrennen US-Botschaft.* Der »Mob« habe das vor drei Jahren verlassene Gebäude der US-Botschaft gestürmt. Donald Rumsfeld bereite die Welt noch einmal »auf einen langen und opferreichen Krieg gegen den Terror« vor.

Dass der Krieg sich nicht auf sechs Monate beschränken lassen würde, hätten aufmerksame Abgeordnete also schon wissen können, bevor sie einen Einsatz der Bundeswehr für nur sechs Monate beschlossen.

Auf Seite 3 wird endlich ein weiterer Kriegsgrund erklärt: *Taliban-Krieger vergewaltigten Afghanistans schöne Töchter.* Der Artikel berichtet über eine Schule für geflüchtete Mädchen im pakistanischen Peschawar. Dort versichert eine Geschundene: »Glauben Sie mir, niemand in Afghanistan hasst die Taliban mehr als die Frauen.«

Für ein Blatt, das für Humor sorgen will, ist aber auch die Frage wichtig: *Darf man Witze über die Katastrophe machen?* Ingo Appelt antwortet auf Seite 4: »Nicht über die Opfer, aber über unsere Reaktionen.« Ob auch die künftigen afghanischen Opfer gemeint sind, bleibt unklar.

Dass amerikanische Bombenflugzeuge nicht nur Explosives, sondern auch Süßigkeiten abwerfen könnten, suggeriert *BILD* am 1. Oktober 2001, indem auf Seite 8 *Die Rückkehr der Rosinen-Bomber* angekündigt wird.

Die Hoffnung auf Entspannung, wenigstens in Deutschland, war schnell getrübt. Dass kecke Zungenschläge nicht durchgehen, wurde dem *ARD*-Nachrichtensprecher Ulrich Wickert in *BILD* vom 4. Oktober klar gemacht. Weil er »schlimme Sprüche über US-Präsident Bush und Terror-Chef Bin Laden« abgelassen hatte, drohten ihm Politiker mit TV-Verbot. Er hatte gesagt: »Bush ist kein Mörder und Terrorist. Aber die Denkstrukturen sind die gleichen.« Mit Wickerts Entschuldigung, er hätte nur einen in der *FAZ* gedruckten Satz der Inderin Arundhati Roy paraphrasiert, wollte sich CDU-Chefin Angela Merkel nicht zufrieden geben.

Das Thema wurde in der folgenden Nummer sowohl auf Seite 1 wie auch auf Seite 2 wieder aufgenommen. Der Liedermacher Wolf Biermann urteilte: »Roy darf so etwas. Wickert nicht.«

Die Nacht der Bomberpiloten

Am 8. Oktober kann auf Seite 1 endlich der Beginn des amerikanischen Angriffs gemeldet werden: +++*Raketen-Schläge gegen Afghanistan*+++*Dramatische Ansprache des US-Präsidenten an die Welt*+++*Bin Laden erklärt im TV allen Juden und Christen den Krieg*+++*Der Angriff.*

Von den mit eindrucksvollen Fotos garnierten umfassenden Kriegsberichten am 9. Oktober sind hier nur einige herauszugreifen. Angemerkt sei, dass auf der 1. Seite unter *Die Nacht der Bomberpiloten* das herzerfrischende Foto mit dem Pin-up erscheint: Diesmal entblößt sich Fräulein Carolin, angeblich »Studiosa« der Bibliothekswissenschaften. Später werden sich britische Soldatenfrauen für die Busenfreiheit am Hindukusch nackt präsentieren – für wohltätige Zwecke, versteht sich.[274]

Auf Seite 2 wird Scholl-Latour gefragt: *Kann der Krieg außer Kontrolle geraten?* Der Experte hält einen Angriff auch auf den Irak für wahrscheinlich und warnt völlig realistisch: »Für die gesamte Region

---

274   http://www.swagcalendar.co.uk/

des Vorderen Orients wäre dieser Einsatz allerdings wie eine Vorstufe zum totalen Krieg.« Einen rechten Sinn kann er in den Kriegshandlungen in Afghanistan nicht erkennen. Es fehle den Amerikanern dort »an Zielen für ihre Bomben. Die Taliban sind keine geordnete Armee, sie haben kein Hauptquartier. Ihre Städte sind längst zerstört. Also wurden die paar Flugzeuge (...) zerbombt, die das Regime noch hat. Doch der Feind selbst sitzt versteckt in den Bergen.« Dass Scholl-Latour auch die Illusion zerstört, die Amerikaner könnten Bin Laden lebend fangen, weil er sich niemals vor »einem demokratischen Gericht des freien Westens« verantworten würde, hindert *BILD* nicht daran, seine tägliche Verfolgungsjagd noch monatelang fortzusetzen.

Erst auf Seite 3 wird ein Foto von zerstörten Elendshütten gezeigt. Der Kommentar signalisiert Zweifel: »Hier soll eine Rakete eingeschlagen sein, behauptet die Taliban-Miliz. Getroffen wurde das Haus einer afghanischen Familie.«

Weil die PDS-Vorsitzende Gaby Zimmer geäußert hatte, dass »die US-Aktion« die »falsche Antwort« auf den Terrorismus sei, wird auf Seite 4 berichtet, dass Kanzler Schröder die PDS von Regierungsinformationen über den Krieg gegen den Terror ausschließt. Müntefering begründete: »Es ist nicht sicher, ob die PDS vertrauenswürdig ist.«

Auf Seite 5 kommt Tereschkowa Obaid noch einmal zu Wort: »Ich habe Angst um Papa.« Sie erzählt, dass er früher modern rasiert und gekleidet war, dass ihn die Talibanherrschaft aber gezwungen habe, einen Vollbart zu tragen. Seit gestern sei die Telefonleitung tot. Prophetisch sagt sie: »Es wird 20 Jahre dauern, bis es in Afghanistan Frieden und Freiheit gibt.« Als sie die Angriffe im Fernsehen verfolgte, war sie sehr traurig. »Natürlich kann ich die Amerikaner verstehen. Aber irgendwie hatte ich bis zum Schluss gehofft, dass es eine andere Lösung gibt als diesen Krieg.«

Ebenfalls auf Seite 5 wird – offenbar inspiriert von den Nazi-Verlautbarungen in den letzten Wochen des 2. Weltkriegs – Berlin zur »Festung« erklärt. Innensenator Ehrhart Körting hält es für möglich, »dass Sympathie-Demos für die Opfer von Militärschlägen von Gewalt begleitet werden. Oder: Dass Einzeltäter versuchen, zum Märtyrer zu werden – und Selbstmord-Anschläge verüben«.

Körting prophezeit Selbstmordanschläge in Berlin

Wenn die verantwortlichen Politiker schon befürchten, dass die deutsche Hauptstadt zum Zweit-New York mutiert, kann *BILD* den Lesern auf derselben Seite versichern, dass wenigstens der Himmel über Berlin (noch?) zuverlässig geschützt ist. Am Flughafen Tempelhof wurde militärisches Großraumradar installiert: »Die Daten werden von Soldaten in Schönwalde ausgewertet und an die für Deutschland zuständigen NATO-Luftverteidigungs-Einsatzzentralen übermittelt. Kommt ein Terror-Jet, sind die Phantom-Abwehr-Jäger innerhalb von 15 Minuten über Berlin.«

Für die, die noch zweifeln, dass unsere Rente am Hindukusch und in den Ländern des Westens selbst mit gleicher Verve verteidigt werden muss, wird am 10. Oktober auf Seite 1 die Milzbrand-Front eröffnet: *Der Horror. Anschlag mit Todes-Bakterien. FBI ermittelt.* Der Text präzisiert: »In den USA hat es wahrscheinlich den ersten tödlichen Anschlag mit Bio-Waffen gegeben! Waren es Terroristen von Bin Laden?« Ebenfalls auf der Frontseite bietet Schröder, der gerade in Washington ist, Bush an: *Deutsche Piloten nach Afghanistan.* Auf Seite 2 erklärt der Kanzler, dass Deutschland auch U-Boote, Spähflugzeuge und Panzer zur Verfügung stellen kann. Daneben wird gefragt: *Kamen Todesbakterien in einem Liebesbrief?*

BILD lässt keinen Zweifel aufkommen, dass es seine Leser trotz der überaus schlechten Nachrichten »unterhalten« will. Dass Spaß aus unserer Kultur nicht wegzudenken ist, versichert auch Thomas Gottschalk auf Seite 4, wo er gefragt wird, wieso er trotz Terror und Krieg seine Sendung »Wetten dass…« nicht absage? Antwort: »Ich will die Menschen mit guter Unterhaltung trösten«.

Am nächsten Tag, dem 11. Oktober, wird es auf Seite 2 aber wieder ernst: »Kanzler Schröder standen Tränen in den Augen, als er die Trümmer sah«. Auf Seite 3: *US-Bomber zerstörten acht Terror-Camps* und daneben wird gefragt, ob in unseren Breiten eine *Flak für Atommeiler* funktionieren könnte. Ebenfalls auf Seite 3 wird mit Bild und Text berichtet, dass in Pakistan und Afghanistan »Mob« westliche Zivilisten angegriffen habe: »Steine werfend und mit Stöcken bewaffnet jagen hasserfüllte Taliban-Anhänger eine Gruppe von Journalisten bei der

Stadt Quetta (Pakistan). In Kabul, Dschalalabad und Kandahar wurden UNO-Helfer verprügelt.«

Obwohl noch kein Funktionsträger der Kirchen in der *BILD* etwas zum Krieg gegen den Terror geäußert hat, demonstriert die Zeitung immer wieder ihre Verbundenheit mit den christlichen Institutionen, sogar wenn sie sich ebenso abergläubisch wie Bin Laden und sein »Mob« gebärden. Immer noch auf Seite 3 wird gefragt *Sah Fatima das Attentat Bin Ladens voraus?* Gemeint ist das sogenannte dritte Geheimnis der im 12. Jahrhundert zum Christentum konvertierten Tochter eines maurischen Fürsten, die in dem nach ihr benannten Ort, 130 Kilometer nördlich von Lissabon, eine Wallfahrtsstätte begründete. Obwohl Fatima nur prophezeite, dass der Papst »für die Seelen der vielen Opfer beten« werde, prüften jetzt »führende Vatikan-Theologen (...), ob die Katastrophe von New York vorausgesagt wurde. Ebenfalls geprüft würden die Behauptungen Hildegard von Bingens, wonach »der Antichrist auf die Erde herabsteigen wird«. Nach Auffassung des Theologen Innocent Rissaut sei dieser Antichrist als normales Kind während der Amtszeit von Pius XII. geboren worden. »Seine Gewaltherrschaft, so Rissaut, werde dreieinhalb Jahre dauern. Osama Bin Laden wurde im Jahre 1957 geboren, ein Jahr vor dem Tod Pius XII.«

Man begriff: Wir sind tatsächlich im Krieg.

Dieselbe Ausgabe suggerierte auf Seite 5, dass der Antichrist schon in Berlin umgegangen war und zwar ausgerechnet im Möbelhaus Höffner: *Milzbrand-Panik!* »Hausmeister entdeckte verdächtigen Brief in der Tiefgarage bei Möbel-Höffner (Wedding). Polizei sperrte sofort alle Kunden ein. 4 Stunden saßen sie in Quarantäne fest.« Die Autorin war zufällig eines der Quarantäne-Opfer und versuchte, die unfreiwillige Katastrophen-Übung gelassen hinzunehmen (Gespräche, Beruhigungsübungen. Das Haus bot Kaffee und Kuchen zur Stärkung an). Kurz vor ihrer Freilassung gegen 14 Uhr wurde sie allerdings Zeuge, wie ein Jugendlicher, der mit seinem Fahrrad gekommen war, wild schreiend versuchte, die das Gebäude noch blockierende Polizeisperre zu durchbrechen. Vielleicht war das durchgedrehte Kind von seiner Mutter aus dem Höffner-Gefängnis angerufen worden und wollte zu ihr hinein? Das tierische Brüllen war so herzzerreißend, dass alle, die zuschauten, wie die Polizei das rasende Kind bändigte, ganz still wurden. Man begriff: Wir sind tatsächlich im Krieg und das Kind hatte es schon vor uns Erwachsenen begreifen müssen.[275]

So weit die Wiedergabe und Kommentierung der Nachrichtengebung von *BILD* in den ersten Wochen nach dem 9. September 2011. Es ist kein Zufall, dass sie perverser Weise unterhaltsam ist, denn ihr vornehmstes und quasi nie vernachlässigtes Ziel ist, selbst in Katastrophenzeiten zu unterhalten. Die Machart der reißerischen Titel zum Krieg in Afghanistan unterscheidet sich nicht von denen der Nachrichten über Zivilverbrechen oder Prominenten-Ehebruch.

Obwohl sie nicht als eindimensional bezeichnet werden kann, ist diese Berichterstattung doch stets so gestaltet, als ob zum Krieg an sich und auch zur Beteiligung Deutschlands keine Alternativen denkbar wären. Zwar kommen auch die Kriegsängste zur Sprache, gelegentlich auch das Leid der Afghanen. Aber der Diskurs richtet sich doch in erster Linie an Menschen, die den Einsatz von militärischen Mitteln nicht nur für den Fall der Landesverteidigung befürworten, sondern auch für die Wahrnehmung westlicher bzw. auch deutscher Interessen in der Welt.

Dass *BILD* eine solche Minderheit zu stärken sucht, die potentiell rechtsradikal ist, wird auch durch die Beobachtung gestützt, dass Kampfmethoden, die der Haager Landkriegsordnung widersprechen, sowohl bei US-Truppen als auch bei der KSK beschrieben und glorifiziert werden. Am 25. Februar 2002 behauptete *BILD* auf Seite 2, dass sich »Elitesoldaten der Bundeswehr« schon vor ihrem offiziellen Einsatz, bereits Mitte Dezember, an der Erstürmung der Bergfestung Tora Bora und der Befreiung von deutschen Mitgliedern der Hilfsorganisation »Shelter Now« im November 2001 beteiligt hätten. Auf derselben Seite wird informiert, dass die »im baden-württembergischen Calw stationierten rund 1.000 KSK-Soldaten (Dienstzeit sechs Jahre,

---

275 Sabine Kebir: Bin Laden bei Möbel-Höffner? In: Ossietzky 21, 20.10.2001, S. 728-730.

Höchstalter für Bewerber: 27 Jahre)« nach mehrjährigem Kampf- und Überlebenstraining in der Lage seien, »lautlos und mit bloßen Händen (zu) töten. Sie verfügen über modernste Spezial-Gewehre, US-Militär-Funkgeräte und Nachtsichtgeräte, um feindliche Einheiten auch im Dunkeln aufzuspüren.« Am nächsten Tag, dem 26. Februar, wird die Frage *Warum sind die deutschen KSK-Soldaten so gefürchtet?* vertieft und folgendermaßen beantwortet: »Der Leitspruch der deutschen Elitekämpfer: Keiner sieht uns kommen, keiner weiß, dass wir da sind. Und wenn wir da waren, gibt es keinen Beweis (...) Die KSK-Kämpfer sind bei den Terroristen gefürchtet: Blitzschnell schlagen sie im Vierer-Trupp mit Heckler & Koch-Maschinenpistolen zu – oder kommen lautlos mit Kampfmessern.« Die Nachrichten, dass die KSK bei den Kämpfen um Tora Bora dabei gewesen soll, »scheinen allerdings nicht zu stimmen.«

Am 27. Februar antwortet der Vier-Sterne-General Klaus Reinhard auf Seite 2 positiv auf die Frage Axel Heubers *Haben die KSK-Soldaten eine Lizenz zum Töten?* Am 5. März wendet sich Franz Josef Wagner in seinem Kommentar auf Seite 2 in Briefform an die Truppe: »Lieber kämpfender deutscher Soldat!« Nachdem er zuerst über Boris Beckers neue Geliebte und Ralf Schumachers BMW-Abenteuer geplaudert hat, kommt er zur Sache: »Ja, ich laber zuviel, weil ich mich darum drücke, über das Töten zu schreiben. Die pazifistischen Grünen und die verlogenen Friedens-PDSler schreien jetzt auf. Ja, ich wünsche euch, dass ihr den Gegner tötet, bevor er euch tötet. Über das US-Verteidigungsministerium, nicht über das deutsche, erfuhren wir, dass ihr, Soldaten der deutschen Elite-Einheit KSK, in den Bergen Afghanistans einen Mann-gegen-Mann-Krieg führt. Wenn es Nacht ist, ist euer Gesicht geschwärzt. Tagsüber ist euer Kampfanzug weiß wie Schnee. Ich stammle euch aus der Heimat: Habt Glück, passt auf, schießt schneller!«

Im Gegensatz zu *taz* und *ZEIT* findet in *BILD* nicht einmal ansatzweise eine Diskussion über Menschen- oder internationales Völkerrecht statt. Anders als die rot-grüne Bundesregierung spricht die Zeitung umstandslos von einem Krieg, der in Afghanistan zu führen ist.

tageszeitung: Pazifistisches Standbein einer bellizistischen Partei

Der junge Antonio Gramsci hatte in einem Artikel von 1916 über die Funktionsweise bürgerlicher Zeitungen eine Beobachtung aus dem Jahre 1911 wiedergegeben, als die italienische Öffentlichkeit auf einen kolonialen Krieg gegen Libyen vorbereitet wurde. Gramscis Wahrnehmung: Ein Zeitungsverleger, der Tageszeitungen in mehreren großen italienischen Städten publizierte, »wies seine Belegschaften an, unterschiedliche Haltungen anzunehmen. In einer Stadt sollte seine Zeitung für das Vorhaben sein, in einer anderen dagegen.« Da sich die Blätter, die für das Kriegsabenteuer eintraten, besser verkauften, »ordnete er an, dass alle seine Zeitungen in diese Richtung marschierten (…) Das ist wohl noch der vornehmere – oder weniger schurkische – Fall von journalistischem Merkantilismus. Denn es kommt häufig – zu häufig – vor, dass eine bürgerliche Zeitung, statt Erhebungen über die im Publikum vorherrschende Meinung anzustellen, sich aus utilitaristischem und pekuniärem Kalkül vornimmt, ihr Publikum in eine bestimmte Richtung zu lenken.«[276]

Mit der von Anfang an feststellbaren Ablehnung des Afghanistankrieges durch den überwiegenden Teil der Deutschen war die Situation im Vergleich mit der von Gramsci beschriebenen zwar genau umgekehrt. An der Taktik, wie Zeitungen – die ja privatwirtschaftliche Unternehmen sind – mit solchen heiklen Fragen umgehen, hat sich aber kaum etwas geändert.

Nach Gramscis Kriterien darf man die *BILD* der »schurkischen« Richtung im Blätterwald zuordnen, weil sie ungeachtet der öffentlichen Meinung offensiv für den Krieg mobilisierte. Sie konnte sich das leisten, da sie ihre Leserschaft über andere Themen wie Sex, Klatsch und Sport konstant zu halten verstand.

Anders ist die Situation der *taz*, die nicht über eine vergleichbare ökonomische Basis verfügt und auf die Haltungen ihrer Leser achten muss, wenn sie sie nicht verlieren will. Die Zeitung zielt auf ein Pu-

---

276 Antonio Gramsci: Un giornale borghese cos'è. In: Scritti Giovanili 1914 – 1918, Turin 1958, S. 56. (Übers.: Kebir)

blikum, das sich einer grün-pazifistischen und manchmal auch linken Tradition zugehörig fühlt. Die *taz* musste sich nach den Angriffen auf das WTC bemühen, diesen Teil der Leserschaft zu halten, zugleich aber die Loyalität gegenüber den Grünen zu wahren, als deren wichtigstes Verlautbarungsorgan sie ebenfalls fungiert. Es war allerdings nicht das erste Mal, dass sie so einen Balanceakt vollführen musste. Zweieinhalb Jahre lag die unter der rot-grünen Regierung auf den Weg gebrachte Beteiligung Deutschlands am Krieg gegen Jugoslawien zurück.

Drahtseilakt zwischen Krieg und Frieden

Ihre nicht ganz einfache Aufgabe ging die *taz* an, indem sie neben rein berichtenden und kritischen Artikeln über das Verhalten der Grünen im Bundestag auch Artikel druckte, die über Antikriegs-Aktionen von Schülern, Linken und aus den Reihen der Grünen selbst berichteten. Neben vielen kriegskritischen Lesern kamen auch immer wieder Intellektuelle zu Wort, die von vornherein von der Untauglichkeit kriegerischer Mittel als Antwort auf den 11. September überzeugt waren. Für die Zeitung war es kein Problem, die zu erwartende Militäraktion schon im Vorfeld als Krieg zu bezeichnen. Dass die täglich einem anderen Prominenten zur Verfügung stehende Rubrik *Kriegstagebuch* aber ausgerechnet an dem Tag für beendet erklärt wurde, als der Bundestag – ohne eine Nein-Stimme der Grünen – die Entsendung von 1.200 deutschen ISAF-Soldaten nach Afghanistan beschloss, mag indes kein Zufall sein, sondern der Versuch, den Kriegsbegriff zumindest aus den von der Redaktion direkt verantworteten Bestandteilen der Zeitung herauszuhalten – worin eine Anpassung an die Sprachregelung der rot-grünen Regierung zu vermuten wäre. Dies fällt den Lesern indes kaum auf, weil die *taz* ihren freien Autoren den Kriegsbegriff natürlich nicht untersagt. Und so finden wir ihn – ungeachtet seiner Tabuisierung durch Regierung und Bundestag – sowohl in der *BILD* als auch in der *taz*, wenn auch aus verschiedenen Perspektiven.

Am 12. September 2001, in der ersten *taz*-Ausgabe nach den Terroranschlägen in New York, werden diese noch nicht in Zusammenhang mit Afghanistan gebracht. Das Land genießt aber generell Aufmerksamkeit in der *taz* und so finden sich in dieser Nummer doch zwei Afghanistan betreffende Artikel. Der erste gibt eine Statistik der weltweiten Flüchtlingsbewegungen wieder, aus der hervorgeht, dass die meisten Flüchtlinge, nämlich 4 Millionen Menschen, aus Afghanistan stammen und vor den Taliban geflohen sind. Zwei Millionen leben in Pakistan, 1,5 Millionen im Iran, 100.000 in Russland. Die meisten Asylanträge in der EU werden von Afghanen gestellt.[277]

Ein weiterer Artikel eines *taz*-Korrespondenten in Delhi beschäftigt sich mit dem vermuteten Tod von Ahmad Schah Massud, der einem Attentat zum Opfer gefallen war. Massud war Militärchef der Nordallianz, der einzigen innerafghanischen Kraft, die den Taliban Widerstand entgegensetzte. Interessant in Bezug auf die in anderen Medien bereits beginnende Verdächtigung, dass Taliban bzw. Al Qaida Urheber der Anschläge auf das World Trade Center gewesen sein könnten, ist das Dementi, das die Taliban hinsichtlich des Attentats auf Massud gegeben haben: »Die Taliban, die Hauptverdächtigen, weisen jede Verwicklung von sich, mit dem Argument, dass sie sich stolz dazu bekannt hätten, wenn es ihnen gelungen wäre, ihren Erzfeind auszuschalten.«[278]

Erst am 13. September beginnt die *taz*, sich mit der anderswo bereits heiß diskutierten Frage zu beschäftigen, ob die Spur der Attentäter auf das WTC nach Afghanistan führt. Korrekt gibt sie wieder, dass sich die Taliban und Pakistan aus Sorge vor Vergeltung umgehend von den Terroranschlägen distanziert hätten. Und: »Der Hauptverdächtige Osama Bin Laden dementiert seine Beteiligung.«[279] Das bestätigt noch einmal Korrespondent Bernard Imhasly aus Delhi: »Die Taliban gehörten denn auch zu den Ersten, die jede Verbindung sowohl des eigenen Regimes wie auch ihres Gastes Osama Bin Laden zurückwiesen. Sie verurteilten die Anschläge und erklärten, dass Afghanistan mit seiner zerstörten Infrastruktur ebenso wenig wie eine Einzelperson fähig wäre, eine Operation dieser Größe zu planen. Falls die USA jedoch Beweise hätten, dass Bin Laden hinter den Anschlägen steckt,

---

277   HAN: Flucht und Vertreibung, taz (Teilauflage), 12.9.2001
278   Bernard Imhasly: Ein-Mann-Armee gegen die Taliban, taz, 12.9.2001
279   Krieg gegen die USA: Niemand bekennt sich zum Terror, taz, 13.9.2001

könne eine Auslieferung geprüft werden.« Imhasly weist darauf hin, dass trotz solcher Beteuerungen Afghanistan unter Generalverdacht stehe und »zu einem erstrangigen möglichen Ziel eines Vergeltungs- schlags« geworden sei. Die UNO und die Deutsche Welthungerhilfe hätten bereits »mit dem vorübergehenden Abzug ihres Personals« aus dem Land begonnen.

Imhasly geht auch näher darauf ein, dass Pakistans Staatspräsident Pervez Musharraf die Anschläge als »extrem brutalen Akt« verurteilt und die Welt aufgefordert habe, »eine Front gegen den Terrorismus« zu bilden. Dahinter verberge sich allerdings ebenfalls die Furcht vor Vergeltung, weil Pakistan zu den wenigen Ländern gehört, die die Ta- liban nicht nur anerkannt hätten, sondern auch unterstützten, obgleich es den USA versprochen habe, gegen sie vorzugehen. Islamschulen in Pakistan gelten auch als Ausbildungsstätten der Taliban. Der Artikel entrollt das grauenvolle Panorama der Verstrickungen des pakistani- schen Staatsterrorismus in die Angelegenheiten der Nachbarländer, einschließlich Indiens, ohne freilich auf die ebenfalls heikle Rolle des Westens einzugehen.[280]

Genau das geschieht aber in den *Verschwörungstheoretischen Anmer- kungen zu einem Terroranschlag* des Autors Mathias Bröckers. Er kriti- siert, dass nirgendwo erwähnt werde, »wem denn das World Trade Center eigentlich gehört: Rockefeller. Und dass ein ehemaliger Spezi der CIA, der in Afghanistan gegen die Sowjets aufgebaute Osama Bin Laden, jetzt als Oberschurke verantwortlich gemacht wird, passt ins Bild. Hatten sie nicht schon Hitler erst mit Geld von Standard-Oil gepusht und dann Europa neu geordnet; wurde nicht der Großban- ker und Präsidentenopa Prescott Bush 1942 wegen Geschäften mit Hitler verurteilt; lief es im Golfkrieg gegen Saddam, den ›Wieder- gänger‹ Hitlers, nicht nach demselben Muster ab, wobei er als geo- politische Schachfigur weiter installiert blieb, um Papa Bushs ›Neue Weltordnung‹ sowie den Ölpreis zu garantieren? Schauten Pentagon und WTC dem israelischen Bruch des Völkerrechts in Palästina nicht jahrelang ungerührt zu? Wusste nicht schon der altchinesische Kriegs-

---

280   Bernard Imhasly: Wir waren es nicht! taz, 13.9.2001

theoretiker Sun Tze, dass man einen Gegner nie so weit in die Enge treiben darf, dass ihm nur noch Selbstmordattentate bleiben?«

Bröckers stellt auch die Überlegung an, wie es nach einer drei Monate zuvor aus Ägypten kommenden Anschlagswarnung noch möglich gewesen sei, »vier Flugzeuge gleichzeitig zu entführen? Passagiere konnten aus den Maschinen mit ihren Angehörigen telefonieren – aber das Militär, dessen globalem Schnüffelsystem kein Furz eines indischen Reisbauers entgeht, hat nichts mitbekommen?«[281]

Zu der Frage, ob Bin Laden der Drahtzieher des Anschlags gewesen sein könnte, äußert sich Kai Hafez, wissenschaftlicher Mitarbeiter am Orientinstitut in Hamburg unter dem Motto *Lieber einen Feind als ein Feindbild* dahingehend: »Das wäre fast das Beste.« Er wiegt sich allerdings in der Illusion, dass dadurch der bereits für unvermeidlich gehaltene Gegenschlag zielsicherer geführt werden könne, Kollateralschäden und Angriffe auf weitere Länder vermieden werden könnten (wie den Irak, der ohnehin schon wöchentlich bombardiert werde, gegen die Hisbollah im Libanon und andere). Hafez warnt auch vor undifferenzierter Verteufelung der islamischen Gruppen, die im Westen leben.[282]

Terrorismus heißt jetzt »neuer« Krieg

Die Ausgabe vom 13. September enthält ein Gespräch mit Bernd Greiner, einem Amerikaforscher vom Hamburger Institut für Sozialforschung, über die politischen und psychologischen Folgen der Anschläge auf die USA. Greiner hält sie für traumatisierend, weil sie eine neue »Signatur des Krieges im 21. Jahrhundert« offenbart hätten, eines Krieges, der nicht mehr zwischen Staaten geführt werde. Die Akteure seien »zum Massenmord entschlossene Kriminelle, die – das ist die Pointe – mit einem Low Budget arbeiten. Man braucht offenbar keine gigantische Organisation mehr, um zu tun, was die getan haben.« Die Anschläge hätten ebenso gut England oder Japan gelten können oder auch Atomkraftwerken. Und selbst wenn man der Täter habhaft wer-

---

281 Mathias Bröckers: Die Wahrheit, taz, 13.9.2001
282 Kai Hafez: Bin Laden als Drahtzieher des Terrors: Das wäre fast das Beste, taz, 13.9.2001.

den könne, bedeute das keinen Sieg. »Mit jedem, den man dingfest macht, kommen zehn, hundert neue, die in ihrem unbändigen Hass zu Gleichem fähig sind.« Dieser Hass, meint Greiner, beruhe auf endlosen außenpolitischen Fehlern der letzten dreißig Jahre. Aber weder sie noch religiöser Fanatismus erklären die kriminelle Energie, die zum New Yorker Massenmord an Zivilisten geführt habe. Das Menschenbild der Aufklärung sei ebenso am Ende wie die Idee der Verteidigung mit Raketenabwehrsystemen. »Das ist eine High-Budget-Lösung – und hätte den Terror vom 11. September auch nicht aufgehalten.«[283]

In der Formulierung »Signatur des Krieges im 21. Jahrhundert« ist die Umwertung des Begriffes Terrorismus zu Krieg zu erkennen. Sie wird später zur öffentlichen Legitimierung des Krieges von Regierung und Parlament genutzt.

Am 14. September stellt Andreas Zumach völkerrechtliche Überlegungen an. Dass Medien weltweit »Krieg gegen die USA« diagnostizieren und der UNO Sicherheitsrat verkünde, »Terrorakte mit allen verfügbaren Mitteln bekämpfen« zu wollen, schüre »Angst vor einer militärischen Eskalation, von der möglicherweise auch Europa betroffen sein könnte.«[284] Er kommentiert den Beschluss der NATO, die als Konsequenz auf die Terrorangriffe in den USA den Bündnisfall ausgerufen hat und entschlossen ist, mit oder ohne UN-Mandat einen großen Gegenschlag in die Wege zu leiten. Militäraktionen werden laut UN-Charta unterstützt, wenn die Bedrohung anhaltend ist und sich »der Staat, gegen den sich militärische Maßnahmen richten, nachweislich weigert, die Bedrohung zu unterbinden.« Die NATO müsse also nachweisen, dass Bin Laden wirklich der Drahtzieher der Anschläge war und sich in Afghanistan aufhalte. »Und lässt ihm das Taliban-Regime tatsächlich freie Hand und verweigert seine Verhaftung, bzw. Auslieferung?« Widerstand im UN-Sicherheitsrat sei diesmal kaum zu erwarten, im Unterschied zum Luftkrieg gegen Jugoslawien – ebenfalls ohne UN-Mandat –, zu den bereits jahrelang andauernden Bom-

---

283   Es wird nie mehr sein wie früher. Interview mit Bernd Greiner, geführt v. Jan Feddersen, taz, 13.9.2001

284   Andreas Zumach: Fast ein Freibrief für die NATO, taz, 14.9.2001

bardements des Irak, einer vermeintlichen Chemiefabrik im Sudan, der mutmaßlichen Lager von Bin Laden in Afghanistan sowie Kenia und Tansania nach Anschlägen auf US-Botschaften. Denn Russland und China hätten die Anschläge auf das WTC scharf verurteilt und sogar »die Möglichkeit einer Beteiligung an eventuellen militärischen Maßnahmen angedeutet.« Vor allem aber habe der Sicherheitsrat die Anschläge als Bedrohung von »Frieden und Sicherheit« eingestuft. Diese Formulierung aus Kapitel VII der UN-Charta ist die Voraussetzung für die Ermächtigung zu einem Militärschlag, die zwar formal noch nicht erfolgt sei, mit der die NATO aber rechnen könne.

Justiz ist zuständig, nicht das Militär

Am nächsten Tag, dem 15. September, setzt Christian Rath, rechtspolitischer Korrespondent der *taz*, die Diskussion um den völkerrechtlichen Status einer Militäraktion fort. Das Selbstverteidigungsrecht nach einem Angriff gelte für die UN-Charta nur, wenn ein Terrorakt nachweislich von einem Staat ausgeht. Gegen Afghanistan könne aber nicht vorgegangen werden, wenn das Land Bin Laden etwa nur logistisch unterstützte, ihn aber nicht beauftragt hätte. Rath sieht einen vergleichbaren Präzedenzfall in der Entscheidung des Internationalen Gerichtshofs, der 1986 feststellte, die Unterstützung der antisandinistischen Contras durch die USA bedeute weder einen Angriff auf Nicaragua noch eine Bedrohung des Friedens. Wenn eine solche vorliege oder auch, wenn ein Land einen terroristischen Rädelsführer schütze, müsse der UN-Sicherheitsrat zunächst Sanktionen gegen das Land beschließen, was im Falle Afghanistans bereits seit 1999 geschehe. »Für die Aufarbeitung von Terroranschlägen ist die Justiz zuständig und nicht das Militär.« Dass Sanktionen Erfolg haben können, zeige der Fall Lockerbie: Libyen habe schließlich der Auslieferung der vermeintlichen Urheber und einem Gerichtsverfahren zugestimmt. Ein »präventives Selbstverteidigungsrecht« wie es die USA und Israel in den vergangenen Jahren öfter reklamiert hätten, gebe es nicht.[285]

---

285 Christian Rath: Betrifft: Völkerrecht. Bloße Vergeltung ist verboten, taz, 15.9.2001

Auch etliche andere Artikel in dieser Ausgabe warnen vor militärischen Vergeltungsgelüsten. Die Journalisten Dominic Johnson und Bettina Gaus beschreiben die globalisierte Struktur der Terrorgruppen, die die Auflösung von Staatsautorität in etlichen Gebieten der Erde nutzten, um ihre eigenen Machtstrukturen zu errichten und Ziele im Westen anzugreifen: »Anhänger von Osama Bin Laden agieren wie ein multinationaler Konzern. Man kann ihre Aktivitäten mit militärischen Mitteln nicht stoppen«.[286]

»Lasst uns nicht gemeinsam verdummen...«

Die Ausgabe vom 15.9. enthält weitere Artikel, die ausnahmslos vor militärischen Reaktionen warnen. Der distanzierte Bericht über ein Statement der US-amerikanischen Publizistin Susan Sontag, die gerade Gast der American Academy in Berlin war, lässt leise Polemik gegen die Anti-Kriegsfront erkennen, der auch die berühmte Amerikanerin anhängt: »Warum redet Bush ständig von feigen Attentätern?«, habe diese sichtlich gereizt gefragt. Seien nicht »eher jene US-Militärs feige, die aus High-Tech-Kampfjets hoch oben aus der Luft computergesteuert Bomben und Raketen auf abstrakte, grafische Ziele feuern lassen?« Nein, meint sie, »feige sind gerade die Selbstmordattentäter nicht gewesen«. Als sie sagt: »Lasst uns zusammen trauern, aber lasst uns nicht gemeinsam verdummen«, klingt das für Harald Fricke »nur wie eine vage, wenig politische Beschwörung von Solidarität.«[287]

In *taz*-Kultur vom 19. September zeigt sich der Schriftsteller Klaus Theweleit pessimistisch hinsichtlich des von den Medien ruhig gestellten Publikums, von dem man keine »Widerstandkraft erwarten kann, wenn es plötzlich heißt: Jetzt wird Krieg gemacht. Ich glaube, das würde in einer ähnlichen Weise pazifiziert hingenommen werden. Schon in Jugoslawien hat das ja funktioniert: Die meisten haben ihn hingenommen, aber nicht gejubelt: Ja, wir wollen Krieg! Das ist eine Form von Ruhigstellung.« Bundeskanzler Schröders Rede vom An-

---

286   Dominic Johnson, Bettina Gaus: Bomben werden uns nicht helfen, taz, 15.9.2001

287   Harald Fricke: Meinung und nichts als die Meinung, taz, 15.9.2001

griff auf die zivilisierte Welt sei »fundamentalistische westliche Kriegs-
hetze (...) Was als Antwort aus diesem Anschlag hätte folgen müssen,
wäre das Gegenteil gewesen: Wir verbünden uns mit den zivilisierten
Kräften der Welt, auch der arabischen, und wollen gemeinsam etwas
gegen die Menschenverachtung der Leute tun, die Anschläge wie den
auf das World Trade Center verüben. Nichts hätte Schröder daran
gehindert, trotzdem, wie er sagt, fest an der Seite unserer amerikanischen Freunde zu stehen.« Die westliche Zivilisation entlarve sich, so
fährt Theweleit fort, wenn sie Waffen liefere »in eine Ecke der Welt,
die sie für unzivilisiert erklärt. An der eigenen Zivilisiertheit ändert
das nichts. Und wenn die Waffen alle verschossen sind – auf dem
Balkan oder in Afghanistan –, kommt die zivilisierte Welt und gibt
ihnen die nächste Ladung. Zivilisation bedeutet offenbar, andere sich
untereinander bombardieren zu lassen und selbst an den Waffen zu
verdienen.«[288]

Die Ausgabe vom 20. September bringt Stellungnahmen des US-
amerikanischen Sprachwissenschaftlers Noam Chomsky, der bekannt
dafür ist, ungewohnte Perspektiven einzunehmen. Die Terrorakte von
New York, meint er, seien »ein niederschmetternder Schlag für die
Palästinenser, für die Armen und Unterdrückten und alle anderen
– weil sie ihre legitimen Ängste und Klagen in den Hintergrund ge-
drängt haben.« Chomsky mahnt die unbedingte Einhaltung internationalen Rechts an, was nur bedeuten könne, dass die USA nach
Beweisen für die Tatverantwortlichen suchen und diese einem internationalen Gerichtshof vorlegen müssen. Wenn Amerika aber »Bin
Ladens Gebete erhört und einen massiven Angriff gegen Afghanistan oder irgendeine andere muslimische Gesellschaft ausführt, dann
wird genau das passieren, was Bin Laden und seine Verbündeten
wollen – eine Mobilisierung gegen den Westen. Das ist die gleiche
Dynamik, die man aus Nordirland kennt, vom Balkan und aus Palästina. Sie stärkt die repressiven Kräfte auf beiden Seiten. Wenn die
Antwort auf Terror und Gewalt ein schlichtes Hinwegsehen über die

---

288 Jürgen Reuss, Dieter Röschmann: Innere Panzerung wäre die Idiotenlö-
     sung. Interview mit Klaus Theweleit, taz, 19.9.2001

Gründe dafür ist, dann wird das in den bekannten Kreislauf der Gewalt führen. Und jeder, der mit Bin Laden vertraut ist, weiß, dass er genau darauf hofft.«[289]

Die *taz* bringt immer wieder Reportagen aus verschiedenen gesellschaftlichen Milieus in Deutschland, in denen es um die Empfindungen hinsichtlich der Terroranschläge geht. In den Schock und das Mitleid mit den Opfern mischt sich Sorge vor kommendem Krieg. Am 15. September erscheint eine Reportage aus einem Obdachlosenobjekt, in dem der »Angriff auf die USA« zunächst gefeiert worden war und später in der Richtung von Chomsky diskutiert wird.[290] Von Freude der Neonazis über die Attentate liest man auch in der Hamburger *taz* am 19. September.[291] Am 17. wird über eine Demonstration von Afghanen, Friedensaktivisten und Künstlern in Hamburg berichtet, die wie Susan Sontag zur Trauer über die Opfer aufrufen und zugleich vor kriegerischen Konsequenzen mit noch mehr Toten warnen.[292] Am selben Tag erinnern sich ältere Menschen aus Frankfurt am Main »an ihre Nächte im Luftschutzkeller und das Gefühl des Ausgeliefertseins. Sie hoffen auf ein Innehalten der westlichen Welt.«[293] Und in der *taz* vom 20. September meinen junge Musical-Darsteller, dass »Bush jetzt jede Menge Ärger« habe. »Ein Vergeltungsschlag« aber, »würde viele unschuldige Menschen treffen.«[294]

---

289   Daniel Bax: »Die Kanonen haben sich gedreht«. Der Gesellschaftskritiker Noam Chomsky über Ursachen und Folgen des Terrors und wie die USA angemessen auf die Anschläge reagieren könnten, taz, 20.9.2001

290   Uwe Rada: Die freie Welt ist zum Kotzen, taz, 15.9.2002

291   Völlig vernagelt. Neonazis im Norden freuen sich über Attentate. REPs marschieren, taz Hamburg, 19.9.2001

292   H. Dierbach, A. Speit und G. Knödler: Andere Opfer nicht vergessen. AfghanInnen, Friedensbewegung und KünstlerInnen demonstrieren gegen Eskalation der Gewalt und Antiislamismus, taz (Hamburg), 17.9.2001

293   Heide Platen: Angst kann man keinem erklären. Ältere Menschen erinnern sich, taz, 17.9.2001

294   Petra Welzel: Bush hat jetzt jede Menge Ärger. Die Musical-Darsteller Ian, Aljoscha, Julia und Noredin verstehen die Erwachsenen nicht: Ein Vergeltungsschlag würde viele unschuldige Menschen töten (Interview), taz, 20.9.2001

Nachdem am 20. September zum ersten Mal in der *taz* zur Sprache kam, dass »die USA Geheimgespräche mit der Bundesrepublik über einen möglichen Einsatz der Bundeswehr-Elitetruppe Kommando Spezialkräfte (KSK) führen«, die vom Verteidigungsministerium »weder bestätigt noch dementiert« wurden[295], muss sich die Zeitung fortan in dem heiklen Spagat üben, einerseits die überwiegend pazifistische Leserschaft bei der Stange zu halten und andererseits die Loyalität zur grünen Partei zu erhalten.

Cohn-Bendit gegen grüne »Gutmenschennaivität«

Eine publizistische Steilvorlage, wie dieser Spagat zu bewältigen sei, liefert am 22. September der grüne Europa-Abgeordnete Daniel Cohn-Bendit unter der Überschrift *Für die solidarische Globalisierung*.[296] Die Grünen und Joschka Fischer seien »in diesen Tagen nicht zu beneiden (…) Sie, die aufrechten Pazifisten, müssen nun schon zum zweiten Mal in ihren ersten drei Regierungsjahren eine kriegerische Zeit realpolitisch meistern. Denken sie dabei an ihre Wählerinnen und Wähler, befallen grüne Mandatsträger deshalb lähmende Albträume.« Eine »teuflische Falle« bedrohe also die Grünen in ihrer Existenz. »Unsere Gutmenschennaivität übermannt uns. Am liebsten würden wir mit dem Fallschirm ein Heer von Sozialarbeitern und Entwicklungshelfern über Afghanistan absetzen, um die Taliban zu belehren und die Terrorgroupies Bin Ladens umzuerziehen. In einer solchen Situation müssen die Grünen, müssen wir, muss Joschka Fischer sich dem Bedürfnis nach Orientierung und Diskurs stellen.«

Obwohl Amerika einerseits frech definiere, was die Welt unter Glück, Trauer und Rache verstehen müsse, habe es andererseits die Fähigkeit, »angesichts der Bedrohung und des Horrors zusammenzustehen und aus sich heraus die Dynamik zu finden und Energien freizusetzen, um den Kampf für Freiheit und gegen Terror zu führen.« Mit diesem demagogischen Trick schlägt Cohn-Bendit den verunsi-

---

295 angefordert? Deutsche Spezialtruppe KSK, taz, 20.9.2001.
296 Daniel Cohn-Bendit: Für eine solidarische Globalisierung., taz, 22.9.2001

cherten Pazifisten vor, die Situation dialektisch zu sehen, was auf die
Billigung von Militäreinsätzen hinausläuft. Bush, Fischer und Schröder »führen keinen Krieg oder einen Kreuzzug gegen das Böse. Wir
müssen zur Kenntnis nehmen, dass eine unsichtbare Armee, ausgebildet in Afghanistan und anderswo, bereit ist zu Aktionen, die in
ihren barbarischen Dimensionen als Verbrechen gegen die Mensch-
lichkeit zu werten sind.« Eine »unsichtbare Armee könne morgen
bereits Miniatombomben auf Städte abwerfen oder Flugzeuge auf
Atomkraftwerke lenken.« Für »Millionen von beleidigten und er-
niedrigten Menschen in der arabischen Welt« sei »Europa Teil der zivilisatorischen Ordnung, die sie zutiefst hassen. Mit ihren Aktionen
gegen unsere Welt erobern sie die Köpfe und Herzen von Millionen,
um mit ihnen zunächst die Macht in Afghanistan und Saudi-Arabien
zu erobern«, – was eigentlich Cohn-Bendits ureigenstes Einflussgebiet
wäre?

EIN GUTER PROPAGANDIST
MACHT AUS EINEM MISTHAUFEN
EINEN AUSFLUGSORT.
Bertolt Brecht: Notwendigkeit der Propaganda

Damit die Kriegspille nicht allzu bitter schmeckt, hält Cohn-Bendit
ein parallel einzunehmendes Leckerli bereit: »Wer eine militärische
Koalition gegen den Terror will, muss gleichzeitig eine internationale Koalition der Zivilgesellschaften, der Zivilorganisationen gegen
den Totalitarismus, gegen Intoleranz, für Menschenrechte und soziale Gerechtigkeit schmieden.« Zivilgesellschaft klingt für Grüne und
taz-Leser sympathisch. Neu scheint allerdings, dass die Aktivierung
von Zivilgesellschaft nur durch einen Krieg erreichbar sein soll. Und
wer wird in der Lage sein, diese heikle Doppelaufgabe zu bewältigen?
Cohn-Bendit: »Es liegt an uns, an Europa, an der Bundesregierung,
diese Katharsis in Gang zu bringen (...) Die sich jetzt durchsetzende
militärische Kooperation bietet die Chance, dass die US-Amerikaner
endlich verstehen, dass die Alliierten keineswegs nur Befehlsempfän-
ger sind.«

Interessanterweise geht es Cohn-Bendit schon nicht nur um die Suche und Bestrafung der Attentäter. Er erwägt Bedingungen, unter denen auch das Taliban-Regime gestürzt werden könne. Um die von der UNO anerkannte Exilregierung Afghanistans wieder einzusetzen, »müsste der Befreiungskampf der afghanischen Opposition mit Flugzeugen, Waffen und Soldaten unterstützt werden.« Für die künftigen Aufgaben reiche eine zivilgesellschaftliche Mobilisierung nicht aus. Es komme auch darauf an, »unsere Außenpolitik radikal und selbstkritisch zu hinterfragen.« Die wilde Globalisierung des Marktes brauche »Regeln, wie er sie früher im Nationalstaat auch gebraucht hat.«

Cohn-Bendit entwirft hier ein ideologisches Muster, mit dem der Afghanistankrieg bis heute gerechtfertigt wird: Der Militäreinsatz schirmt den zivilen Aufbau (Schulen, Brunnen, Zivilgesellschaft) ab. Grünem Selbstverständnis hätte es aber zumindest angestanden, ein Junktim zwischen Militäreinsatz und zivilem Aufbau zu fordern, d. h. mindestens Gleichrangigkeit der eingesetzten Mittel. Ausgeblendet bleibt, dass die Politik schon jetzt auf die anschwellenden Manifestationen der Zivilgesellschaften einfach nicht hört, seien es Demonstrationen multiethnischer Gruppen oder Aufrufe von Intellektuellen gegen den drohenden Krieg.

Ab diesem Zeitpunkt muss die *taz* mehrere Strategien gleichzeitig fahren: Ausführlich kommen weiterhin Kriegsgegner zu Wort, aber auch die Realpolitik des Establishments erhält ihren Platz. Und da das *taz*-Publikum *BILD* nicht liest, muss es im eigenen Blatt hin und wieder den Ernst mit Spaß serviert bekommen. Am 22. September zieht Fritz Tietz aus dem »Witz-Ticker«, dass Herbert Grönemeyer seinen Song *Flugzeuge im Bauch* nie wieder singen mag. Und: »Streng geheim: Die deutsche Luftwaffe bestückt ihre Tornados für Afghanistan mit einem Enthaarungspulver.« Unbestätigt sei, »dass sich an dem geplanten Einsatz von Bodentruppen auch ein Friseur-Bataillon der Bundeswehr beteiligen wird.« Und: »Der Woody-Allen-Film *Der Schläfer* darf vorerst in Deutschland nicht mehr gezeigt werden.«[297]

---

297   Letzte Meldungen. Am Ticker: Fritz Tietz, taz. 22.9.2001

Hier fällt auf, dass die *taz* – wie auch *BILD* – über seherische Fähigkeiten verfügt. Sie weiß schon Jahre, bevor es im Bundestag ernst wird, dass Tornados nach Afghanistan gehören.

Angesichts der sich aufheizenden Kriegsgefahr beklagt Bettina Gaus am 25. September die Kluft zwischen politischer Klasse der Grünen und der Wählerschaft. Die neuerliche Zerreißprobe komme in einer Zeit, in der die Partei auf etliche Wahlschlappen zurücksehe. Gaus mahnt an, dass die Grünen seit dem Eintritt in die Regierung auf einen erheblichen Teil ihrer Stammwählerschaft »einfach mal eben so« verzichtet hätten, und zwar nicht nur wegen der Militärpolitik. Wenn die Partei überleben wolle, müsse sie »größere Kompromisse in den eigenen Reihen schließen«, aber auch »gegenüber dem Koalitionspartner SPD.«[298]

Rückblickend lässt sich sagen, dass den Grünen diese Drahtseilakte – nicht zuletzt mit Hilfe der *taz* – gelungen sind. Damit haben sie einen großen Anteil an der Umwertung von Werten der alten Bundesrepublik wie auch der DDR, zu denen auch der Grundsatz gehört hatte, dass von deutschem Boden nie wieder Krieg ausgehen dürfe.

In derselben Nummer finden sich Artikel, die Hoffnung machen: Hans Küng hält einen Kampf der Kulturen, bzw. der Religionen immer noch für vermeidbar.[299] Und tatsächlich wird in einem anderen Artikel berichtet, dass am 18. November tausende Iraner ihr Mitgefühl mit den Opfern von Manhattan zum Ausdruck gebracht haben, indem sie mit Kerzen in der Hand durch Teheran demonstrierten. Viele hätten sich in ein Kondolenzbuch eingetragen, das in der Schweizer Botschaft auslag. In Washington werde ernsthaft überlegt, inwieweit der Iran in die Antiterrorfront mit einbezogen werden könne.[300]

Am 26. September versucht Cohn-Bendit, einen Aspekt seines Artikels vom 22. September zu präzisieren: Wird es zur Zerreißpro-

---

298   Bettina Gaus: Grüne Dauerverluste. Es geht um die Existenz, taz, 25.9.2001

299   Philipp Gessler interviewt Hans Küng: »Übertriebener Aktionismus«, taz, 25.9.2001

300   Mohammed Reza Kazemi: Ein neues Verhältnis zu Teheran, taz, 25.9.2001

be zwischen Außenminister Fischer und der grünen Fraktion kommen, von der mindestens ein Drittel gegen einen deutschen Militäreinsatz in Afghanistan ist? Platzt darüber die rot-grüne Koalition? Würde Fischer dann die Grünen verlassen und in die SPD gehen? Cohn-Bendit wendet sich gegen diese Katastrophenstimmung, hofft auf Einsicht in die Notwendigkeiten der Realpolitik: »Fischer führt keinen Krieg. Er geht davon aus, dass für den Kampf gegen diesen barbarischen Terror auch eine internationale militärische Koalition geschmiedet werden muss. Nur so hat Europa Einfluss auf die USA.« Die Grünen müssten sich jetzt entscheiden: »Wollen Sie Westerwelle als Außenminister? Einen Agrarlobbyisten statt Renate Künast? Beckstein zusammen mit Schily? Auch ich verstehe Joschka nicht immer. Aber das muss man nicht, um einzuräumen, dass man sich mit einem Außenminister Fischer sicherer fühlt als mit einem Außenminister Rühe.« Den Einwand des Interviewers Jens König, dass manche glaubten, »Cohn-Bendit baut hier in Absprache mit seinem alten Freund Joschka eine Drohkulisse auf, um die Grünen auf Kurs zu bringen«, findet Cohn-Bendit »albern«. Ihm sei »das grüne Projekt viel zu wichtig, um als Westentaschen-Machiavelli in die Geschichtsbücher einzugehen.«[301]

An dieser bellizistischen Argumentation und der pazifistischen Haltung der *taz*-Redaktion lässt sich deutlich der Unterschied zwischen einem Realpolitiker und den Zwängen erkennen, unter denen eine Zeitung arbeitet, die auf das Wohlwollen der Leserschaft angewiesen ist. Die Stärke der *taz* liegt darin, diese Widersprüche nicht einfach zuzukleistern. So kann sie am 27.9. melden, dass sich weltweit Nobelpreisträger[302] und – lang erwartet – auch Günter Grass[303] gegen militärische Vergeltung ausgesprochen hätten. Doch die zivilgesellschaftliche Aktion bleibt wirkungslos.

---

301   Jens König interviewt Daniel Cohn-Bendit: Der Joschka will nicht in die SPD, taz, 26.9.2001

302   (Redaktion): Nobelpreisträger gegen Krieg, taz, 27.9.2001

303   (Redaktion): Günter Grass: Die Wahrheit. Jetzt warnt und mahnt er doch, taz, 27.9.2001

Nach Beginn der US-amerikanischen Bombardements in der Nacht vom 7. zum 8. Oktober auf Kabul, versucht die *taz*, die Ereignisse ganz im Sinn ihrer kriegsskeptischen Leserschaft zu kommentieren. *Erst die Bomben, dann das Brot* – ist der Kommentar von Bernd Pickert auf Seite 1 betitelt. Er bezweifelt, ob Bush das Versprechen wahr machen kann, die afghanische Bevölkerung aus ihrem andauernden Elend zu befreien. Und noch etwas beunruhigt ihn: Es wird »noch weniger unabhängige Berichterstattung geben« als im Irak-Krieg 1991. »Es wird ein Krieg sein, über dessen wirklichen Verlauf die Öffentlichkeit möglicherweise nie etwas erfahren wird. Und macht es uns eigentlich misstrauisch, dass die wesentlichen Informationen just von den größten Nachrichtensendern jener Länder kommen, die den jetzt begonnenen Krieg maßgeblich führen?«[304] Auf Seite 6 berichtet Dominic Johnson über *Milliarden für Afghanistan-Hilfe*, die weltweit zur Unterstützung für Flüchtlinge zur Verfügung gestellt würden, meint aber, dass die Versorgung der im Lande bleibenden Menschen weit mehr Aufmerksamkeit erfordere.[305]

Weil die Grünen sich nun nicht mehr als Antikriegspartei präsentieren können, ist es für die *taz* ein Ärgernis, dass die PDS auf ihrem gerade in Dresden stattfindenden Parteitag Gelegenheit hat, sich der Öffentlichkeit als einzige konsequente Kriegsgegnerin darzustellen. Der Vorsitzenden Gabi Zimmer sei es gelungen, die ansonsten ebenfalls zerstrittene Partei über die Krieg-Frieden-Frage zu einen. Die einzige Möglichkeit, dies zu entwerten, besteht darin, es für langweilig zu erklären: »Das war eine Inszenierung ewiger Wahrheiten: PDS, das ist Frieden, Frieden, auf der ganzen Welt, und das ist gut so, gut und schön.«[306] Am nächsten Tag wird die heikle Berichterstattung vom PDS-Parteitag fortgesetzt. Als sich Gregor Gysi mit Überlegungen, ob begrenzte Kommandoaktionen zum Ergreifen von Terroristen gerechtfertigt seien, nicht durchsetzte, »kann sich die PDS wieder als Partei der Kriegsgegner profilieren (…) Doch sosehr die PDS auch das friedens-

---

304   Bernd Pickert: Erst die Bomben, dann das Brot, taz, 8.10.2001

305   Dominic Johnson: Milliarden für Afghanistan-Hilfe, taz, 8.10.2001

306   Jens König: Frieden für die eigene Partei, taz, 8.10.2001

bewegte Erbe der Grünen antritt, die Wähler erbt sie nicht. Nach der letzten Umfrage fiel die PDS (in Berlin) von 18 auf 14 Prozent.«[307]

»Langweilige« Friedenspolitik?
Ein bisschen Spaß muss sein!

Es ist auch typisch für die *taz*, dass sie in denselben Berichten, die über Antikriegsdemonstrationen von Neonazis informieren, gerne auch Berichte über Antikriegsdemonstrationen von linken Gruppen einflicht bzw. umgekehrt.[308]

Die Perspektiven einer deutschen Beteiligung behandelt die *taz* in diesen Tagen nur unter dem Motto »Spaß«. Der Parteivorstand der Grünen musste ein »Quiz« überprüfen, mit dem sich – laut *FAZ* – die Grünen Cem Özdemir, Matthias Berninger und Kathrin Göring-Eckardt auf einer USA-Reise die Wartezeit im Bahnhof Boston vertrieben haben sollten: »Unsere Parteivorsitzende (Claudia Roth) hat wieder neue Bedingungen für deutsche Militäreinsätze aufgestellt. Ratet mal, welche!« Erster Versuch: »Afghanistan muss ökologisch bewirtschaftet werden?« Zweiter Versuch: »Die Taliban sollen die Frauenquote einführen?« Autor Patrick Schwarz meint, dass es mittlerweile bei den Grünen einfacher sei, »eine Position zu Militäreinsätzen zu finden als zu den Grenzen der Spaßgesellschaft«. Dann geht er zum Ernst über und betont, dass Roth auf einem kleinen Parteitag am vergangenen Wochenende einen innerparteilichen Kompromiss in Sachen Militäreinsatz vorgeschlagen habe. Es sei ihr gelungen, »selbst zahlreiche Kriegsskeptiker hinter dem Kurs von Joschka Fischer und der Bundesregierung zu versammeln. Als Kritikerin des Kosovo-Einsatzes verleiht Roth der grünen Unterstützung für die Afghanistan-Operation Glaubwürdigkeit.«[309]

---

307   Uwe Rada: Angriff eint die PDS, taz, 9.10.2001

308   Redaktion: Rechte und Linke gegen USA, taz, 9.10.2001. In der Hamburger Ausgabe am selben Tag. AS: Nazis heucheln um Frieden. »Friedensdemo« in Flensburg angekündigt. Hier wird informiert, dass auch »verschiedene antifaschistische Initiativen, gewerkschaftliche Organisationen und kirchliche Strukturen Protestaktionen angekündigt« haben.

309   Patrick Schwarz: Über Taliban zu lachen ist bei den Grünen verpönt, taz, 9.10.2001

Was Basisgrüne »merkwürdig« finden...

Kriegskritischen Publikumsmeinungen verschafft die *taz* u. a. mit einer Kolumne Gehör, in der Leser loswerden können, was sie »merkwürdig« finden. Viele finden immer wieder »merkwürdig«, dass »Kriegsminister« Fischer ein Grüner bzw. dass er noch im Amt sei. Ein Leser findet »merkwürdig«, dass der US-Präsident unter Beifall der Demokratien ein Todesurteil ohne Gerichtsverfahren aussprechen kann, was man bisher dem Iran angekreidet hatte. Und manche Leser finden sogar die *taz* »merkwürdig«, insbesondere, weil sie immer noch die Grünen unterstütze.[310]

Am 15. Oktober kann von einem »grünen Aufstand für den Frieden« berichtet werden. »Grüne Jugend will Krieg nicht mittragen. Auch Bundesfrauenrat äußert Kritik und fordert Einstellung der Militärschläge.«[311] Und am 18. Oktober wird mitgeteilt, dass die EU-Außenminister »Hilfslieferungen an Afghanistan an erste Stelle« setzen und ein »zentrales UN-Engagement« fordern. Wenngleich der schöne Plan unter Mithilfe von Fischer geschmiedet wurde und dieser meinte, dass die EU auf diese Weise zeigen könne, »dass sie ihre Rolle in der Afghanistankrise übernehme und bei längerer Dauer der Krise auch länger erfüllt«, musste er »Berichte über die Einrichtung von UN-Schutzzonen in Afghanistan« als »reine Spekulation« zurückweisen.[312]

Einen Tag später meint Autor Carsten Schymik[313], dass die gegenwärtige »Krise« ihr Gutes habe, weil sie die bereits beschlossene stärkere militärpolitische Integration der EU fördern werde: »Ab 2003 soll die neue Krisenreaktionsstreitmacht der EU mit insgesamt 60.000 Soldaten einsatzbereit sein. Faktisch ist ein Großteil der künftigen Unionsarmee bereits heute zur Friedenssicherung auf dem Balkan sta-

---

310   taz-LeserInnen: Merkwürdig: Joschka. Was finden Sie »merkwürdig«, fragen wir. Antwort: US-Präsidenten, grüne Kriegsminister u. v. m., taz,. 13.10.2001

311   Bettina Gaus, Friederike Gräfe: Grüner Aufstand für den Frieden, taz, 15.10.2001

312   Redaktion: Humanitäre Hilfe geht vor, taz, 18.10.2001

313   Carsten Schymik: Dynamik der Krise, taz, 19.10.2001

tioniert. Dort liegt auch das größte Potenzial für Europas militärischen Beitrag zur internationalen Terrorismusbekämpfung. Schließlich überlegen US-Präsident Bush und seine Regierung, ihre Militärpräsenz in Europa zu reduzieren, um dadurch zusätzliche Kräfte im globalen Anti-Terror-Feldzug freizusetzen. Das entstehende Vakuum werden die Europäer füllen. Allen voran wohl Deutschland, das jüngst in Mazedonien erstmals das Oberkommando über eine rein europäische Militäroperation übernommen hat. Nahe liegender und realistischer als Expeditionskorps in Zentralasien oder anderswo wird für Deutschland und die EU die dauerhafte Entlastung der USA an der ›Heimatfront Europa‹ sein.«

Hier unterschätzt Schymik noch die Einsatzfähigkeit der Deutschen in Zentralasien. Unter Berufung auf Äußerungen Fischers, dass sich Europa unter »dem Druck der Verhältnisse (…) immer in die richtige Richtung bewegt« habe, schlussfolgert er, dass »wir (…) beim nächsten Epochenwechsel zu der makabren Erkenntnis gelangen, dass Osama Bin Laden zum mentalen Gründungsvater der Vereinigten Staaten von Europa geworden ist.«

Von den Landesverbänden der Grünen und der Basis kamen wechselnde Signale. Der Landesvorstandssprecher von Bremen, Klaus Möhle, hatte geäußert: »Die Spaltung der Partei ist nicht mehr senkrecht, zwischen Realos und Fundis, sondern quer: zwischen den Funktionären und der Basis.« Zu einer Gesprächsrunde kritischer Grüner waren aber nur wenige Menschen gekommen. Das kommentierte *taz:* »Die Wogen schlagen nicht mehr so hoch wie noch zu Kosovo-Zeiten.«[314] Als Außenminister Fischer nach Teheran reiste, um bei den Mullahs »für die Anti-Terror-Allianz (zu) werben«, wurde er von der *taz* ermahnt, »auf die Menschenrechtsverletzungen in Iran hinzuweisen«[315]. Dieselbe Nummer berichtet von der Evangelischen Arbeitsgemeinschaft zur Betreuung der Kriegsdienstverweigerer, die sich »gegen eine deutsche Beteiligung an militärischen Einsätzen in

---

314   Jan Kahlcke: Grüne Grenzen zwischen oben und unten, taz Bremen, 20.10.2001
315   Bahman Nirumand: Reise mit Kollateraleffekten, taz, 23.10.2001

Afghanistan« ausgesprochen hatte. »Uneingeschränkte Solidarität« mit den USA dürfe nicht Nibelungentreue bedeuten, warnte Altbischof Demke. »Der deutsche Beitrag müsse sich daher darauf konzentrieren, an der Seite der USA die Lösung der Machtfrage in Afghanistan vorzubereiten, damit es zu einer Beendigung der Militärschläge komme.«[316]

In Bremen, wo die Antikriegsbewegung besonders stark ist, gibt es – darauf weist die *taz* vom 30. Oktober hin – eine Zentralstelle, die Kriegsdienstverweigerer und deutsche Soldaten berät, die einen Dienst in Afghanistan als Gefahr für Leib und Leben ansehen, »seit der Kanzler den USA uneingeschränkte Solidarität« versprochen hat.[317] In derselben Nummer wird berichtet, dass Schröder in Pakistan eine – von Claudia Roth befürwortete – Bombardierungspause während des bevorstehenden Fastenmonats Ramadan abgelehnt habe, was der freie Journalist Abdel Mottaleb El Husseini als »übereilt, unverhältnismäßig und politisch höchst unklug« kritisiert.[318]

Mit der Petersberg Konferenz versuchte die Bundesregierung der Öffentlichkeit zu demonstrieren, wie wichtig ihr der zivile Aufbau sei, der allerdings »nach Mehrheitsmeinung militärisch abgesichert« werden müsse. »Für die Afghanen«, schreibt *taz*-Auslandsredakteur Sven Hansen am 1. Dezember, »ist es da nahe liegend, dass deutsche Soldaten an einem solchen Einsatz beteiligt werden sollten. Truppen aus den Nachbarländern scheiden wegen eigener Interessen aus, Russen und Briten sind unbeliebt und die Amerikaner eine Kriegsmacht, der man eine Neutralität schlicht nicht zutraut. Eigentlich wünsche sich kein Afghane die Stationierung fremder Truppen, bedeuten die Verhandler. Wenn sie aber sein muss, legen alle Wert auf eine muslimisch geführte Friedenstruppe.«[319]

---

316   Gegen Deutsche in Afghanistan, taz Bremen, 26.10.2001

317   Der Terror und die Folgen: Deutsche Soldaten verweigern den Kriegsdienst, taz, 30.10.2001.

318   Abdel Mottaleb el Husseini: Der Bundeskanzler lehnt eine Kampfpause in Afghanistan ab, taz, 30.10.2001

319   Sven Hansen: Petersberg-Konferenz. A wie Afghanistan, B wie Bundeswehr, taz, 1.12.2001

Die Beteuerung, dass es in erster Linie um zivilen Aufbau gehe, öffnet die Schleusen für die Diskussion um dessen militärische Absicherung: »In Berlin wird immer intensiver eine deutsche Beteiligung an einer Friedenstruppe für Afghanistan diskutiert. Die Frage ist, in welcher Form.« Hans-Ulrich Klose (SPD) wurde zitiert, er habe in der *Frankfurter Allgemeinen Sonntagszeitung* gesagt, man werde sich nicht entziehen können, wenn die Afghanen eindeutig um Beistand bäten. Voraussetzung seien allerdings ein Ende des Krieges und ein UN-Mandat. Man sollte solche Überlegungen nicht ausschließen, habe der grüne Bundestagsabgeordnete Ströbele gegenüber der *taz* gemeint. Vorausgehen müsse dem aber nicht nur das Kriegsende in Afghanistan. Eine deutsche Friedenstruppe dürfe nicht von den USA oder der NATO geleitet werden. Sie müsse mit einem UN-Mandat ausgestattet, in ihrer Zusammensetzung neutral und ihr Auftrag klar umrissen sein.[320]

Leichtsinnig ins Chaos untertitelt die hellsichtige Bettina Gaus ihren Beitrag vom 12. Dezember. Sie glaubt nicht, dass 3.000 UN-Soldaten in Kabul Frieden stiften, sondern rasch selbst »zur Konfliktpartei mutieren, und sei es auch nur deshalb, weil all jene, die an der Macht in der Hauptstadt nicht beteiligt sind, in ihnen Verbündete der Herrschenden sehen.« Ein ernsthafter Versuch, das Land zu beruhigen, sei teuer: »Demobilisierungsprogramme, der Aufbau von Infrastruktur und die Sicherung von Landesgrenzen verschlingen Unsummen. Billiger ist der Frieden aber nicht zu haben. Und die Zukunft weltweiter Terrornetzwerke dürfte von der Zukunft Afghanistans in weit stärkerem Maße bestimmt werden als von jeder Rasterfahndung.«[321] Schwankend gewordene »Kriegsgegner« treibt die Hoffnung an, dass der deutsche Einsatz doch zum Friedenseinsatz werden könne: Voraussetzung einer Friedensmission sei, »dass der Krieg zu Ende ist«, betont Hans-Christian Ströbele (Bündnis 90 / Die Grünen) immer wieder. Problematisch sei, wenn zum Zeitpunkt der Bundestagsabstim-

---

320 SEV: Deutsche Truppen in den Hindukusch?, taz, 3.12.2001

321 Bettina Gaus: Der UN-Einsatz in Afghanistan ist zum Scheitern verurteilt, taz, 12.12.2001

mung in Afghanistan noch gekämpft werde. Auch seine Parteikollegin Steffi Lemke meint, dass die Fraktion nicht geschlossen abstimmen werde.[322]

Dass NATO-Truppen den Amerikanern erst zu Hilfe kommen würden, wenn der Krieg beendet sei, hörte man damals sogar vom britischen Premierminister Tony Blair, obwohl er bereits verkündet hatte, bis zu 1.500 Soldaten im Rahmen der Schutztruppe entsenden zu wollen: »Es gibt eine dringende Notwendigkeit, dass wir, nachdem der Krieg gewonnen wird, auch unseren Beitrag zur Sicherung des Friedens leisten.«[323]

Bettina Gaus: Geglaubt wird, was beruhigt.

Dem widerspricht Bettina Gaus:»Umfang und Dauer des von der UNO genehmigten Einsatzes ließen erkennen, »dass nachhaltige Hilfe für Afghanistan nicht geplant ist.« Im Gegensatz zur Bundesregierung betone die US-Regierung, »dass der Krieg nicht vorbei sei und auch auf andere Länder ausgedehnt werden könne. Leider scheint niemand zuzuhören. Unbeirrt wird in der Bundesrepublik so getan, als sei der Afghanistankrieg auch für die Befriedung und die Demokratisierung des Landes geführt worden. Und natürlich für die Rechte der Frauen (…) Es wird ja alles geglaubt, was beruhigt (…) Je deutlicher es wird, dass die USA eine hegemoniale Politik verfolgen, desto mehr ihrer Kritiker verstummen.«[324]

Kurz bevor der Bundestag über die Beteiligung deutscher Soldaten an der Internationalen Sicherheitsunterstützungstruppe in Afghanistan abstimmte, konnte man in der *taz* auch »realpolitische« Erwägungen lesen. Der freie Journalist Roland Bösker mahnte, dass die Grünen, wollten sie »wehrpolitisch eine ernsthafte Alternative auch zu ihrem Koalitionspartner bieten«, doch auch mal über »langfristige Rüstungsprojekte wie die Beschaffung des (Panzerspähwagens) ›Fennek‹« nachdenken sollten. Denn: »Die Bundeswehr ist für friedens-

---

322   Kanzler droht erneut grüner Widerstand, taz, 17.12.2001
323   Severin Weiland: Kein Frieden um die Friedenstruppe, taz, 18.12.2001
324   Bettina Gaus: Friedenstruppe. Geglaubt wird, was beruhigt, taz, 20.12. 2001

sichernde Missionen zu schlecht ausgestattet. Wer das von ihr verlangt, muss sie entsprechend modernisieren.« Das »Durchwursteln«, das bisher freilich alle Parteien kennzeichne, »und die Bundeswehr zunehmend veralten lässt«, solle aufhören. Die Grünen müssen »die Armee definieren, die sie einsetzen wollen.« Das Motto des Kalten Krieges »Frieden durch Rüstung« werde nun abgelöst durch »Rüstung für Friedensmissionen«. Wenn sie das einsähen, könnten sich die »Grünen als Paten einer neuen Bundeswehr« verstehen.[325] Wenn die Grünen die Paten würden, wäre die Rüstungsindustrie deren Patenkind – ein niedliches Bild!

Dass die Nachfrage von Kriegsleistungen nicht nur eine Spirale militärischer Nach- und Aufrüstungen auslöste, sondern auch eine Dynamik von Geltungssucht entfesselt, behandelt die *taz* – wie viele andere Themen auch – mit einer Attitüde, die der Leser selbst als kritisch, ironisch oder zynisch interpretieren kann. Nachdem Deutschland es abgelehnt hatte, gleich zu Anfang die Führungsrolle der ISAF zu übernehmen und diesen Part Großbritannien überließ, schien das in manchen Kreisen Bedauern hervorzurufen. Dazu Dominic Johnson: »Die Bundesregierung findet zu Recht nichts Schlimmes daran, internationale Militäreinsätze auf dem Balkan zu führen – der Naziterror liegt mehr als ein halbes Jahrhundert zurück und gilt im Zweifelsfall als Grund, sich jetzt gerade zu engagieren. Doch gleichzeitig bemängelt man in Berlin, dass die Briten in Afghanistan aufgrund der Kolonialkriege des 19. Jahrhunderts historisch vorbelastet seien. Und um das zu belegen, laufen deutsche Journalisten durch Kabul und suchen Afghanen, die ihnen den Wunsch nach deutschen Soldaten in den Block diktieren.«[326]

In der *taz* vom 22. Dezember 2001, dem Tag der ISAF-Abstimmung, war noch einmal zu lesen, dass Verteidigungsminister Scharping versichert hätte, die von der UNO gebilligte »Friedensmission« sei vom Antiterrorkampf Enduring Freedom der USA »sauber ge-

---

325 Roland Bösker: Rüsten für den Frieden?, taz, 21.12.2001

326 Dominic Johnson: UN-Afghanistantruppe. Destruktives Deutschland, taz, 22.12.2001

trennt«. Allerdings müsse man in einem »feindlichen Umfeld« natürlich damit rechnen, dass eine »enge Koordinierung« notwendig werde. Die Einwilligung des Parlaments zum Einsatz gilt als sicher, zumal auch der Parteivorstand der Grünen empfohlen habe, dafür zu stimmen.[327]

Roger Willemsen:
Verbrecher-Fahndung jetzt mit Streubomben

Leser der *taz*, die das in traurige oder empörte Stimmung versetzte, konnten sich in derselben Ausgabe mit einer »vorerst letzten« bitterbösen Seite aus der Serie *Kriegstagebuch* trösten. Sie war von dem Publizisten Roger Willemsen verfasst und ist aktuell geblieben: »Die Ansprüche an Kriege sind gesunken: Verbrecher-Fahndung darf jetzt mit Streubomben betrieben, ein Land zerstört, ein Massenmord an Zivilisten begangen werden, auch wenn am Ende kein einziger Verdächtiger gefasst ist, die Zahl der Kriegstoten verschwiegen und das Beweisvideo in der Übersetzung entscheidend gefälscht werden musste. Das Ergebnis dieses Krieges ist auch in den Maßstäben der Kriegsführer ein Debakel.« Willemsen beklagt auch die »kriegsbegleitende Publizistik«, die »konformer« nicht sein könne. Die Wirkungskraft der Zivilgesellschaft, konstatiert er, sei gleich Null: »Kein einziger politischer oder humanitärer Einwand hatte auch nur den geringsten Einfluss auf diesen Krieg, den keine Diktatur hätte reibungsloser durchführen können.« Allerdings erliegt auch Willemsen der irrtümlichen Annahme, dass der Afghanistanfeldzug im Wesentlichen vorüber ist. Aber was geschehen sei, reiche aus, um dem Hass der Drittweltländer gegen den Westen »neuerliche Legitimität« zu verleihen.[328]

Am 24. Dezember berichtet *taz*-Autor Severin Weiland, dass »entgegen allen Unkenrufen« die Grünen dem Kanzler ein vorzeitiges Weihnachtsgeschenk bereitet hätten: »In ihren Reihen gab es keine Nein-Stimmen.« Nur Monika Knoche, Annelie Buntenbach, Winfried Hermann und Steffi Lemke hatten sich enthalten, weil ihnen das

---

327   Severin Weiland: Der Einsatz steht, taz, 22.12.2001
328   Roger Willemsen: Dieser verdammte Krieg. Was bleibt?, taz,. 22.12.2001

Kommando von ISAF und OEF doch zu eng verwoben schien. Überraschenderweise hatte Christian Ströbele zugestimmt, weil er Probleme hatte, »der UN die Einzelheiten eines Mandats vorzuschreiben, obwohl er die Kritik der Einsatzgegner teile.«[329]

Ohne den Grünen ihre Sympathie zu entziehen, bleibt die *taz* als Kriegsgegnerin erkennbar. »Krieg bleibt Krieg«, beharrt Eric Chauvistré am 8. Februar 2002, »auch wenn er heute mit Hightech-Waffen geführt wird und die damit agierenden Industriestaaten keine Massenheere mehr zur Besetzung anderer Länder entsenden.« Die Welt sei aber nicht friedlicher geworden. Daher solle man »organisierte Gewalt in ihren mannigfaltigen Formen auch weiterhin als Krieg« benennen.[330]

Drei Tage später beklagte Bettina Gaus, dass sich die Hoffnungen zerschlagen hätten, »die USA würden internationale Institutionen und den Wert internationaler Zusammenarbeit künftig höher schätzen als in der Vergangenheit (...) Als Illusion hat sich auch die Annahme erwiesen, politisches Wohlverhalten und die Demonstration ›uneingeschränkter Solidarität‹ müsse dazu führen, dass die Meinung der Verbündeten in Washington berücksichtigt werde und man somit Einfluss auf das Geschehen nehmen könne. Den Teufel kann man.«[331]

Während *BILD* den Heldentaten der KSK entgegen fiebert, zeigt sich die *taz* am 25. Februar 2002 empört, dass auch die deutsche Truppe Jagd auf Al Qaida macht: »Alle haben es vermutet, nun ist es offiziell: Die Bundeswehr befindet sich schon seit mehreren Wochen im Kampfeinsatz in Afghanistan. Verteidigungsminister Rudolf Scharping (SPD) bestätigte gestern, dass rund hundert Elitesoldaten des Kommandos Spezialkräfte (KSK) in Afghanistan an Aktionen gegen die Terrororganisation Al Qaida beteiligt sind.«[332]

---

329   Severin Weiland: Rot-Grün beschenkt den Kanzler, taz, 24.12.2001

330   Eric Chauvistré: US-Bombardements zeigen: Es gibt keinen Frieden in Afghanistan. Krieg bleibt Krieg, taz, 6.2.2002

331   Bettina Gaus: Größenwahn der Supermacht, taz, 11.2.2002

332   Heide Oestreich: Kampftruppe ohne Kontrolle, taz,. 25.2.2002

DIE ZEIT – langsamer Abschied vom Kriegsoptimismus

»DIE PRESSE ÜBER DIE ZWEITE FRONT IST INTERESSANT.
DIE PARTEINAHME, DER KAMPF DER FÜR UND WIDERS,
DAS ERWECKT DEN ANSCHEIN,
ALS WERDE SOLCH EIN PROBLEM GRÜNDLICH DISKUTIERT
UND DANN,
AUF GRUND VON ARGUMENTATION, GELÖST.
IN WIRKLICHKEIT GEBRAUCHT NUR DIE OPPOSITION ARGUMENTE,
UND DIE STÄRKSTEN NÜTZEN IHR NICHTS, WENN SIE SCHWACH IST.«[333]

Bertolt Brecht, Journale

Mit diesen Worten kommentierte Bertolt Brecht im Arbeitsjournal seine Lektüre US-amerikanischer Zeitungen im August 1942. Mit »Opposition« sind die schwachen Kräfte der Zivilgesellschaft gemeint, die wie Charles Chaplin und Orson Welles auf öffentlichen Meetings die von den Westmächten für 1942 versprochene zweite Front forderten, die die Sowjetunion im Kampf gegen Hitlerdeutschland entlasten sollte.[334] Sie wurde erst im Juni 1944 in der Normandie errichtet. Ein Vergleich mit heutigen deutschen Medien erscheint uns nicht als zu weit hergeholt.

DIE ZEIT ist die politisch-kulturelle Wochenzeitschrift für ein intellektuell anspruchsvolles Publikum und damit ein Organ, in dem die medial anerkannte Elite aus Wirtschaft, Wissenschaft und Kultur zu Wort kommt. Zugleich wirkt die *ZEIT* wohl mehr als *SPIEGEL* und *FOCUS* als einfühlsame Interpretin von Regierungspolitik und zwar auch auf Gebieten wie der Ökonomie und dem Bildungswesen. Immer wieder entsteht der Eindruck, dass auf den Seiten 2 und 3 indirekt Verlautbarungen der Regierung wiedergegeben werden, obwohl diese auch vorsichtig kritisiert wird und die Auffassungen der Opposition natürlich auch Raum erhalten, jedenfalls soweit es sich um SPD

---

333 Bertolt Brecht: Journale 2, Eintrag, 28.7.1942. In: Große Berliner und Frankfurter Ausgabe, 1995, Bd. 27, 117.

334 Ebd., S. 127

und Grüne handelt. Wer die *ZEIT* liest, kann sich jedenfalls ein Bild machen über die mittelfristige Linie, die die Mächtigen des Landes für gangbar halten. Darüber hinaus bietet *DIE ZEIT* aber auch umfangreiche Artikel zu aktuellen Problemen, die von Spezialisten verfasst sind und verschiedene Optionen aufzeigen, insbesondere, wenn die politische Maschinerie Neues durchsetzen will oder wenn sie sich in Sackgassen manövriert hat, aus denen sie – schon aus rein formalen Gründen – nicht so schnell herauskommt. Insofern kann gesagt werden, dass die *ZEIT* auf ihre Weise auch an der Gestaltung künftiger Politik mitwirkt. Sieht man vom Fehlen qualifizierter Systemkritik ab, erscheint sie als nahezu perfektes Organ der gegenwärtigen Form der Demokratie.

Besonders in ihrer Funktion, systemkonforme Alternativen zu entwerfen, sind die aktuellen Ausgaben der *ZEIT* im ersten Halbjahr 2010 in Hinblick auf den Afghanistankrieg interessant. Damals dämmerte schon vielen, dass der Krieg nicht mehr gewonnen werden kann. Aber die Bündnistreue zu den USA verbot es den Regierenden noch, so etwas offiziell zuzugeben. *DIE ZEIT*, die den Afghanistankrieg lange als Menschenrechtsaufgabe dargestellt hatte, musste nun realistische Artikel über die militärische Lage in Afghanistan bringen – nicht nur, um ihre Leser zu halten, sondern um den unabwendbar gewordenen Rückzug auch für die offizielle Politik argumentativ vorzubereiten.

Der rein pazifistische Reflex ist fehl am Platz?

Wie schwer der *ZEIT* der Abschied vom Kriegsoptimismus gefallen ist, zeigt ein *Krieger, denk mal* betitelter Leitartikel ihres für seine ultrakonservativen Kolumnen bekannten Herausgebers Josef Joffe vom 4.2.2010. Zunächst werden Binsenweisheiten dargelegt, die aber so bislang kaum in der *ZEIT* zu lesen waren: »Wo wohnt der Terror? Er hat keine Adresse und lässt sich nicht abschrecken (…) Früher war Eroberung strategisches Ziel, heute sind es gesicherte Energieströme, Kriege sind vorweg Binnen- oder gar Mikrokriege – gegen Aufständische, Terroristen und Piraten.« Doch die Rechtfertigung dieser Kriege sei vor dem heimischen Publikum schwer: »Solche Kriege, in denen

Unbeteiligte als Geiseln genommen werden, fordern immer zivile Opfer, und davor grausen sich Demokratien noch mehr als vor den eigenen Verlusten. Die Bomben von Kundus haben die Deutschen mehr erschüttert als die Angriffe der Taliban. Wer handeln muss, macht sich schuldig«.

Joffe gibt zu, dass es »im Irak oder in Afghanistan, Somalia oder Sudan (…) für den Eingreifer nicht um Existentielles« gehe, »sondern um die innere Ordnung, nicht um den Feind ante portas, sondern um Gefahren weit hinter der Türkei«. Und doch: Der Slogan »Nie wieder Krieg« sei nützlich gewesen, solange es um Rassen- oder Eroberungskriege gegangen sei. Der »rein pazifistische Reflex« sei aber fehl am Platze, wenn es um heutige »Ordnungs- oder gar humanitäre Kriege mit ihrem schmerzhaften Gemenge aus Interesse und Pflicht« ginge. Weil die Militärs mit diesem schmerzhaften Gemenge überfordert seien, verlangt Joffe die Einrichtung eines »Nationalen Sicherheitsrats«, wie ihn die USA seit Ende des 2. Weltkrieges haben, »ressortüberwölbend, mit Zugriff auf die Informationen der Geheimdienste und des Militärs, mit einem Nationalen Sicherheitsberater, der die Informationen bündelt.« In dieses vernetzte Sicherheitskonzept solle auch einfließen, »was nicht rein militärisch ist: Energie, Sanktionen, Wasser, strategisch relevante Exporte, zerfallende Staaten, Terrorabwehr, Rüstungskontrolle, Seewege, Handelskonflikte, Entwicklungspolitik.«[335]

Die verlorenen Schlachten im Irak und in Afghanistan werden hier nicht direkt angesprochen, dafür wird aber ein Plan des »weiter so« entworfen, ein Weg gesucht, wie die scheinbar nicht hinterfragbaren hegemonialen Interessen der westlichen Industrieländer künftig intelligenter durchgesetzt werden könnten. Vielleicht ist dem damals noch im Amt befindlichen Bundespräsidenten Köhler durch diesen Artikel aufgegangen, dass Wahrnehmung und Verteidigung von Interessen tatsächlich die wesentlichen Kriegsziele darstellen.

Am 8. April kommentiert *ZEIT*-Redakteur Ulrich Ladurner die Erleichterung, die im deutschen Medienwald zu spüren gewesen sei, als Verteidigungsminister Karl-Theodor zu Guttenberg in der Woche zu-

---

335   Josef Joffe: Denk mal, Krieger, DIE ZEIT, 4.2.2010

vor das von Regierungsseite lange aufrecht erhaltene Tabu gebrochen und den Krieg in Afghanistan endlich als Krieg bezeichnet habe.[336] Damit sei der Kampfauftrag der deutschen Soldaten zwar richtiger benannt, aber der Frage, worum es eigentlich gehe, werde weiterhin ausgewichen. »Es gibt zum Beispiel die Theorie des Gerechten Krieges. Sie hat klare Kriterien erarbeitet. Ein Krieg muss demnach einen gerechten Grund haben, als Ultima Ratio angewandt werden, er muss vernünftige Erfolgsaussichten haben und verhältnismäßig sein. Darüber redet heute keiner, der vom Krieg spricht. Wahrscheinlich weil keines dieser Kriterien auf Afghanistan zutrifft.« In einem »PS« seines Artikels polemisiert Ladurner gegen das Pathos der Kanzlerin in ihren Trauerreden für gefallene Soldaten. Es stünde ihr oder ihren Ministern gut an, sich auch vor den Gräbern der Aufbauhelfer zu verneigen. »Auch sie haben über die Jahre Opfer zu beklagen – und viele waren im staatlichen Auftrag da. Die Regierung sagt immer wieder, in Afghanistan handele es sich um einen zivilmilitärischen Einsatz mit dem Schwerpunkt auf ›zivil‹.«[337] Ladurner hat Recht: Über den zivilen Aufbau in Afghanistan wird weniger gesprochen, seit der Krieg offiziell Krieg heißt.

In derselben Ausgabe denkt *ZEIT*-Autor Thomas Assheuer nach, ob mit dem Scheitern des Westens die Allgemeingültigkeit der Menschenrechte widerlegt sei. Er kommentiert das *Counterinsurgency Field Manual*, das 2006 für die US-Armee verfasst wurde. Darin wird den Soldaten gesagt, dass sie in den von ihnen befreiten Gebieten womöglich mit Handgranaten empfangen würden und dass amerikanische »Vorstellungen davon, was normal oder rational ist (…) nicht allgemeingültig« seien. Mit solchen Formulierungen, prophezeit Assheuer, werde dann auch bald die militärische Niederlage des Westens in Afghanistan bemäntelt werden. Dass diese Niederlage den Kernbestand der kulturellen Ideen des Westens bedrohe, sieht er in Äußerungen

---

336 SPD-Chef Sigmar Gabriel, der offenbar vergessen hatte, dass einer seiner Vorgänger die Teilnahme deutscher Soldaten am Afghanistankrieg selbst ermöglicht hatte, »erklärte rasch, bei einem Krieg brauche es eine neue Afghanistan-Abstimmung im Bundestag.«

337 Ulrich Ladurner: Es rasseln die Panzerketten, DIE ZEIT, 15.4.2010

mancher Intellektueller bestätigt. Der Engländer John Gray habe in
seinem Buch *Von Menschen und anderen Tieren* gefordert, die »von Mot-
ten zerfressene Fahne des Menschheitsfortschritts«, aber auch die Aufklärung und die Vision einer universellen Zivilisation endgültig über
Bord zu werfen. Assheuer mag ihm nur insofern Recht geben, als die
Allmachtsphantasien des Westens gescheitert seien, insbesondere, soweit sie mit Mitteln des »militärischen Tötens« und dem Vergießen
des Bluts Unschuldiger durchgesetzt werden sollten. Außerdem gibt
er zu bedenken: »Schwerlich wird man behaupten können, die ISAF
habe es dort mit der Durchsetzung von Grundrechten übertrieben, im
Gegenteil. Die Rückkehr der Warlords geschah unter ihren Augen, die
Korruption in Verwaltung und Justiz ist nicht verschwunden, sie blüht
so prächtig wie der Mohn auf den Feldern. Wahlen werden gefälscht,
Habenichtse ausgeplündert.« Der Aufbau von Menschenrechten setze
ein Minimum von Staatlichkeit voraus, weshalb sich der Westen aus
Afghanistan erst zurückziehen dürfe, »wenn es dort Fundamente von
Staatlichkeit gibt, die sicherstellen, dass das Morden der Taliban nicht
von Neuem beginnt.«[338] In Assheuers Argumentation ist ein für *DIE
ZEIT* typischer Balanceakt zwischen redlich scheinender Intellektuali-
tät und Regierungstreue zu erkennen. Gilt doch offiziell ausgerechnet
die Ausbildung von afghanischen Polizisten als das Wundermittel,
mit dem ein Staat und damit – das sollen wir mit Assheuer schließen
– auch Menschenrechte gesichert werden können.

»Dabei hat kein Afghane uns je etwas getan.«

In den Leserbriefen, die als Reaktion auf diesen Artikel publiziert wurden, wird die Sache klarer gesehen. Martin Haspelmath aus Leipzig
schrieb, dass der Westen (worunter er »NATO und Sowjetunion« versteht) Afghanistan seit über drei Jahrzehnten mit Krieg überziehe und
die Konflikte zwischen den Einheimischen schüre. »Dabei hat kein
Afghane uns je etwas getan (…) Erst wenn die NATO ihre Niederlage
anerkennt und von ihrem Beherrschungswahn Abstand nimmt, haben
die Menschenrechte in diesem geschundenen Land wieder eine Zu-

---

338   Thomas Assheuer: Am Ende, DIE ZEIT,. 15.4.2010

kunft.« Auch Ulf Schorling aus Rheinbach meinte, dass »die Tötung von Zivilisten« einer der vielen Fehler sei, die der Westen in Afghanistan begangen habe. Die Sache der Menschenrechte werde nicht vorangebracht, wenn am Ende herauskäme, »dass die ISAF-Kräfte trotz alledem in Afghanistan bleiben müssen.« Rupert Neudeck, Gründer des Komitees Cap Anamur und Vorsitzender des Friedenskomitees Grünhelme, schreibt, dass er diese Heuchelei, die das Thema Menschenrechte in Afghanistan hervorruft, nicht ertragen mag. Besonders stört ihn, dass gefallene Bundeswehrsoldaten, vor denen »sich Deutschland verneigt«, offenbar als die »wertvolleren Menschen« gelten, während die meist zahlreicheren afghanischen Verbündeten, die in denselben Scharmützeln sterben, als »Kollateral-Tote« betrachtet würden. Und am Ende, so prophezeit Neudeck, »hauen wir nur uns selbst heraus und lassen die weniger wertvollen Menschen sich ermorden.«[339]

Reguläre Kombattanten

Als im April 2010 sieben deutsche Soldaten innerhalb von 14 Tagen in Afghanistan umgekommen waren, stellte sich ein Kollektiv von drei Autoren die Frage, welchen Sinn dieses Sterben habe. Ob Zufall oder nicht – zu derselben Zeit stellte die Bundesanwaltschaft in Karlsruhe das Strafverfahren gegen Oberst Klein ein, der die Bombardierung zweier von Taliban entführter Tankwagen am 4. September 2009 zu verantworten hatte, wobei es zu 142 afghanischen Opfern gekommen war. Klein, so argumentierte das Gericht, habe seinen Befehl erst nach umsichtiger Prüfung der Lage gegeben und eine Bestrafung nach Völkerrecht oder deutschem Strafrecht scheide daher aus. Das Urteil, so das Autorenkollektiv, habe eine weit über den Fall hinausgehende Bedeutung, denn es kläre, was deutsche Soldaten in Afghanistan dürften. Bei dem Einsatz, so steht es in der Begründung, handele es sich um einen »nicht internationalen bewaffneten Konflikt«[340], an dem die deutschen Soldaten als »reguläre Kombattanten« teilnähmen: Soweit

---

339   Was schützen wir in Afghanistan? Leserbriefe zu Th. Assheuer: Am Ende, DIE ZEIT, 29.4.2010

340   Siehe Kapitel 4

»völkerrechtlich zulässige Kampfhandlungen« vorliegen, »dürften deutsche Soldaten in Afghanistan nicht nur in Notwehr und Selbstverteidigung schießen, sondern auch um militärische Ziele zu erreichen, um Gegner zu treffen und auszuschalten«.

Obgleich dieser Artikel eine Reihe vernünftiger Argumente für die Unvernünftigkeit der deutschen Kriegführung in Afghanistan nennt, stellen die Verfasser am Ende klar, dass der Westen auf jeden Fall den Rückfall des Landes in einen Failing State mit einer radikal-islamistischen Regierung verhindern müsse, die auch Zugriff auf die pakistanischen Atomwaffen haben könnte.[341]

Nichts geht mehr in Afghanistan, trotzdem bleibt es beim »Weiter so«. Mit diesem Widerspruch wird der *ZEIT*-Leser wieder einmal allein gelassen.

Klarer ist der Leitartikel von Josef Joffe in derselben Nummer. Er erteilt dem lauter werdendem Ruf »Raus mit uns!« ebenso eine Abfuhr wie auch dem Gegenruf: »Rein mit der dicken Berta!«, womit die Panzerhaubitze 2000 gemeint ist. Joffe klärt auf: Die Haubitze sei vor 37 Jahren für den Abwehrkampf in der norddeutschen Tiefebene entwickelt worden und nicht für den asymmetrischen Krieg. Die Taliban besäßen aber weder Panzer noch schwere LKW, für die die Zielautomatik der Panzerhaubitze einst entwickelt wurde. Joffe hat bessere Ideen, wenngleich er keine Rezepte für deren Finanzierung vorschlägt: »Die Taliban nutzen das Terrain als Deckung? Die Gegenwaffe sind Sensoren am Boden, in der Luft (Drohnen) und im Weltraum, aber bitte alles gut vernetzt in Echtzeit. Sie legen Minen und Sprengfallen? Die Israelis und Amerikaner haben in langer Erfahrung das beste Gerät im Regal. Es ist zu haben. Soviel zum Selbstschutz.«

Soll es ernst werden mit dem Ausschwärmen der Bundeswehr »in die Fläche«? Der damalige US-Oberbefehlshaber McChrystal forderte deshalb für die Deutschen »eine echte Kampfausbildung«, was darauf hindeutet, dass die bisherige, in Calw stattfindende Ausbildung für die künftigen Aufgaben nicht ausreicht.

---

341   Peter Dausend, Jörg Lau, Heinrich Wefing: Welchen Sinn hat das Sterben? DIE ZEIT, 22.4.2010

Joffe fährt fort, dass eine politische Strategie, ohne die ein Guerilla-Krieg nicht zu gewinnen sei, noch immer nicht existiere. Trotzdem kommt für ihn das »Raus« nicht in Frage. Als Vorbild, wie es weitergehen könnte, empfiehlt er das britische Vorgehen gegen einen kommunistischen Aufstand in der ehemaligen Kolonie Malaya, das heutige Malaysia.[342] Die Engländer hätten »erst die militärische Initiative an sich gerissen und dann politische Anreize geboten (…): Amnestie, Einbindung, Mitsprache.«[343] Der Vergleich legt nahe, dass die Demokratiemission in Afghanistan bislang nicht mit Mitteln vorangetrieben wurde, die »Einbindung und Mitsprache« der Bevölkerung ermöglicht hätten. Trotzdem wird die Legitimität europäischer Eingriffe in die Konflikte anderer Kontinente nicht in Frage gestellt.

Entstaatlichung im Widerspruch zu State Building

Mag sein, dass der überraschende Rücktritt von Bundespräsident Horst Köhler am 31. Mai 2010 eher seinem Missmut geschuldet war, dass er das Gesetz zum europäischen Rettungspaket für Griechenland und weitere zahlungsunfähige EU-Mitglieder unterschreiben sollte. Es mutet trotzdem merkwürdig an, dass *DIE ZEIT* überhaupt nicht jenen Grund erwähnte, den viele andere Blätter in Betracht gezogen haben: nämlich die Empörung über seine freimütigen Worte über die wirtschaftlichen Interessen Deutschlands in der Welt. Köhlers Überlegungen waren nicht neu, in eine ähnliche Richtung ging schon der Vorschlag Joffes für die Aufgaben eines nationalen Sicherheitsrates (s. o.).

---

342   Der von den malaiischen Kommunisten (MCP) geführte Aufstand dauerte von 1948 bis 1960. Die MCP, die im 2. Weltkrieg den Widerstand gegen die japanischen Aggressoren angeführt hatte, war 1948 von der britischen Kolonialmacht verboten worden. Die britischen Truppen wurden von Einheimischen bei der Niederschlagung des Aufstands unterstützt. Dazu Global Defence.net: »Seit der vorbildlichen Niederschlagung des kommunistischen Aufstandes genießen die Streitkräfte Malaysias einen sehr guten Ruf.«

343   Josef Joffe: Falsche Reflexe, DIE ZEIT, 22.4.2010. In der ZEIT vom 15.6 2010 wird die Frage nach der Tauglichkeit des Malaya-Vorbilds für eine künftige Afghanistan-Strategie noch einmal erörtert. Siehe Anm. 333

»Er war zu weich für das politische Machtspiel«[344] – ist das dünne Fazit, das *DIE ZEIT* ihren Lesern bietet. Um sie noch mehr von den Afghanistan-Äußerungen Köhlers abzulenken, bietet dieselbe Ausgabe einen hochinformativen kriegskritischen Artikel des Politikwissenschaftlers Thomas Speckmann, in dem die »entstaatlichte« Kriegführung (durch den Einsatz privater Sicherheitsfirmen) angeprangert wird, die die USA und andere westliche Regierungen im Irak und in Afghanistan praktizieren, »wenn sie den Einsatz von militärischer Gewalt der Parlamentskontrolle entziehen wollen: Wenn sie dort intervenieren möchten, wo sie es nach dem Völkerrecht nicht dürften; wenn sie verbündete Regime oder Gruppen im Kampf gegen interne Gruppen unterstützen wollen; oder wenn sie ökonomische Interessen militärisch absichern möchten, ohne dass dabei offiziell Streitkräfte eingesetzt werden.« Auch deutsche Söldner seien »dem Ruf nach Bagdad« gefolgt, »trotz des Berliner Neins zum amerikanischen Einmarsch im Irak«. Durch den Einsatz von privaten Sicherheitsfirmen, so Speckmann, sei das staatliche Gewaltmonopol infrage gestellt. Auch sei es ein Widerspruch, »neue Staaten aufbauen zu wollen, indem ihre innere wie äußerere Sicherheit entstaatlicht wird. Im Irak und in Afghanistan werden Sicherheitskräfte, die den künftigen Staat schützen sollen, in erheblichem Ausmaß von Privatunternehmen wie Dyncorp, ArmorGroup und Erinys trainiert«.[345]

Uneingeschränkte Forderungen nach einem Rückzug aus Afghanistan kommen nicht von angestellten *ZEIT*-Redakteuren, sondern von freien Autoren. Am 8. Juli 2010 darf Roger Willemsen schreiben, dass es Zeit sei, »mit einem Krieg aufzuhören, den man nicht mehr gewinnen kann« und »der in keinem europäischen Land eine Mehrheit im Volk hat«. Willemsen, der Kriegsgegner von Anfang an war und das geschundene Land intensiv bereist hat[346], berichtet, dass das

---

344   Matthias Nass: Köhlers Rücktritt. Ein Mann guten Willens, DIE ZEIT, 2.6.2010

345   Thomas Speckmann: Die Malaya-Doktrin. Die Schlussfolgerung bleibt allgemein: »Mit Waffen allein ist dieser Krieg nicht zu gewinnen.« DIE ZEIT, 15.6.2010

346   Roger Willemsen: Afghanische Reise, Frankfurt, Fischer-Verlag, 2006.

deutsche Engagement nicht bei allen Afghanen von vornherein abgelehnt worden, sondern auch als »selbstlose und unbürokratische« Hilfe erschienen sei. Gelobt wurde die »kulturelle Bildung der Soldaten« und »ihre Geschicklichkeit bei der Bildung einer Pufferzone zwischen den Warlords«. Aber seit dem Frühsommer 2009, als deutsche Aufklärungsflugzeuge begannen, Talibanstellungen zu erkunden, seit sie »in die Beschießung von Familienfesten verwickelt sind, seit sie im Fall der Tanklaster von Kundus den massenhaften Tod von Zivilisten in Kauf nahmen, dann vertuschten, dann rechtfertigten, auch seit sie im Friendly Fire verbündete afghanische Soldaten irrtümlich töteten«, würden die Deutschen als Kriegspartei und Besatzer wahrgenommen und entsprechend bekämpft. Willemsen zitiert Worte eines den Dienst quittierenden US-Diplomaten und eines Bundeswehrangehörigen, die beide tiefe Zweifel am Sinn der Kriegshandlungen packte. Und schließlich kritisiert er die miserable Nachrichtenlage hierzulande. Was soll das Publikum von dem Widerspruch halten, wenn Angela Merkel »von einem neuen, defensiveren Vorgehen« spreche, ihr Verteidigungsminister zu Guttenberg dagegen »von der Präsenz in der Fläche«? Je mehr vom zivilen Vorgehen die Rede sei, umso kriegerischer werde gehandelt. Es gebe »kontinuierlich tote Zivilisten, von denen nur die afghanischen Zeitungen berichten.« In Deutschland spreche man vom Aufbau eines medizinischen Systems. Aber »Kundus besitzt nicht ein einziges intaktes Krankenhaus. Man spricht vom Aufbau einer Polizei unter Mithilfe deutscher Polizisten. Aber gerade mal 120 Polizeiausbilder sind im Land. 400 sollten dort sein.« Man finde für diese Aufgabe einfach keine bereitwilligen Beamten – und zwingen könne man ja keinen.

Willemsen räumt mit weiteren Legenden auf. Mit der – geforderten – Schließung von Guantanamo werde die menschenrechtswidrige Haltung von Gefangenen nicht beendet, da sich in Bagram und Kandahar »verwandte Lager« befänden. Er führt auch die Behauptung von Entwicklungshilfeminister Niebel ad absurdum, dass Schulen für Mädchen nur dort eingerichtet werden könnten, wo ein perfekter Schutz der NATO bestünde. Ein in Deutschland ansässiger afghanischer Frauenverein, dessen Schirmherr er selber sei, habe »seit über 15

Jahren ohne die geringste staatliche Hilfe Schulen gebaut, »in denen
Mädchen unterrichtet und in die Universität geschickt werden«. Die
Taliban hätten von 103 Schulen, die in der Provinz Kundus Mädchen
unterrichten, nur drei geschlossen. Dass in Mädchenschulen nur Frau-
en unterrichten dürften, hätten sie verfügt, »um Übergriffe durch die
traumatisierten Männer zu verhindern. Die größte Gefahr, die unsere
Schule in Kundus überstand, war ein Querschläger der US-Truppen,
der das Dach zerstörte«.

Wer fürchtet sich vorm »Taliban«?

Willemsens Artikel ist der einzige in der *ZEIT*, in dem der Feind genauer definiert wird. Die Taliban würden hierzulande gern mit Al Qaida
gleichgesetzt, obwohl diese Organisation »nach Geheimdienst-Er-
kenntnissen seit 2002 nicht mehr von Afghanistan aus« operiere. Und
kämpfende Taliban soll es – ebenfalls nach Geheimdienst-Dokumen-
ten – nur zwischen sechs- und achttausend geben, Tendenz allerdings
steigend. Nach Willemsens Artikel wären die Taliban vor allem als
Organisatoren des Alltagslebens keineswegs von den westlichen Be-
freiern übertrumpft oder gar abgelöst worden. Allerdings gebe es
keine zentralen Organisationsstrukturen mehr. »Ein Talib in Kundus
entscheidet gern anders als sein Vorgänger oder ein anderer Talib
in Kabul.« Es gebe »nichts zu beschönigen an den Verbrechen, mit
denen sie das ehemals liberal lebende Land überzogen haben. Aber
als homogene, zentral organisierte Guerilla-Front werden sie nur von
außen beschrieben.«

Willemsen meint, keiner von denen, die immer noch behaupten,
Deutschland werde am Hindukusch verteidigt, »sitzt wirklich daheim
und fürchtet sich vor den Taliban.« Mit den Argumenten aber, die
für die Fortführung des Krieges ins Feld geführt werden, könne »man
schon jetzt in Kriege gegen Pakistan, den Jemen, den Sudan, Somalia,
Nordkorea oder gleich Iran ziehen.«[347]

Um ihrem Publikum das unvermeidlich gewordene Eingeständnis des zum Desaster werdenden Afghanistan-Engagements

---

347   Roger Willemsen: Kriegsgötterdämmerung, DIE ZEIT,. 8.7.2010

zu vermitteln, brachte die *ZEIT* am 15. Juli 2010 eine zweiseitige
Reportage über eine thüringische Familie, deren Vater im Einsatz
in Afghanistan ist: *Schießt Papa auch auf Menschen?* Die ausführliche
Darstellung der Angst der Ehefrau und der unterschiedlichen Ver-
arbeitung des väterlichen Kriegseinsatzes durch die Söhne, die acht
und vierzehn Jahre alt sind, verdeckt, dass sich die *ZEIT* bislang
wenig Sorgen um die Familien der Soldaten gemacht hat. Anders
übrigens *BILD*. Bereits ehe die deutsche Einsatztruppe abflog, nämlich Ende November 2001, wurde hier hinterfragt: *Was die Frauen der
KSK-Soldaten über den Krieg denken.* Schon damals zuckte eine von
ihnen, Betti Wagner, bei »jedem Handy-Klingeln« zusammen und
meinte: »Schröder wäre nicht so eifrig dabei, wenn er selber gehen
müsste.« *BILD* berichtete auch, dass ihr Mann, bevor er nach Afghanistan fliege, in der Kaserne Gelegenheit bekäme, sein Testament
zu machen.[348] Drastische Regierungskritik scheint der thüringischen
Soldatenfrau fern zu liegen. Trotz ihrer Angst und ihrer Bemühungen, sie zu verdrängen, versucht sie, ihren Söhnen zu erklären, dass
der Vater in Afghanistan ist, um den Armen dort zu helfen. Aber
als die Wahrscheinlichkeit größer wurde, dass Papa auf Menschen
schießen müsse, schildert die *ZEIT* nur die innerfamiliären Strategien der Problembewältigung. Was die Familie in der Auseinandersetzung mit dem sozialen Umfeld durchmachen und verarbeiten
muss, erfährt man nicht. Ganz anders ging hier *BILD* vor. Schon am
4. März 2002 berichtete sie vom *Psycho-Krieg gegen Soldaten-Frauen!*
Kriminelle würden »die Familien unserer in Afghanistan kämpfen-
den KSK-Soldaten terrorisieren«. Meist nachts kämen per Telefon
falsche Todesnachrichten.[349]

In der *ZEIT* gibt es ein Happy End. Nachdem der Einsatz des
Familienvaters beendet ist, lässt er sich zum Bürgermeister seiner Ge-
meinde wählen, »deshalb wird er 2012, wenn seine Division wieder
in den Einsatz geht, nicht mitmüssen.« Sohn Florian will noch immer
Soldat werden wie sein Vater. Dieser aber hat nicht erlaubt, dass er ein

---

348 Die Angst begleitete sie Tag für Tag, BILD, 24.11.2001
349 Psycho-Krieg gegen Soldaten-Frauen!, BILD, 4.3.2001

Berufspraktikum in der Kaserne macht, der er selber angehört. Der Sohn soll etwas Vernünftiges lernen, ihm soll erspart bleiben, was »ich in Afghanistan erlebt habe«.[350]

Endlich ist *DIE ZEIT* auf der Höhe dessen, was die Mehrheit der Deutschen über diesen Krieg denkt. Ein Leserbrief zu diesem Artikel fügt allerdings noch eine notwendige Pointe hinzu: »Warum haben Sie vermieden, zu schreiben, dass der Hauptfeldwebel freiwillig nach Afghanistan gegangen ist? Für 110 Euro am Tag extra bringt dieser Vater seine Frau und seine Kinder in diese schreckliche Angst und Not. Was geht in diesem Mann vor?«[351]

In der Nummer vom 29. Juli 2009 werden die 90.000 auf der Internetplattform WikiLeaks veröffentlichten Geheimprotokolle von Ulrich Ladurner als »Dokumente der Vergeblichkeit« kommentiert, die zeigen, »wie die NATO in Afghanistan langsam untergeht.« Fazit: Das Land versinkt in Korruption. »Es brauchte noch mehr Soldaten, noch mehr Geld.« Der mündige Leser weiß vermutlich schon lange: Außer der Gewalt wendet der Westen doch ebenfalls die Taktik der Korruption an. Dabei wird ein »Beitrag zur Korruptionsförderung« teilweise auch unfreiwillig geleistet, wie Citha D. Maaß kürzlich ausführte: »Die mangelnde Aufnahmefähigkeit (in legalen Projekten, d. V.) auf afghanischer Seite birgt das Risiko, dass auch die deutsche zivile Aufbauhilfe (…) indirekt die extrem hohe Korruption fördere.«[352] Insbesondere US-Gelder überfluteten die Provinzen im Norden. Mündlich ergänzte Maaß, die Amerikaner gingen mit dem Geldkoffer übers Land, verdürben die lokalen Preise und förderten die Korruption.[353]

---

350   Dagmar Rosenfeld: Schießt der Papa auch auf Menschen?, DIE ZEIT, 15.6.2010

351   Ralf Peter Wormsbächer, Hamburg: Freiwillig (Leserbrief), DIE ZEIT, 29.6.2010

352   Schriftliche Antwort von Citha D. Maaß auf den interfraktionellen Fragenkatalog zur Öffentlichen Anhörung des Auswärtigen Ausschusses am 23.11.2010

353   Mündliche Ausführungen von Maaß bei der Öffentlichen Anhörung am 23.11.2010

Ladurners Artikel ist illustriert mit dem Foto eines auf dem Boden liegenden US-Soldaten, der eine Straße mit angeschlagenem Gewehr überwacht. Auf dem Bürgersteig sitzen und stehen einige müßige Afghanen, die ihm mit mäßiger, z. T. sogar amüsierter Aufmerksamkeit zusehen. Einer demonstriert mit frechem Lächeln, was er von der Aktion hält.[354]

Die Presseschau zeigt, dass dieser Meinungspluralismus, der bei vielen Lesern als Unübersichtlichkeit wahrgenommen wird, eine staatliche Medienzensur in Kriegszeiten überflüssig macht.

---

354   Ulrich Ladurner: Eine Armee wird zermahlen, DIE ZEIT, 29.6.2010

6. Cui bono –
oder wem der Krieg nützt

DER KOLONIALHERR MACHT DIE GESCHICHTE UND WEISS,
DASS ER SIE MACHT.
DIE GESCHICHTE, DIE ER SCHREIBT,
IST ALSO NICHT DIE GESCHICHTE DES LANDES,
DAS ER AUSPLÜNDERT,
SONDERN DIE GESCHICHTE SEINER EIGENEN NATION,
IN DEREN NAMEN ER RAUBT, VERGEWALTIGT UND AUSHUNGERT.
Frantz Fanon, Die Verdammten dieser Erde

Und Köhler hat doch Recht

Horst Köhler: »Meine Einschätzung ist aber, dass insgesamt wir auf dem Wege sind, doch auch in der Breite der Gesellschaft zu verstehen, dass ein Land unserer Größe mit dieser Außenhandelsorientierung und damit auch Außenhandelsabhängigkeit auch wissen muss, dass im Zweifel, im Notfall auch militärischer Einsatz notwendig ist, um unsere Interessen zu wahren, zum Beispiel freie Handelswege, zum Beispiel ganze regionale Instabilitäten zu verhindern, die mit Sicherheit dann auch auf unsere Chancen zurückschlagen negativ durch Handel, Arbeitsplätze und Einkommen.«[355]

Diese Erkenntnis hatte der damalige Bundespräsident gewiss nicht spontan auf seiner Afghanistan-Reise gewonnen. Schon 2002 stellte die FDP-Fraktion den Afghanistankrieg offen und ungeniert in den realen geopolitischen Kontext. Sie sprach sich für die politi-

---

355 Welt online, 27.5.2010

sche Stabilisierung Zentralasiens aus mit dem Ziel, auf diese Weise »Voraussetzungen für eine gemeinsame europäische Strategie für die Krisenregion um Afghanistan zu schaffen«. Der »Verteilungskampf um Naturvorkommen, insbesondere Erdöl und -gas« beinhalte Konfliktpotentiale, »die ein verstärktes europäisches Engagement in der Region dringend erforderlich machen«. Im Interesse Deutschlands und Europas liege »eine ausgewogene Gestaltung der geopolitischen Balance in Süd- und Zentralasien«.[356]

Für die militärische Verfolgung dieser Interessen gibt es indessen – noch – kein Mandat. Und auch ein verwässerter oder unerhört ausgeweiteter Begriff von Selbstverteidigung wird einen Krieg aus derartigen Interessen völkerrechtlich nicht rechtfertigen. Das erklärt, warum die wirklichen, vor allem auch langfristigen Interessen, die mit dem Krieg verfolgt werden, gegenüber dem Parlament und der Bevölkerung verschleiert werden mussten. Jahre später hieß es im *Weißbuch 2006*, in dem die Bundeswehr als »Armee im Einsatz« umgedeutet wurde, eindeutig: »Die Sicherheitspolitik Deutschlands wird (…) von dem Ziel geleitet, die Interessen unseres Landes zu wahren, insbesondere (…) den freien und ungehinderten Welthandel als Grundlage unseres Wohlstands zu fördern.«[357] Auch der Publizist und Politikwissenschaftler Lothar Rühl befand, dass die »Sicherung der westlichen Investitionen in das neue Afghanistan« eine Aufgabe der Bundeswehr sei. Und nur eine stabile NATO könne die »Energiesicherheit und die Sicherheit des Seeverkehrs mit Tankern wie der Überlandleitungen durch krisengeschütteltes Gebiet« gewährleisten.[358]

Deutschlands Sicherheit wird neu definiert

Um die Propagierung deutscher Sicherheitsinteressen ausgerechnet am Hindukusch zu verstehen, in einer Region, von deren geografischer Lage vermutlich weit über 90 Prozent der Bevölkerung Deutsch-

356   14. WP, DS 14/8057
357   Bundesministerium der Verteidigung: Weißbuch 2006 zur Sicherheitspolitik Deutschlands und die Zukunft der Bundeswehr. Online-Ausgabe, S. 23
358   Lothar Rühl: Deutsche Sicherheitsinteressen in Afghanistan, Strategie und Technik, Juli 2007

lands keine Ahnung haben, musste eine Neudefinition von Sicherheit vorgenommen werden. Es geht nämlich dabei nicht um das Ziel der Verteidigung sicherer Grenzen Deutschlands vor äußerer Aggression, auch nicht um die Verteidigung des Friedens oder gar des Weltfriedens. Nein, Deutschland ist keiner Kriegsgefahr ausgesetzt, nicht einmal, wenn es – wie im Falle des Jugoslawienkrieges – selbst Krieg führt. Unter dem Vorwand, ihre Sicherheit zu stärken, haben die westlichen Länder stattdessen Systeme zur inneren Kontrolle aufgebaut, die eine gefährliche Tendenz zum Überwachungsstaat offenbaren. Wenn von Deutschlands Sicherheit gesprochen wird, dann ist in erster Linie darunter jene Sicherheit zu verstehen, die deutschen Konzernen und Banken einen sicheren Zugriff auf Ressourcen und Profittransfer garantiert. Am 8. November 2001 formulierte dies Außenminister Fischer im Bundestag noch vergleichsweise verschämt als Alternative für den Fall, dass Deutschland seinen »wichtigsten Bündnispartner«, die USA, im Kampf gegen den Terrorismus allein zu lassen beschließe: »Wenn diese Entscheidung mit Nein beantwortet wird, wird das weitreichende Konsequenzen für die Bundesrepublik Deutschland, für deren Sicherheit und der Bündnisfähigkeit haben.« Dies würde »auch eine Schwächung Europas bedeuten und letztlich bedeuten, dass wir keinen Einfluss auf die Gestaltung einer multilateralen Verantwortungspolitik hätten.«[359]

Was schlicht und ergreifend heißt: Dann wird Deutschland global bei der Sicherung der Ressourcen nicht mitmischen können. Das aber wird noch nicht offen gesagt. Hingegen gewinnt der Begriff der Verantwortung bei jenen Politikern, die Deutschland auch militärisch zu einem Global Player machen wollen, wachsende Beliebtheit. Schiller bemerkt dazu scharfsinnig: »Merkwürdig an der seit dem Nationalliberalen Max Weber geläufigen Rede von der Verantwortung ist, dass sie immer der beweist, der sich für die Macht und gegen ein moralisches Prinzip entscheidet.«[360] Fischers Verweis darauf, dass die Anschläge vom 11. September »eine Gefahr für den Weltfrieden« darstellten, kann man demgegenüber getrost unter dem Stichwort Mythenbildung ablegen.

---

359   14. WP, PP 14/198
360   Hans-Ernst Schiller, a. a. O., S. 134

Bundeskanzler Schröder musste sich aber seinerzeit wie sein Außenminister noch mit Andeutungen begnügen. Er sah die Entscheidung Deutschlands, sich der Antiterrorkoalition anzuschließen, als Bestandteil der Neuorientierung der deutschen Außenpolitik an: »Ich denke, wir haben Grund, bei der Formulierung und Durchsetzung unserer Außenpolitik (…) das eine oder andere zu verändern«, sagte er – zunächst recht nebulös – in seiner Regierungserklärung vom 11.10.2001.[361] Neben der aktiven Solidarität mit den amerikanischen Freunden gehe es auch um die »Positionierung Deutschlands in der Zukunft«. Deutlicher: In dem weiter entwickelten Selbstverständnis deutscher Außenpolitik gehe es auch darum, »militärisch für Sicherheit zu sorgen«. Verteidigungsminister Rudolf Scharping wurde seinerzeit von vielen Abgeordneten unterschätzt. Man hätte aber seine Erklärung zum neuen Sicherheitsbegriff durchaus ernst nehmen dürfen: »Umfassend lässt sich Sicherheit nur gewährleisten, wenn die wirtschaftlichen, die ökologischen, die kulturellen, die sozialen, die humanitären Dimensionen der Sicherheit mit betrachtet werden. Das wird mit Blick auf diese Region überdeutlich (…), jene Region, in der 70 Prozent der Erdölreserven des Globus und 40 Prozent der Erdgasreserven des Globus liegen.«

Sicherheitspolitik als militärische Sicherung und Durchsetzung wirtschaftlicher Interessen.[362]

Diesen Gedanken als »normal« und legitim im allgemeinen Bewusstsein zu verankern, war eine mittelfristige Aufgabenstellung des Afghanistankrieges, von der heute gesagt werden muss: Ziel erreicht! Schritt für Schritt. »Sicherheitspolitik und der Einsatz von Soldaten dienen nicht in erster Linie dazu, anderen Völkern und Ländern ein angenehmes Leben zu bringen (…) Übrigens zu Sicherheitsinteressen gehören auch Wirtschaftsinteressen, auch das ist eine Wahrheit, die in Deutschland ungern und nur sehr leise ausgesprochen wird.«[363] So sah

361   14. WP, PP 14/192

362   Ebd.

363   Christopher Kaatz. In: Bundeswehr in Afghanistan. Deutsche Soldaten im Einsatz oder technisches Hilfswerk in Uniform, www.suite101.de 7.3.2008

es noch 2008 der Autor Christopher Kaatz: »Der politische Zweck des Bündnisses NATO ist es nicht, der Welt Frieden und Heil zu bringen, sondern ihren Mitgliedern Stabilität und Sicherheit.«

Was hier als neu dargestellt wird, ist nichts anderes als der altbekannte imperialistische Krieg. Früher brauchte Deutschland zum Beispiel Eisenerz aus Lothringen, Weizen aus der Ukraine und Erdöl aus Baku; heute Coltan aus Kongo, Erdöl und Erdgas aus Zentralasien und seltene Erden aus China.

Energiesicherheit durch die NATO?

Ein Blick wenige Jahre zurück erlaubt es, den größeren strategischen Kontext zu erkennen, der nach dem Zusammenbruch des sozialistischen Lagers insbesondere von den USA entwickelt wurde: Schon 1997 hatte der Sicherheitsberater von US-Präsident Carter, Zbigniew Brzezinski, die »Strategie der Vorherrschaft« der USA nach dem Zusammenbruch des sozialistischen Weltsystems der Öffentlichkeit vorgestellt. Als ein entscheidendes geostrategisches Ziel der USA definierte er, die Kontrolle Russlands über die zentralasiatische Region mit ihren reichen Erdöl- und Erdgasvorkommen zu brechen. Die Pipeline-Frage erhielt innerhalb dieser Strategie eine enorme Bedeutung. Nach Brzezinskis Auffassung war die russische Kontrolle über die für die USA und Westeuropa extrem wichtigen Ressourcen so lange nicht aufzubrechen, wie »die wichtigsten Ölleitungen (...) weiterhin durch russisches Territorium zum russischen Absatzmarkt am Schwarzen Meer in Noworossijsk verlaufen«. In euphemistischer Verbrämung der US-amerikanischen Interessen entwickelte er das Ziel: »Wenn jedoch umgekehrt eine andere Pipeline übers Kaspische Meer nach Aserbaidschan verläuft und von dort durch die Türkei zum Mittelmeer und eine weitere durch den Iran zum Arabischen Meer führt, wird kein Staat das Monopol über den Zugang haben.«[364] In jener Phase, die Brzezinski als »USA im Wartestand« bezeichnete, müsse das primäre Interesse der USA darin bestehen, »mit dafür zu sorgen,

---

364   Zbigniew Brzezinski: Die einzige Weltmacht. Amerikas Strategie der Vorherrschaft, Frankfurt/Main 1999, S. 203 f.

dass keine einzelne Macht die Kontrolle über dieses Gebiet erlangt und dass die Weltgemeinschaft ungehinderten finanziellen und wirtschaftlichen Zugang zu ihr hat.«

Nach Auffassung des US-Strategen werde diese Region nur dann Stabilität gewinnen, wenn Russlands alleinige Kontrolle beendet und »geopolitischer Pluralismus« durchgesetzt werde. Dieser herrsche erst dann, »wenn ein Netz von Pipeline- und Transportrouten die Region direkt mit den großen Wirtschaftsknotenpunkten der Welt verbindet, über das Mittelmeer und das Arabische Meer ebenso wie auf dem Landweg.«[365] Heute geht es den USA nicht mehr um »geopolitischen Pluralismus«, heute heißt es entschieden: »Wer bestimmen kann, wie die Pipeline-Karte aussieht, wird die Zukunft eines riesigen Teils der Welt bestimmen.«[366]

Deutschland gehört zu den größten Erdöl-Verbrauchern der Welt und ist dementsprechend nach den USA der wichtigste Handelspartner der zentralasiatischen Länder.[367] Der SPD-Energieexperte Hermann Scheer interpretierte den 1999 beschlossenen Umbau der NATO und die Einbeziehung der zentralasiatischen Staaten Kirgistan, Tadschikistan, Turkmenistan und Usbekistan in eine »Partnerschaft für den Frieden« folgendermaßen: »Der fatalen Vision, dass sich die NATO bis nach Zentralasien ausdehnen könnte, liegen westliche Ressourceninteressen zugrunde: Es geht vor allem um die knapper werdenden globalen Ölreserven, in zweiter Linie um Erdgasreserven (…) Die NATO könnte eine Eskorte der Öl- und Gaskonzerne werden.«[368] Gegenüber derart handfesten Interessen erscheint die Interpretation der »Hindukuschmetapher« durch Hans-Ulrich Klose (SPD) wie eine verquaste, fast religiöses Rechtfertigung: »Sie (die Metapher, d.V.) steht für eine sehr grundsätzliche, wenn man so will, globale Herausforderung des Westens, westlicher Lebensweise und westlicher Werte

---

365   Ebd., S. 215 f.

366   So Frederick Starr, Leiter des Kaukasus-Instituts der Johns-Hopkins-Universität, www.uni-kassel.de/fb5/frieden/regionen/kaukasus/pipeline.html

367   Siehe Arno Neuber: Deutsche Interessen in Zusammenhang mit dem Afghanistankrieg. http://www.imi-online.de/Niemehrohneuns.pdf

368   Ebd.

durch religiöse Gotteskrieger, denen es letztlich um die Vorherrschaft einer bestimmten Lesart des Islam und der Scharia geht – in Afghanistan und weit darüber hinaus.«[369] Das heißt die Realitäten verkehren: Wo sind die Taliban in Deutschland, die die freibusigen Frauen und ihre Abbildungen in den Printmedien unter die Burka zwingen? Es sind westliche Militärs, die in Afghanistan unter dem Banner der Menschenrechte angetreten sind, die westlichen Werte wie Good Governance, Nation Building und eine ganz und gar westliche Art von Frauenemanzipation zu propagieren, um mit Waffengewalt die Ressourcensicherung zu erzwingen.

Direkte Wirtschaftsinteressen

Die Sicherung der westlichen Investitionen gehört nach Auffassung von Lothar Rühl zu den Aufgaben der Bundeswehr in Afghanistan.[370] Zu diesem Zwecke hat auch die Karsai-Regierung in die Verfassung geschrieben, dass der afghanische Staat »private Kapitalinvestitionen und Unternehmen auf der Basis der Marktwirtschaft« ermuntere und deren Schutz garantiere. Das Bundesamt für Außenwirtschaft hat 2006 die Rolle Deutschlands bei der Schaffung eines entsprechenden institutionellen Rahmens ausdrücklich gewürdigt: »Ein Erfolg ist die mit Hilfe der Bundesregierung geschaffene Afghanistan Investment Support Agency (…), die Investoren innerhalb von nur einer Woche sämtliche Formalitäten abnimmt, deren Registrierung vornimmt und eine Steuernummer vergibt (…) Die Bundesregierung hat im April 2005 ein bilaterales Investitionsschutzabkommen mit Afghanistan gezeichnet (…) Afghanistan kann als eine der offensten Volkswirtschaften überhaupt (…) bezeichnet werden.« Afghanistan gewährt ausländischen Unternehmen den Schutz vor Enteignung, Steuerbefreiung in den ersten acht Jahren sowie hundertprozentigen Gewinntransfer ins Ausland.[371]

---

369   16. WP, PP 16/54

370   Lothar Rühl: Deutsche Sicherheitsinteressen in Afghanistan, Strategie und Technik, Juli 2007

371   Vgl. Jürgen Wagner: Afghanistan. Neoliberaler Kolonialismus als Rezept für das Desaster, Juni 2009

In dem Vertrag über die Förderung und den gegenseitigen Schutz von Kapitalanlagen heißt es u. a.: »Investoren eines Vertragsstaats, die durch Krieg oder sonstige bewaffnete Auseinandersetzung, Revolution, Staatsnotstand oder Aufruhr im Hoheitsgebiet des anderen Vertragsstaats Verluste an Kapitalanlagen erleiden, werden von diesem Vertragsstaat hinsichtlich der Rückerstattungen, Abfindungen, Entschädigungen oder sonstigen Gegenleistungen nicht weniger günstig behandelt als seine eigenen Investoren. Solche Zahlungen müssen frei transferierbar sein.«[372]

Diese Sicherheitsgarantie vor Revolution und Aufruhr in Deutschland muss für die afghanischen Investoren eine große Beruhigung und ein Ansporn für ihre Investitionen in Deutschland sein! Mit derart großzügigen Anreizen für das internationale Kapital hat sich Afghanistan unter Karsai, trotz der ungeheuerlichen Korruption, die mit seinem Namen verbunden ist, als hinreichend vertrauenswürdiger Sachwalter von Good Governance erwiesen. Doch zweifellos sind die unmittelbaren Wirtschaftsinteressen von sekundärer Bedeutung.

Afghanistan – die neue Seidenstraße?

»Afghanistan kann allen seinen Nachbarn nützen, wenn es die Landbrücke zwischen Zentralasien, Südasien und dem Golf bildet. Schließlich war der wichtigste Handelsweg viele Jahrhunderte lang die Seidenstraße. Gemeinsame Interessen bestehen nicht nur in Handel und Verkehr, sondern auch bei der Wasser- und Elektrizitätsversorgung und bei der Schaffung von wirtschaftlichem Wachstum zum Nutzen der gesamten Region.« Diese Formulierung des britischen Außenministers David Miliband[373] könnte fast aus einer modernen Fassung der orientalischen Geschichten aus *Tausend und einer Nacht* stammen. Seidenstraße, das klingt nach Karawanen, Abenteuern und Märchen, die am nächtlichen Lagerfeuer unter sternklarem Himmel erzählt werden. Einst verband die Seidenstraße Ostasien mit dem Mittelmeer. Über sie wurden Waren, Informationen, Kultur und Religion in beide Richtungen

---

372 16. WP, DS 16/2863
373 Compton Lecture, Massachusetts Institute of Technology, 10.3.2010

transportiert. Dafür waren Sicherheit und Frieden notwendig. Heute soll das Transferland Afghanistan »freigebombt« werden. Als »Drogenhighway nach Europa«, wie gegenwärtig die Seidenstraße realistischerweise genannt wird[374], funktioniert sie indessen auch im Krieg.

Afghanistan soll allen nützen, aber wollen das auch die in Afghanistan lebenden Völker? Jetzt und überhaupt? Danach wird nicht gefragt. Natürlich geht es den westlichen Großmächten darum, dass Afghanistan ein sicheres Transferland wird. Es hat aber darüber hinaus, wie schon zu Zeiten des deutschen Kaisers bekannt war, eigene Rohstoffe, auf die der Westen es abgesehen hat. Nach Hubert Erb[375] wurden von sowjetischer Seite die Erdgasreserven Afghanistans auf »fast zwei Trillionen (eine 2 mit 18 Nullen) Kubikmeter« und die Erdölvorkommen auf etwa 95 Millionen Barrel geschätzt. 1999, während des Taliban-Regimes, wurde mit der Reparatur der Pipeline der staatlichen »Afghan Gas Enterprise« begonnen. Erdöl war der tiefste Sinn der Bush-Regierung. Ihre wichtigsten Führungskräfte und »grauen Eminenzen«, die »meisten von ihnen Multimilliardäre – sind unmittelbar aus der texanischen Erdölindustrie hervorgegangen.« Viele von ihnen blieben ihr verbunden. »Der Krieg, den sie in Afghanistan führen, ihre Bündnisse in der arabischen Welt und ihre Nahostpolitik erklären sich fast ausschließlich aus diesen Verbindungen.«[376]

Die US-amerikanischen Öl-Interessen wurden zunächst vom kalifornischen Konzern UNOCAL repräsentiert. Mit 45 Prozent am 1997 gegründeten Konsortium CentGas beteiligt, plante UNOCAL, zusammen mit der saudische Delta Oil Company, Indonesia Petroleum (INPEX), der japanischen ITOCHU, Hyundai aus Südkorea, der turkmenischen Regierung sowie der pakistanischen Crescent Group, eine Gaspipeline von den turkmenischen Ölfeldern durch Afghanistan nach Pakistan und ggf. Indien zu bauen. CentGas musste aus Sicherheitsgründen die Pläne auf Eis legen; man werde die Herstellung stabiler Verhältnisse abwarten, hieß es.

---

374   So der Titel des informativen Fernsehberichts im WDR am 9.11.2010

375   Hubert Erb: Verborgene Ziele, Telepolis, 13.10.2001

376   Ziegler, Die neuen Herrscher der Welt, a. a. O., S. 40 f.

Eine sichere afghanische »Seidenstraße« würde aber nicht nur zu den riesigen Öl- und Gasvorkommen Zentralasiens, sondern »ebenso zum großen Goldproduzenten Usbekistan« führen »und zu Tadschikistan, wo die größten Silbervorkommen lagern«.[377] Im Juni 2010 verbreitete die *New York Times* Altbekanntes als Neuigkeit: In Afghanistan lagern »in abbauwürdigen Mengen« Kupfer, Lithium, Eisen, Gold und Kobalt.[378]

Im globalen Dorf sind bekanntlich alle Länder Nachbarn. Da kann Afghanistan seinem deutschen Nachbarn mit allerlei Gaben aus dem Orient nützlich sein, es sei denn, dass Indien und China, die sich in Afghanistan im Rahmen der Nachbarschaftspolitik – mit zivilen Aufbau- und Infrastrukturprojekten – längst engagieren, im »Great Game« um die Rohstoffe doch die besseren Karten haben.[379]

»...stets die Interessen auch militärisch durchgesetzt«

Für den Leiter des Bonner Instituts für Strategische Analysen, Holger H. Mey, sind seit jeher »Streitkräfte (...) ein Instrument der Außenpolitik eines Staates«; und »militärische Macht« bleibe ein »entscheidender Faktor in der internationalen Politik«. Mey hat im Sommer 2001 deutlicher, als es der rot-grünen Regierung möglicherweise opportun erschien, auf den Zusammenhang von militärischer Macht und Wirtschaftsinteressen verwiesen: »Der ›Westen‹ hat stets seine Interessen – oftmals mit militärischer Macht – durchgesetzt, allein die Ziele, Zwecke und Begründungen unterlagen dem Wandel. Waren es mal Kreuzzüge oder Landnahmen, mal Zugang zu Rohstoffen, Absatzmärkten oder Sklaven, sind es in jüngerer Zeit ›humanitäre Interventionen‹. Der Zeitgeist ändert sich und mit ihm die jeweils modische Begründung«.[380] Nach langer Zeit der erzwungenen Abstinenz war

---

377 Berndt-Georg Thamm im Magazin Europäische Sicherheit (4/2007), zitiert nach www.friedenskooperative.de

378 Neues Deutschland, 18.6.2010

379 Vgl. Sarah Davison: Mitmischen in Afghanistan. China und Indien sichern ihren Einfluss über Nachbarschaftspolitik, in: Le Monde diplomatique, Dezember 2009

380 Vgl. Arno Neuber, a. a. O.

nach Beendigung des Kalten Krieges für Deutschland die Rückkehr in den Kreis der Mächtigen angesagt und das bedeutete den Umbau der Bundeswehr zu einer international agierenden Interventionsarmee, zu einer »Armee im Einsatz«. Darin waren und sind sich CDU/CSU, SPD, FDP und Grüne einig. Schon in den Verteidigungspolitischen Richtlinien von 1992 hieß es, dass deutsche Wirtschafts- und militärische Kraft die »Einflussnahme auf die internationalen Institutionen und Prozesse im Sinne unserer Interessen« begründen. Bestandteil des Umbaus der Bundeswehr sind z. B. die Krisenreaktionskräfte und das Kommando Spezialkräfte (KSK).[381]

Hatte sich die rot-grüne Regierung aus innenpolitischen Erwägungen – die Bundestagswahlen standen vor der Tür – dem Golf-Krieg nicht angeschlossen, so bemühte sie sich nun, diesen »Makel« zu tilgen. Dazu Verteidigungsminister Scharping: »Erinnern Sie sich noch 1991 bis 1994? Golfkrieg, Scheckbuch. Das war sehr teures Engagement um den Preis minimalsten politischen Ansehens, wenn überhaupt (…) Es hat sich in Deutschland fundamental etwas verändert.«[382] Auch Bundeskanzler Schröder befand in seiner Regierungserklärung vom 11. Oktober 2001: »Diese Etappe deutscher Nachkriegspolitik (…) ist unwiederbringlich vorbei.«

Gewinne der Rüstungskonzerne

Die deutschen Rüstungskonzerne witterten Morgenluft. Krieg ist für sie ein ungemein profitables Geschäft. Umso mehr, als in jüngster Zeit immer mehr »militärische Dienstleistungen« privatisiert wurden – ein weites Feld, das im Krieg gewinnbringend bestellt werden kann. »Die Transformation der Bundeswehr«, so die Informationsstelle Militarisierung, »ermöglichte das Heranwachsen eines florierenden Wirtschaftszweiges, ohne welchen deutsche Auslandseinsätze heute nicht mehr möglich wären.«[383] Dabei setzte man bei der Privatisierung auf das Modell der Öffentlichen Privaten Partnerschaft (ÖPP). Zunächst

---

381   Verteidigungspolitische Richtlinien 1992

382   Zitiert nach Arno Neuber, a. a. O.

383   »Einer kam heim aus Afghanistan«, IMI-Standpunkt 2010/024

im Bereich der Luftwaffe, »die bereits 1983 zusammen mit Vertretern der Industrie den Arbeitskreis Industrieunterstützung gründete.« 1998 folgte der Zentralverband Elektrotechnik- und Elektroindustrie, die den Fachverband Wehrtechnik schufen. 1999 wurde von Bundeskanzler Schröder und seinem Verteidigungsminister Scharping zusammen mit Wirtschaftsvertretern der Rahmenvertrag »Innovation, Investition und Wirtschaftlichkeit in der Bundeswehr« ins Leben gerufen. Eine Schlüsselrolle in diesem Prozess nimmt das zu 100 Prozent private Gefechtsübungszentrum (GÜZ) ein, in dem Soldatinnen und Soldaten vor einem Auslandseinsatz den letzten Schliff erhalten. Auftragsvolumen: 89,2 Mio. Euro. Privatisiert wurden auch Kasernen, Verwaltungen, Verpflegung, Kinderbetreuung, Bewachung militärischer Einrichtungen. Auch sie profitieren vom Krieg. Die HIL Heeresinstandsetzungslogistik GmbH kann auf ein Vertragsvolumen von 1,77 Mrd. Euro bis 2013, das Herkules IT-Projekt bis 2016 auf Aufträge in Höhe von 10 Mrd. Euro verweisen. Weiterhin bedienen auch zahlreiche Aufbau-Projekte in Afghanistan die Profitinteressen westlicher Konzerne, darunter »Rheinmetall Landsysteme, die Diehl Stiftung, die Serco GmbH, Hellmann Worldwide Logistics und die Siemens AG«.[384]

Über den einschlägig bekannten Rüstungskonzern Rheinmetall weiß Autor Uli Gellermann in *Rationalgalerie* zu berichten: »Immerhin liefert er gerade für 54 Millionen Euro ein neues Mörsersystem an die Bundeswehr aus. Auf der Basis des ›Wiesel 2‹, eines leichten Panzerfahrzeuges, das schnell von A nach B transportiert werden kann. Das dient zwar nicht der Landesverteidigung, aber der ›Streitkräftetransformation im Zeichen der Internationalisierung‹, also der Wahrnehmung wirtschaftlicher Interessen am Hindukusch, am Horn von Afrika oder anderswo.«[385] In einer Pressemitteilung wurden weitere Erfolge des Rüstungskonzerns dargestellt. So habe der Unternehmensbereich

---

384   Ebd.
385   Uli Gellermann: Flink wie Wiesel, heiß wie Profit. Opferbereitschaft als Element des Waffenexportes, in: Rationalgalerie, 12.11.2010. www.rationalgalerie.de

Defence im ersten Quartal 2010 Umsatzerlöse in Höhe von 346 Mio. Euro erzielt; und in den ersten drei Monaten seien neue Aufträge in Höhe von 467 Mio. Euro gegenüber 479 Mio. im gesamten Vorjahr in die Bücher genommen worden.»Der Auftragsbestand zum 31. März 2010 wuchs damit auf 4.743 Mio. Euro (Vorjahr: 3.441 Mio. Euro). Neben zwei wichtigen Auslandsaufträgen von jeweils mehr als 100 Mio. Euro im ersten Quartal 2010 ist der stark angestiegene Auftragsbestand auf den Großauftrag zur Produktion neuer Puma-Schützenpanzer für die Bundeswehr zurückzuführen, der im Juli 2009 erteilt wurde.« Gellermann: »Fünf deutsche Unternehmen zählen zu den 100 größten Rüstungsproduzenten der Welt – Rheinmetall (Rang 29 mit Artillerie, Elektronik, Fahrzeugen), Krauss-Maffei (42., Militärfahrzeuge), Thyssen-Krupp (49., Schiffe), Diehl (64., Raketen, Kleinwaffen, Munition) und MTU Aero (79., Flugmotoren).«

Das Stockholmer Friedensforschungsinstitut (SIPRI) sieht die Gründe für den wachsenden Umsatz der großen Waffenkonzerne im ungebrochenen Bedarf an Materialnachschub für die Kriege in Irak und Afghanistan.[386] Hohe Rüstungsexporte kritisierte jüngst auch die Gemeinsame Konferenz Kirche und Entwicklung (GKKE). 2009 habe die Bundesregierung 16.201 Einzelausfuhrgenehmigungen für deutsche Rüstungsgüter erteilt. Die GKKE kritisierte insbesondere den Anstieg der Hermes-Kredite um rund 1,92 Mrd. Euro gegenüber 21 Mio. Euro im Jahr 2008: Für Prälat Karl Jüsten, den katholischen GKKE-Vorsitzenden, eine »indirekte Subvention von Rüstungsausfuhren (…) zu Lasten des Steuerzahlers.«[387]

Es ist höchste Zeit, dass »der Steuerzahler« über solche Einzelinformationen hinaus ein Gesamtbild der von ihm zu zahlenden Kriegskosten erhält.[388]

Die Antikriegsstimmung in der Bevölkerung, das beharrliche Engagement der Friedensbewegung, die zwar keine Massendemonstrationen auslösen, aber Multiplikatoren beeinflussen konnte, die mo-

---

386   Ebd.

387   Neues Deutschland, 14.12.2010

388   Siehe Kapitel 4

ralisch wichtige Reaktion der Kirchen – in der Evangelischen Kirche besonders nach der Neujahrspredigt der damaligen EKD-Vorsitzenden Margot Käßmann, in der Katholischen Kirche insbesondere im Rahmen von Pax Christi – ließen die Vision aufblitzen, dass nicht nur der Krieg, sondern auch die Rüstung und Rüstungsexporte delegitimiert werden könnten, wenn denn auch die Gewerkschaften ihre Organisations-Passivität überwinden und aktiv in der Friedensbewegung Front gegen Krieg und Rüstung machen würden.

Dass einige Bundestagsabgeordnete sich in besonderem Maße für die Rüstung stark machen, ist bekannt. Kaum eine Rede der Sicherheitspolitischen Sprecherin der FDP, Elke Hoff, in der nicht eine bessere Ausrüstung der »Truppe« gefordert wird und keine Haushaltsdebatte, in der nicht der Chef-Seeheimer[389] Johannes Kahrs (SPD) für die Rüstung eine Bresche schlägt. Das gehört zum Bundestagsritual. Neuerdings aber treffen drei Faktoren zusammen: die anhaltende Ablehnung des Krieges durch die Bevölkerung, die Verringerung der Bundeswehr-Truppen und die Aussetzung der Wehrpflicht. Schon schrillten die Alarmglocken. Ein Arbeitskreis von Betriebsräten, mehrheitlich der IG Metall, baut mit dem Argument Druck auf, dass weniger Rüstung Arbeitsplatzabbau bedeute. Druck in der Gewerkschaft und auf Bundestagsabgeordnete mit dem Hinweis auf angebliche »Stimmungen im Wahlkreis«. Druck, damit der Rüstungsetat nicht gesenkt werde.

Und weil auch Bundestagsabgeordnete der moralischen Aufrüstung bedürfen, hat Reinhold Robbe, ebenfalls Seeheimer, eine Bekennerbewegung à la Tea-Party (USA) zwecks Solidarität mit den NATO-Soldaten in Afghanistan im Bundestag propagiert. Kennzeichen: Die gelbe Schleife. Der Erfolg hält sich in engen Grenzen. Bei einer Afghanistan-Debatte wollten einige FDP-Abgeordneten mutig damit ihre Gesinnung demonstrieren. Doch nach einigen Zwischenrufen ließen sie die gelben Schleifen verschämt in ihren Jackentaschen verschwinden. Die Maßregelung des Bundestagspräsidenten Norbert Lammert (CDU/CSU) gegen die Fraktion DIE LINKE und

---

389   Der Seeheimer Kreis ist ein Zusammenschluss prominenter konservativer Sozialdemokraten, die den äußersten rechten Flügel der SPD bilden.

der Rauswurf von Abgeordneten der LINKEN durch die amtierende
Bundestagsvizepräsidentin Susanne Kastner (SPD), heute Vorsitzende
des Verteidigungsausschusses, weil sie sichtbar gegen den Afghanistankrieg protestierten, wurde da zur Bremse für eine Demonstration
für den Afghanistankrieg.

Aber gegen Abrüstungs- und Abzugsdiskussionen muss die Armee
auch im Parlament aufgestellt werden. Mit strammer Haltung, versteht
sich. Die Bundestagsabgeordneten Patrick Sensburg (CDU), Bernhard
Brinkmann (SPD) und Rainer Erdel (FDP) luden die Abgeordneten
ein, Mitglied der Reservistenarbeitsgemeinschaft (RAG) des Bundestages zu werden, sofern sie denn »gedient« haben. Aus dem Eintritts-
formular ist zu entnehmen, dass alle persönlichen Daten zwecks Überprüfung an die Bundeswehr weitergeleitet werden. Auch müssen sich
die Antragsteller zur »Freiheitlich Demokratischen Grundordnung«
(FDGO) der Bundesrepublik Deutschland bekennen. Für sie ist nicht
das Grundgesetz maßgeblich, sondern die FDGO. Mit dieser Forderung nach Bekenntnis zur FDGO sind in der alten Bundesrepublik
Tausende Berufsverbotverfahren durchgezogen worden. Die alten
Bekannten treffen sich wieder: Rüstung, Lobby, Antikommunismus
und alles, was sonst noch im Umkreis des Krieges vonnöten ist.

Deutschland will an den Tisch der Mächtigen.

Deutschland will an den Tisch der Mächtigen. Der Preis ist die Teilhabe an den Kriegen. Richtig mächtig, so wissen die Regierenden, aber
auch andere, tatsächlich Mächtige, – richtig mächtig ist man nur dann,
wenn man über die Fähigkeiten für weltweite militärische Einsätze
verfügt und davon Gebrauch machen kann.

So wurde aus der Bundeswehr, nach ihrem ursprünglichen Selbstverständnis eine »Nichteinsatzarmee«, eine Armee im Einsatz, bereit
und fähig zu Interventionen weltweit. Über 260.000 Bundeswehrsoldaten waren seit den 90er Jahren in Auslandseinsätzen. Militärische
Aktionen oder die Drohung mit Militär sind nur dann glaubwürdig,
wenn die Mittel, einschließlich der Rüstungsgüter, vorhanden sind.
Nationale Alleingänge sind selten gewollt. Also braucht man wirtschaftliche, politische und militärische Bündnissysteme – die NATO

und die EU. Solche Militäreinsätze – der Balkan, der Irak oder Afghanistan dokumentieren dies – verändern weltweit die Kräfteverhältnis-
se. Der Zugriff auf Naturressourcen, die Kontrolle von Pipelines und
Handelswegen müssen nicht nationalstaatlich gesichert werden.

Militärische Stärke lässt sich aber nicht vermitteln, wenn das Bild
von den kriegsmüden und Krieg ablehnenden Deutschen bzw. Euro-
päern in der Öffentlichkeit fortbesteht und propagandistisch zum Beispiel vom transatlantischen Partner USA gegen Deutschland, seine
Bündnistreue und -fähigkeit eingesetzt werden kann. Der frühere
US-Verteidigungsminister Donald Rumsfeld hatte die Metapher vom
kriegsmüden »alten Europa« und dem kriegsbereiten »neuen Europa«, das sich in die »Koalition der Willigen« einreihte, bemüht. Sein
Nachfolger Robert Gates wurde deutlicher: »Die Entmilitarisierung
von Europa, wo große Teile der Öffentlichkeit und der politischen
Klasse den Einsatz von Militär und die damit verbundenen Risiken
scheuen, hat sich von einem Segen im 20. Jahrhundert zu einem Hin-
dernis bei der Erlangung wirklicher Sicherheit und dauerhaften Friedens im 21. Jahrhundert entwickelt.«[390] Ein Musterbeispiel für die Umdeutung der Begriffe liefert die US-Außenministerin Hillary Clinton:
»In einer miteinander verbundenen Welt können wir unsere Völker
nicht verteidigen, indem wir uns hinter den geografischen Grenzen
verkriechen.«[391] So wird Krieg zu Frieden umformuliert und Segen zu
Fluch. Deutlicher kann man eigentlich nicht mit dem Völkerrecht und
der UNO-Charta brechen. Die Aushöhlung, Uminterpretation und
öffentliche Entwertung des Völkerrechts ist die Kehrseite der Medaille
»militärische Stärke«.

Es ist das »Verdienst« des Verteidigungsministers zu Guttenberg,
mit seinem »offenen Wort« vom Krieg in Afghanistan den Anfang
vom Ende der Mystifizierung des Afghanistan-Engagements eingelei-
tet zu haben. Er hat im Unterschied zu Köhler Zeitpunkt und Wort-
wahl genau kalkuliert. Es handele sich in der Gesamtregion (Afghanistan plus Nachbarn) um ein Kerngebiet, bei dem deutsche Sicherheits-,

---

390   Frankfurter Rundschau, 25. Februar 2010
391   Ebd.

aber auch Wirtschaftsinteressen berührt seien, Stichwort Energie.[392]
Und ebenso eitel wie provokant: »Die Sicherung der Handelswege
und der Rohstoffquellen« sei ohne Zweifel unter »militärischen und
globalstrategischen Gesichtspunkten zu betrachten«.[393]

Der Schleier über den deutschen Machtinteressen muss gegenüber der Öffentlichkeit gelüftet werden, wenn »Normalisierung« der
militärisch gestützten Außenpolitik angesagt ist. Mit dem erneuten
Hinweis auf das *Weißbuch* hat zu Guttenberg schamlos die Hüllen fallen lassen und den einen und anderen Politiker der Opposition ver-
schreckt. Man müsse »ohne Verklemmung« mit dem Zusammenhang
von Wirtschaftsinteressen und Sicherheitspolitik umgehen.[394] Wenn es
nach ihm und der Bundesregierung geht, werden die Deutschen sich
daran gewöhnen müssen, für ihre Sicherheit bei der Versorgung mit
Energie oder anderen wichtigen Ressourcen, für sicheren Urlaub im
Ausland, kurz: für ihren »Platz an der Sonne«, mit einer wachsenden
Zahl von Opfern, Toten und Traumatisierten zu zahlen, die aus Afghanistan und von anderswo zurückkommen.

Unterm Strich – was bleibt vom Krieg am Hindukusch?

Seit etwa einem Jahr wird viel über den Abzug der deutschen Truppen
geredet – auf allen Seiten. Die SPD reklamiert den Abzug als ihre
Erfindung; die Grünen agieren, als hätten sie nie ihre Stimmkarte in
den Kasten der Kriegsbefürworter eingeworfen. Westerwelle will der
Exit-Minister werden und Merkel tröstet die Soldaten. Davon sollte
sich DIE LINKE und dürfen sich auch die anderen Abgeordneten,
die mit Nein gestimmt haben, nicht blenden lassen. Wichtig ist, dass
abgezogen wird, nicht irgendwann und nur zum Teil. 50.000 ISAF-
Soldaten, so heißt es nämlich, sollen bleiben. Im *Fortschrittsbericht* der
Bundesregierung ist zu lesen: »In der Phase der Transformation wird
die afghanische Regierung die internationale Gemeinschaft und damit möglicherweise Deutschland um die Unterstützung durch Aus-

---

392   DIE ZEIT, 28.10.2010

393   http://www.behoerden-spiegel.de,09.11.2010

394   Vgl. Neues Deutschland, 10.11.2010

bildungskräfte und Schlüsselfähigkeiten der Bundeswehr (allerdings in deutlich geringerer Stärke) auch über 2014 hinaus bitten.«[395] Es müssen aber alle Soldaten abgezogen werden und das sofort und bedingungslos. Die Politiker und Politikerinnen der Kriegsverantwortung bleiben jedoch, auch wenn sie von Abzug reden, beim Tricksen, Tarnen und Täuschen.

Freitag, den 28. Januar 2011 – die vorerst letzte Debatte im Bundestag über das Afghanistan-Mandat der Bundeswehr. Der Zeitgeist scheint über das Parlament gekommen zu sein. Alle reden vom Abzug, beschlossen wird das Gegenteil. Da erinnert einiges an Walter Ulbrichts Metapher vom Überholen ohne einzuholen. Westerwelle will 2011 mit dem Abzug beginnen und 2014 die Kampftruppen draußen haben – wenn es die Lage zulässt. Zu Guttenberg beteuert, dass er dies schon immer gesagt habe, nur glaube er nicht, dass die Lage das zuließe. Der SPD-Vorsitzende Sigmar Gabriel spricht von Abzug und kritisiert einen Tag später »das Abzugsgerede«. Der Grüne Trittin ist wie immer gleichzeitig für und gegen den Abzug. Doch sein Parteikollege Ströbele findet klare Worte: »Im letzten Jahr, im Jahr 2010, hat dieser Krieg weit über 10.000 Opfer in Afghanistan gekostet; weit über 10.000 Menschen wurden in diesem Krieg getötet. Wenn Sie diesen Krieg jetzt zunächst um ein Jahr und danach noch einmal um drei Jahre verlängern, nehmen Sie billigend in Kauf, dass weitere Zehntausende von Menschen in Afghanistan im Krieg umkommen.«

Wieder ist nur die Fraktion der LINKEN geschlossen gegen die Mandatsverlängerung. Sie nennt ein konkretes Abzugsdatum für die Bundeswehr: Am 30. September 2011 soll der letzte Bundeswehrsoldat Afghanistan verlassen haben, gleichgültig, welcher militärischen Formation er angehört. Sie alle sind Soldaten in einem fremden Land. Gregor Gysi (DIE LINKE) stellt Kernpunkte eines Friedensplans seiner Fraktion vor. Unmittelbar vor Gysis Rede schmeichelte Andreas Schockenhoff (CDU/CSU) der SPD mit den Worten: »Im Gegensatz zu den meisten Grünen vergisst die Mehrheit der Sozialdemokraten nicht, dass es die rot-grüne Regierung mit Außenminister Fischer war,

---

395   Fortschrittsbericht Afghanistan, a. a. O., S. 34

die den Einsatz mit dieser Intensität begonnen hat.« Gysi aber appelliert: »Liebe Mitglieder der Fraktionen von SPD und Grünen, treten Sie endlich und für immer aus der Kriegskoalition aus!«[396]

Der Friedensplan der LINKEN *Abzugsmandat statt Kriegsmandat* will in drei Schritten den Weg zum Frieden in Afghanistan öffnen. Der Abzug der Bundeswehr soll in Etappen vollzogen und bis zum 30.11.2011 beendet sein. Die NATO wird informiert, dass Deutschland sich nicht mehr an ISAF beteiligt. Mit dem Abzug der Bundeswehr werde der Druck auf die anderen NATO-Partner erhöht, so dass auch sie rasch ihre Truppen abziehen. »Ein Waffenstillstandsabkommen ist der erste wichtige Schritt und Auftakt für einen nationalen Friedens- und Aussöhnungsprozess.« Afghanistan könne erst dann tatsächlich aufgebaut werden, wenn die Waffen schwiegen. Die Stärkung der afghanischen Selbstbestimmung unter Beteiligung der Bevölkerung ist die Basis für Frieden, Wiederaufbau und Entwicklung. In den Friedensprozess müssen die Nachbarn Afghanistans einbezogen werden. Nach dem Abzug der Truppen ist der Wiederaufbau finanziell und personell zu unterstützen. Die Rolle der UNO in Afghanistan müsse sich grundsätzlich verändern. Denn: »Die UNO ist in Afghanistan ihrer Verantwortung für den Weltfrieden nicht gerecht geworden. Sie muss den Frieden unterstützen, den Abzug der ausländischen Truppen überwachen und die internationale Unterstützung für den Friedensprozess und den Wiederaufbau koordinieren.«[397]

Am Ende der Diskussion im Bundestagsplenum wird abgestimmt: Für die Verlängerung des ISAF-Mandats stimmen 420 Abgeordnete, 116 sagen Nein zum Krieg, 43 enthalten sich. Im Klartext: Die Bundeswehr bleibt am Hindukusch, wenn wir es nicht verhindern. Wir, die Friedensabgeordneten, die Friedensbewegung, hoffentlich die Kirchen und nicht nur am Kirchentag, die Gewerkschaften und auch sie nicht nur an Gewerkschaftstagen. Ohne Abzug gibt es keinen Frieden.

---

396   17. WP, PP 17/88

397   Abzugsmandat statt Kriegsmandat. Friedensplan der LINKEN für Afghanistan. DIE LINKE im Bundestag, 27.1.2011

Anhang

Personenregister

Abkürzungen

AKP	Organisation der afrikanischen, karibischen und pazifischen Staaten
AWACS	Fliegendes Radarsystem für Luftraumaufklärung und -überwachung zwecks Früherkennung und Vorwarnung
BND	Bundesnachrichtendienst
BT	Bundestag
BVerfG	Bundesverfassungsgericht
CIA	Auslandsgeheimdienst der USA
DS	Drucksache
EKD	Evangelische Kirche Deutschlands
HQ	Hauptquartier
IMI	Informationsstelle Militarisierung
IPPNW	Internationale Ärzte für die Verhütung des Atomkrieges, Ärzte in sozialer Verantwortung
ISAF	International Security Assistance Force (Internationale/ Sicherheitsunterstützungtruppe für Afghanistan
KSK	Kommando Spezialkräfte
NATO	Nordatlantikpakt (North Atlantic Treaty Organisation)
NGO/NRO	Nichtregierungsorganisation
OECD	Organisation für Wirtschaftliche Zusammenarbeit und Entwicklung
OEF	Operation Enduring Freedom (Operation anhaltende Freiheit)
PP	Plenumsprotokoll
PRT	Regionales Wiederaufbauteam (Provincial Reconstruction Team)
SWP	Stiftung Wissenschaft und Politik, außenpolitischer Think Tank, der der Bundesregierung nahe steht
TF 47	Task Force 47, Einsatzverband der KSK in Afghanistan
UNAMA	Unterstützungsmission der UNO in Afghanistan
UN(O)/VN	United Nations (Organization)/Vereinte Nationen
VNSR	Sicherheitsrat der Vereinten Nationen
WP	Wahlperiode
WTC	World Trade Center, auch Twin Towers genannt

Zeittafel

1989: Abzug der letzten sowjetischen Truppen

1992: Machtübernahme der Mujaheddin in Kabul

1994: Das Bundesverfassungsgericht legitimiert mit seinem »Out-of-Area«-Urteil den weltweiten Einsatz der Bundeswehr

1995: Die Kohl-Regierung beschließt den Aufbau des KSK. Seine Einsatzschwerpunkte sind offiziell: Aufklärung, Terrorismusbekämpfung, Rettung, Evakuierung und Bergung, Kommandokriegführung und Militärberatung. Seine Operationen unterliegen der Geheimhaltung.

1996: Taliban erobern Kabul.

2001

11. September: Die Terror-Anschläge in New York und Washington, für die die US-Regierung Al Qaida verantwortlich macht, werden zum Anlass für den US-amerikanischen Angriff auf Afghanistan. Präsident George Bush ruft zum »Krieg gegen den Terrorismus« auf.

12. September: Der UN-Sicherheitsrat verurteilt in der Resolution 1368 die terroristischen Angriffe und verweist auf das Selbstverteidigungsrecht nach Artikel 51 der UN-Charta. Die Generalversammlung der UNO fordert auf, die Täter und Verantwortlichen für die Terroranschläge vor Gericht zu stellen.

4. Oktober: Der NATO-Rat beschließt den Bündnisfall

7. Oktober: US-Streitkräfte beginnen, durch britisches Militär unterstützt, mit der Bombardierung von Kabul und mutmaßlichen Stützpunkten von Al Qaida und Taliban. Bodentruppen folgen; sie kämpfen im Verbund mit einheimischen Milizen (Nordallianz). Das ist der Beginn der OEF, die sich auf kein UN-Mandat stützen kann.

13. November: Die Taliban geben Kabul auf und später auch ihre Hochburg Kandahar (7. Dezember). Sie ziehen sich in ländliche Regionen und ins pakistanische Grenzgebiet zurück, um sich zu reorganisieren. Der Al Qaida-Chef Osama bin Laden und der Taliban-Chef Mullah Mohammed Omar bleiben unauffindbar.

16. November: Der Deutsche Bundestag beschließt die deutsche Teilnahme an der OEF-Mission, die den »Krieg gegen den Terrorismus«

nicht nur in Afghanistan, sondern auch in Zentralasien, am Horn von Afrika und in anderen Regionen führt. Die OEF in Afghanistan wird mit Menschenrechtsverletzungen, dem Einsatz von Uranmunition und modernen Mikrowellen-Waffen in Verbindung gebracht.

5. Dezember: Mit der Petersberg (Bonner) Vereinbarung geht die Petersberg Konferenz (27.11.-5.12.) zu Ende. An ihr nahmen neben Vertretern der deutschen und US-amerikanischen Regierung der UN-Sonderbeauftragte Lakhdar Brahimi und vier – von den USA »hand-verlesene« – afghanische Gruppierungen teil, die nicht als repräsentativ für das afghanische Volk gelten können. Die Konferenz-Teilnehmer einigen sich auf provisorische Regelungen, wie z. B. die Einsetzung einer provisorischen Regierung und die Entsendung internationaler Truppen, der ISAF, die für sechs Monate die Sicherheit des Wiederaufbaus garantieren sollen.

20. Dezember: Der UN-Sicherheitsrat beschließt die Resolution 1386 und ermächtigt die ISAF für sechs Monate, die Übergangsregierung beim Erhalt der Sicherheit in Kabul und Umgebung zu unterstützen.

22. Dezember: Hamid Karsai wird Chef einer Übergangsregierung. Der Deutsche Bundestag beschließt, sich mit Truppen in einer Stärke bis zu 1.200 Soldaten an der ISAF zu beteiligen.

2002

Januar: Internationale Truppen, ausgestattet mit einem Mandat des UN-Sicherheitsrats (ISAF), beginnen damit, unter US-amerikanischer Führung Stützpunkte in Afghanistan zu errichten.

4. Januar: Die afghanische Interimsregierung unterzeichnet mit der ISAF das Military Technical Agreement, wonach das Personal der ISAF Immunität vor Zwangsmaßnahmen afghanischer Stellen genießt.

11. Januar: Gefangene Aufständische werden erstmals auf den US-Stützpunkt Guantanamo ausgeflogen. Später folgen Berichte über Gräueltaten von Kämpfern der Nordallianz in Afghanistan. Damit beginnt in der internationalen Öffentlichkeit eine lange und heftige Debatte über die Missachtung von Menschenrechten und Völkerrecht in diesem Krieg.

Juni: Die Loya Jirga, die nicht durch demokratische Wahlen zustanden gekommen ist, wählt den von den USA erkorenen Kandidaten Hamid Karsai zum Präsidenten.

19. Juli: Verteidigungsminister Scharping muss seine Amtszeit vorfristig beenden.

3. Dezember: Die deutschen ISAF-Kontingente werden auf 2.500 Soldaten aufgestockt.

2003

Januar: Deutschland und die Niederlande übernehmen die Leitung der ISAF.

August: Die NATO übernimmt formell das Kommando über die ISAF in Kabul. Es ist das erste derartige Engagement der Allianz außerhalb von Europa.

Oktober: Der UN-Sicherheitsrat beschließt, das Einsatzgebiet der ISAF auf ganz Afghanistan auszuweiten.

November: Deutschland übernimmt das PRT in Kundus. Zusammen mit zivilen Ressorts (Innen-, Entwicklungs- und Sozial- bzw. Familienministerium) sind deutsche Militärs für die Stärkung der Autorität der Karsai-Regierung und die militärische Absicherung der Wiederaufbaubemühungen in ihrem Einsatzgebiet zuständig.

2004

Januar: Die Verfassungsjirga mit »ausgewählten« Delegierten verabschiedet eine neue Verfassung. Die Opposition wurde massiv eingeschüchtert.

September: Deutschland übernimmt das PRT in Feyzabad.

22. September: Die Bundesregierung beschließt die Fortsetzung der Kriegsbeteiligung für weitere zwölf Monate und übernimmt die Verantwortung für den Aufbau der afghanischen Polizei.

2005

September/Oktober: Unter anhaltenden Kriegsbedingungen und unter Missachtung regulärer demokratischer Spielregeln werden in Afghanistan die ersten Parlaments- und Regionalwahlen seit über

30 Jahren durchgeführt. Zur Vorbereitung der Wahlen hat der Bundestag die Zahl der eingesetzten Soldaten auf 3.000 erhöht. Die Bundesregierung verkündet den erfolgreichen Abschluss des Bonn-Prozesses.

22. November: Verteidigungsminister Struck beendet mit dem Auslaufen der Legislaturperiode seine Amtszeit.

2006

Frühjahr: Die internationalen Truppen der ISAF werden auf 16.000 Soldaten aufgestockt.

1. Juni: Deutschland übernimmt das Regionalkommando Nord in Mazar-e Sharif.

8. Juni: Die NATO beschließt eine Truppenverstärkung bis Ende des Jahres auf 25.000 Soldaten und die Ausweitung des Einsatzgebietes auf den ganzen Süden und den Osten.

2007

9. März: Der Bundestag stimmt nach längeren Diskussionen der Entsendung von Tornados zu. Dieser Beschluss gilt auch als drittes Mandat – nach OEF und ISAF.

19. September: Die deutschen ISAF-Truppen werden um 500 Soldaten auf 3.500 aufgestockt.

Oktober: KSK-Kräfte werden als Task Force 47 unter ISAF-Mandat im Norden Afghanistans eingesetzt.

2008

1. Juli: Nach Norwegen stellt Deutschland die 200 Mann starke Schnelle Eingreiftruppe in Mazar-e Sharif. Die norwegische Eingreiftruppe war mehrfach gegen Taliban-Rebellen vorgegangen. Zu ihren Aufgabengehören: Patrouillen, Schutz von Konvois, Kontrolle gewaltbereiter Menschenmengen und Bekämpfung militanter Kräfte. Der Verband besteht aus Kampftruppen mit geschützten Radfahrzeugen und Schützenpanzern, aus Spezialisten, die Kampfmittel wie Minen oder Sprengfallen entschärfen, Hubschrauber einweisen oder die Einsätze von Kampfflugzeugen leiten können.

August: Ein US-Bombenangriff in der Provinz Herat fordert 89 zivile Opfer. Seit Beginn der Operationen in Afghanistan ist es wiederholt zu solchen Fehltreffern, sog. Kollateralschäden, gekommen.

Oktober: Der Bundestag stimmt der Erhöhung der Personalobergrenze auf 4.500 Soldaten zu.

13. November: Der Bundestag streicht das KSK-Mandat im Rahmen der OEF für Afghanistan. Die Fraktion DIE LINKE hatte dies Jahr für Jahr gefordert. Die KSK ist aber weiterhin als TF 47 innerhalb der ISAF eingesetzt.

2009

Januar: Kirgistan verfügt vorübergehend die Schließung des US-Luftstützpunktes Manas. Dafür erlaubt Russland NATO-Materialtransporte über sein Gebiet.

März: US-Präsident Barack Obama verkündet eine neue Strategie für Afghanistan (und Pakistan) sowie weitere Truppenverstärkungen. Zivile Wiederaufbauprogramme sollen gefördert werden, außerdem die Aufstockung und Ausbildung der afghanischen Sicherheitskräfte. Diese sollen bis 2011 auf über 210.000 Mann verstärkt werden.

Juni: Die Stärke der internationalen Truppen unter NATO-Kommando übersteigt 61.000 Mann. Den größten Teil dieser Streitmacht stellen die USA.

2. Juli: Der Deutsche Bundestag beschließt, AWACS-Überwachungsflugzeuge in Afghanistan einzusetzen.

4. September: Oberst Georg Klein befiehlt die Bombardierung zweier von den Aufständischen entführter Tanklastwagen. Unter den mindestens 142 Toten befinden sich überwiegend Zivilisten. Im langwierigen Prozess der Aufklärung des Tathergangs muss Verteidigungsminister Jung (28. Oktober) zurücktreten. Sein Nachfolger zu Guttenberg entlässt Militärs und Beamte. Der Untersuchungsausschuss im Bundestag verläuft – ebenso wie die Ermittlung gegen Oberst Klein – im Sande.

16. November: NATO-Generalsekretär Rasmussen verkündet bei einem Treffen der EU-Verteidigungsminister, dass zunächst die personellen und finanziellen Ressourcen aufgestockt werden müssen, um genügend afghanische Sicherheitskräfte auszubilden. Diese sollen schrittweise ab 2010 in bestimmten Regionen die Eigenverantwortung für die Sicherheit übernehmen.

1. Dezember: US-Präsident Obama kündigt die weitere Entsendung von 30.000 US-Soldaten bis zum Sommer 2010 an. Auch die ISAF-Truppen sollen um 5.000 bis 10.000 Soldaten erhöht werden. Ab Juli 2011 soll der schrittweise Abzug der US-Truppen beginnen.

Dezember: Die Bundesregierung will – in Vorbereitung der Afghanistankonferenz im Januar 2010 –, dass ISAF mit der »Übergabe in Verantwortung« beginnt. Ziel sei es, bis 2013 die Grundlagen zu schaffen, um im Rahmen von ISAF mit der Reduzierung der deutschen Militärpräsenz beginnen zu können.

2010

Januar: Die UNAMA teilt in Kabul mit, dass die Zahl der im Jahr 2009 getöteten Zivilisten im Vergleich zu 2008 um 14 Prozent auf 2.412 Menschen gestiegen ist. Für zwei Drittel der Getöteten seien die Aufständischen verantwortlich, 25 Prozent der Toten seien auf Militäroperationen der ISAF oder OEF zurückzuführen.

28. Januar: Die Londoner Afghanistankonferenz soll einen Strategiewechsel hin zum Politischen einleiten. Nach Außenminister Westerwelle ist die alte Strategie gescheitert. Deutschland wolle seine zivilen Unterstützungsleistungen verdoppeln. Das Bundeswehrkontingent soll um 850 auf 5.350 Soldaten aufgestockt werden. Ab 2011 solle der Abzug der Bundeswehr beginnen. Präsident Karsai wünscht hingegen, dass ausländische Truppen noch weitere 10 bis 15 Jahre im Land bleiben.

Januar: Afghanische Sachverständige teilen mit, dass die Taliban in 33 von 34 Provinzen Schattenregierungen aufgebaut hätten.

16. Februar: Der neue Generalinspekteur der Bundeswehr Volker Wieker erwartet noch einen langen Kampf um Afghanistan. In der Regel sei mit zwei Dekaden für einen Prozess der Staatswerdung zu rechnen.

Februar: Das Verteidigungsministerium räumt auf Nachfrage der LINKEN ein, dass die deutsche Task Force 47 in Kundus an der Aufklärung und Weiterleitung von Zielfindungs-Empfehlungen an das ISAF-Hauptquartier beteiligt ist.

April: Der Wehrbeauftragte Reinhold Robbe erklärt gegenüber der Öffentlichkeit, dass US-Truppen im Bereich des deutschen Regionalkommandos Nord stärker als die Deutschen aufgestellt seien und am ISAF-Mandat vorbei operierten. Die deutsche Öffentlichkeit müsse besser darauf vorbereitet werden, dass es zu vermehrten schweren Gefechten und daher auch vermehrt zu Toten kommen werde.

31. Mai: Bundespräsident Köhler tritt nach Rückkehr aus Afghanistan von seinem Amt zurück. Seine Äußerung, wonach die Bundeswehr deutsche Wirtschaftsinteressen auch militärisch durchzusetzen habe, wird öffentlich kritisiert, inzwischen von vielen wiederholt.

Mai: Der Sonderbeauftragte der UN, Philip Alston, legt einen Bericht zu »Gezielten Tötungen« vor. Hierin werden die Staaten aufgefordert zu erläutern, aufgrund welcher völkerrechtlichen Bestimmungen und nach welchen Kriterien sie die Entscheidung »Verhaftung« oder »Tötung« treffen.

August: Das Verteidigungsministerium erklärt auf eine Anfrage der LINKEN, dass entsprechend dem ISAF-Regelwerk eine Liste mit Zielpersonen geführt wird aufgrund derer Handlungsempfehlungen inkl. der Tötung ausgesprochen werden.

14. September: Das Verteidigungsministerium muss auf Anfrage der LINKEN zugeben, dass deutsche Einheiten seit Januar 2009 bei zwölf Luftangriffen mit Waffeneinsatz beteiligt waren.

Ende November: Die Tornados werden aus Afghanistan abgezogen. Sie werden durch unbemannte Drohnen ersetzt.

14. Dezember: In Johannes B. Kerners »Fronttheater« in Afghanistan treten Verteidigungsminister zu Guttenberg und seine Ehefrau auf.

15. Dezember: Die Bundesregierung beschließt, die Bundeswehr in eine »Freiwilligenarmee« von Berufssoldaten umzuwandeln.

18. Dezember: Bundeskanzlerin Merkel eilt nach Afghanistan, um ebenfalls zu erklären: »Hier sind Kämpfe, wie man sie im Krieg hat.«

2011

21. Januar: In erster Lesung befasst sich der Bundestag mit dem Regierungsbeschluss zur Verlängerung des ISAF-Mandats um ein Jahr. Ab Ende 2011 könne mit dem Abzug deutscher Truppen begonnen werden, wenn die Sicherheitslage dies zulasse. Die SPD-Fraktion erklärte ihre Zustimmung.

1. März: Verteidigungsminister zu Guttenberg tritt von seinem Amt zurück. Nicht das Töten und die Toten in Afghanistan, nicht die fortwährende Verbiegung des Grundgesetzes oder des Völkerrechts waren der Grund für seinen Rücktritt, sondern fehlende Fußnoten.

Dank

Als wir, der Autor und die Autorinnen, damit begonnen haben, das Konzept des hier vorliegenden Buches zu diskutieren und genauer festzulegen, und als wir uns dann ans Schreiben machten, haben wir von Kolleginnen und Kollegen, Freundinnen und Freunden viel Ermutigung und viele nützliche Anregungen erhalten. Ihnen und auch den Autorinnen und Autoren, von deren Gedanken wir profitieren konnten, möchten wir herzlichen Dank sagen.

Dass der PapyRossa Verlag für unser Buchprojekt sofort Interesse äußerte, hat uns in unserer Motivation gestärkt, dieses Buch auch tatsächlich in Angriff zu nehmen.

Judith Benda hat die mühevolle Arbeit auf sich genommen, eine umfassende Dokumentation aller Afghanistan betreffenden Erklärungen, Diskussionen, Anfragen, Beschlüsse usw. von Bundestag, Bundesrat und Bundesregierung seit 2001 zusammenzustellen und zu ordnen. Ein schlichtes Dankeschön, liebe Judith, wäre viel zu wenig!

Vor Drucklegung hat Bärbel Kunze-Niese das Manuskript aufmerksam durchgesehen und uns dankenswerterweise auf manche Ungereimtheit und Ungenauigkeit stilistischer und inhaltlicher Natur hingewiesen sowie viele Flüchtigkeitsfehler, Fußnoten eingeschlossen, korrigiert.

Schließlich gilt unser Dank auch dem 1982 verstorbenen kommunistischen Journalisten und Politiker Albert Norden und seinem Buch: So werden Kriege gemacht. Von diesem Buchtitel haben wir uns bei der Suche nach dem Titel dieses Buches inspirieren lassen. Das war kein Zufall, denn auch uns geht es hier um die politischen und medialen Mechanismen, die halfen, den Afghanistankrieg vorzubereiten und fortzusetzen; Mechanismen, die durch die jeweils individuelle Praxis Einzelner – in den Sphären der Politik, der Medien und der Wissenschaft – etabliert und wirksam gehalten werden. Es geht auch um Mechanismen der Mystifizierung handfester Interessen und ihre Entlarvung: die gewaltsame, kriegerische Fortsetzung einer Politik, in der nationale – politische und ökonomische – und globale neoliberale, geopolitische Interessen zusammenfließen; eine Politik, die sich der Instrumentalisierung internationaler Institutionen wie der UNO und ihrer Nebenorganisationen bedienen kann, um öffentlich den Anschein von Legitimität des Krieges zu verbreiten.

Wolfgang Gehrcke
Christel Buchinger
Jutta von Freyberg
Sabine Kebir